空间经济学视阈下
武陵山区农村职教扶贫研究

柳劲松　著

科学出版社

北京

内 容 简 介

　　精准扶贫就是要拔除贫根，用科学的态度营造起扶贫、扶志、扶智的制度环境，从而解决"人的素质性脱贫"问题。本书借鉴空间经济学理论，提出农村职教供需匹配度理论分析框架和评价模型，以湖北省为例运用 DEA 模型对湖北省外出务工农民技能培训的供需均衡及技能培训效率进行分析，并尝试深入分析不同圈层各区县外出务工农民技能培训效率之间的差异性。在对湖北来凤等个案调查分析的基础上，试图挖掘出武陵山区职教扶贫所面临的共性问题，梳理出制约武陵山区职教扶贫的一般及特殊因素，提出武陵山区职教扶贫的发展路径，供广大研究者思考和探索。

　　本书可供高校及科研机构的相关专家学者、政府部门及相关从业人员参考。

图书在版编目（CIP）数据

空间经济学视阈下武陵山区农村职教扶贫研究/柳劲松著.—北京:科学出版社，2018.6

ISBN 978-7-03-050495-1

Ⅰ.①空… Ⅱ.①柳… Ⅲ.①贫困山区-农民教育-职业教育-教育培训-研究-西南地区 Ⅳ.①G725

中国版本图书馆 CIP 数据核字(2016)第 268592 号

责任编辑：闫　陶／责任校对：董艳辉
责任印制：彭　超／封面设计：苏　波

科 学 出 版 社 出版

北京东黄城根北街 16 号
邮政编码：100717
http://www.sciencep.com

北京虎彩文化传播有限公司印刷
科学出版社发行　各地新华书店经销

*

开本：B5(720×1000)
2018 年 6 月第　一　版　印张：15 1/4
2018 年 6 月第一次印刷　字数：291 000
定价：84.00 元
(如有印装质量问题，我社负责调换)

前　言

扶贫工作中"输血"重要,"造血"更重要,扶贫先扶智,一定要把扶贫与扶智有机地结合起来。精准扶贫就是要拔除贫根,用科学的态度营造起扶贫、扶志、扶智的制度环境,从而解决"人的素质性脱贫"问题。作为与经济社会产业联系最为紧密的教育类型,职业教育在精准扶贫方面具有不可替代的作用。大力发展农村职业教育"拔穷根",就是要加快符合贫困地区技术技能型人才的培养步伐,提高市县级职校职业技能和实用技术培训能力,帮助贫困户掌握实用技能,通过接受职业技能培训改变贫穷的现状,提高脱贫致富能力。

本书主要分为六大部分:第一部分包括第一章和第二章,借鉴空间经济学理论,提出湖北省外出务工农民职业教育和技能培训供需匹配度理论分析框架和评价模型,并在武汉城市圈视阈内分析不同圈层经济联系与各市州农民外出务工的关联度。第二部分包括第三章,对湖北省外出务工农民技能培训需求差异性和技能培训供给差异性的总体状况进行分析,并在此基础上进一步深入研究不同圈层各市州及各区县经济联系与外出务工农民培训需求间的相关性与差异性,技能培训供给的均衡性与差异性。第三部分包括第四章和第五章。该部分以数据的客观性和可获取性为原则,选取合适的相应指标,运用 DEA 模型对湖北省外出务工农民技能培训的供需均衡及技能培训效率进行分析,并尝试深入分析不同圈层各区县外出务工农民技能培训效率之间的差异性。第四部分包括第六章和第七章。该部分对湖北省外出务工农民技能培训供需均衡以及效率的均衡做出分析。第五部分为案例调查分析。在湖北省外出务工农民技能培训整体供需情况的分析基础上,对湖北省来凤等地外出务工农民技能培训状况进行个案调查分析,试图挖掘出湖北省外出务工农民技能培训所面临的共性问题。第六部分为政策建议,梳理出制约相关湖北省外出务工农民技能培训的一般及特殊因素,总结各地促进改革发展的举措和成果。

在本书写作过程中,作者阅读了丰富的文献,搜集了大量相关数据。自 2008 年以来先后三次在湖北省恩施土家族苗族自治州(以下简称恩施州)来凤县、巴东县及宜昌市长阳县进行田野调查,对提供技能培训服务的乡镇公共就业服务机构进行访谈,掌握了大量的第一手资料。基于实证结果,结合个案分析,运用综合归纳法对城市圈建设背景下湖北省外出务工农民技能培训均衡效率进行较为深入的探讨。

随着我国外出务工农民队伍的不断壮大,加大职业技能培训力度,使外出务工农民主动市民化,成为加快农民工市民化进程的重要工作任务和促进"十三五"规划目标达成的有效举措。本书从空间经济学的独特视角,在武汉城市圈视阈内分析不同圈层的外出务工农民职业教育和技能培训供需匹配度的差异及关联度,并提出增进湖北省外出务工农民职业教育和技能培训供需匹配度的动力系,以期为改善湖北省外出务工农民流动与职业教育和技能培训间的协调性,推进湖北省外出务工农民融入城市的进程提供有价值的指导和帮助。

由于作者学识有限,书中尚存不足之处,敬请业界同仁及广大读者批评指正。

作　者
2016 年 8 月

目 录

第一章

导　论

第一节　职教扶贫的现实性与研究的必要性

一、现实环境

2008年爆发的金融危机，导致了全球经济衰退，我国广东、浙江等沿海地区的服装、纺织和建筑等劳动密集型产业受到了严重冲击，造成大量的农村外出务工农民失业返乡。尽管金融危机已过去了一段时间，但它的影响短期内难以消除，大力发展农村职业教育为优化产业结构和加快产业升级提供最关键的人力支撑，显得尤为迫切。据2011年中国农民工调查监测报告显示，在新背景下，农民工具有一些新的特点和趋势。

第一，从总规模来看，农民工数量继续增长。在中西部地区务工的农民工增长较快，中西部地区对农民工的吸纳能力进一步增强；在长江三角洲（以下简称长三角）和珠江三角洲（以下简称珠三角）地区务工的农民工比重继续下降；跨省外出的农民工数量减少，农民工以跨省外出为主的格局改变；外出农民工仍主要流向地级以上大中城市。

第二，从农民工性别、年龄和受教育状况来看，农民工以男性为主，年长农民工比重逐年增加。年龄和家庭对农民工的空间流动有很大的影响；农民工以初中文化程度为主，青年农民工和外出农民工文化程度相对较高；没有参加过任何技能培训的农民工占多数,青年农民工更倾向参加非农职业技能培训。

第三,从农民工的就业情况来看,农民工从业仍以制造业、建筑业和服务业为主,从事建筑业的比重明显提高。在东部地区务工的农民工以制造业为主,但比重下降;受雇人员的增长快于自营人员的增长,自营比重下降;农民工就业稳定性随年龄增长逐步提高。

第四,从农民工收入情况来看,农民工收入增长较快,东部地区和中部、西部地区农民工收入差距缩小。本地农民工与外出农民工之间、受雇人员与自营人员之间的收入差异明显;在大中城市务工的农民工收入水平相对于在本地务工的较高;不同行业收入水平差别较大,交通运输业、仓储业、邮政业、建筑业和制造业收入增幅高于平均水平。

第五,从外出农民工居住情况来看,外出农民工以雇主或单位提供住宿为主。四成外出农民工的雇主或单位不提供住宿,也没有住房补贴。

第六,从外出农民工权益保障情况来看,拖欠工资状况继续改善。外出农民工劳动时间偏长的情况有所改善;农民工签订劳动合同的比例略有提高,仍有一半以上农民工没有签订劳动合同;外出农民工参加社会保险的水平有所提高,但总体仍然较低,中西部地区农民工参保比例明显低于东部地区;不同行业外出农民工的社会保障水平差异较大,建筑业、餐饮业农民工的社会保障状况仍需重点关注。

从区域经济社会发展的战略背景来看,2009年国家发展和改革委员会(以下简称国家发改委)颁布实施的《促进中部地区崛起规划》中明确要求,要继续加强职业教育基础能力建设,重点加快中职教育发展。依托大型骨干企业和职业教育机构,建立示范性人才培训基地和区域性公共实训基地。大力实施农村劳动力转移就业技能培训,培养农村实用人才。在建设社会主义新农村、统筹城乡发展和扶贫攻坚等国家政策背景下,农村职业教育面临着新的机遇。

当前,我国中央政府为不同区域经济社会发展制定了不同的战略,如西部大开发、中部崛起、东北振兴老工业基地、东部率先发展等。每个地区的发展战略中都具有不同的经济结构、战略任务和约束条件。我国区域发展的趋势,一是区域内涵发生变化,区域发展战略日益清晰,同质性地区逐渐建立起新的经济区,以行政区划为界限的经济区逐渐被冲破。二是区域间竞合强化,区域间产业转移和结构升级加快,产业集聚度增加,特别是中西部地区发展势头日趋强劲,诱致劳动力在区域间的巨大再配置,"民工荒"就是一个突出表现。三是经济社会发展方式转变,经济增长动力由依赖投资和出口转向依靠消费、投资、出口协调拉动,由依赖工业转向三次产业协同带动,改造传统产业和发展战略性新兴产业相结合;发展由突出强调经济增长转向实现经济、社会、环境的和谐发展,转向城乡统筹、区域良性互动的发展。区域间发展的这些差异和趋势,一方面决定了职业教育只有紧扣区域发展的脉搏,与之协调起来,才能适应并服务于区域发展的要求,并在其中发挥引领作用。另一方面,又促使湖北省的农村职业教育调整方向,由主要向发达地区输送劳动力向转移渠道日趋多元化方向转变。从近年来中央和湖北省有关农村职业教育与培训政策来看,2005 年《国务院关于大力发展职业教育的决定》中明确职业教育在我国教育改革发展中的重要战略定位。十七大报告中提出"教育是民族振兴的基石",并把"优先发展教育"同"建立人力资源强国"这一新的更高要求紧密地结合起来;同时,进一步强调要"大力发展职业教育",并从 2007 年新学期开学起实施职业教育新的资助体系等一系列重大举措,增强了投入和扶持力度。为了落实国务院有关文件,湖北省政府 2006 年 4 月 7 日颁布实施了《湖北省人民政府关于大力发展职业教育的决定》(鄂政发〔2006〕23 号),要求积极开展城市与农村职业教育合作办学、联合招生,依托"雨露计划""阳光工程""技能就业工程"等农村劳动力转移工程,大力开展农村劳动力转移培训;统筹农村基础教育、职业教育和成人教育的发展;广泛开展职业技能培训,湖北省农村职业教育发展由此进入了一个前所未有的历史发展新阶段。

根据劳动经济学的观点,某个区域经济社会的禀赋,发展的规模、结构、速度、水平和趋势,以及区域内用人单位数量、适龄人口和劳动力等决定着职业教育的需求量,而职业学校的数量、招生规模、学制等决定着职业教育的供给数量。当影响职业教育供求的因素变化时,就会导致均衡水平变化。因此,湖北省农村职业教育发展的内涵之一是农村职业教育供给相对于需求的均衡发展。同时,我们应该看到,在多重因素的制约和影响下,湖北省内不同市县之间经济社会发展的水平和结构不同,不论是人均国内生产总值(gross domestic product,GDP)、城镇化进程,还是工业化水平、产业构成,各市县都存在很大差异,因此与经济发展水平密切相关的农村职业教育同样处于发展过程中的非均衡状态,这种非均衡既存在于区域之间,又存在于区域内部。例如,2011 年年初以来,媒体频现"农民工'逆流动',见证中西部崛起"等新闻,呈现了中西部地区产业发展与就业机会异军突起,对湖北省农村职业教育服务湖北省城乡统筹发展、服务湖北省的中部崛起战略和"8+1"城市圈建设提出了新的要求,为缩小湖北省内部各市县之间农村职业教育发展水平差距,推进湖北省农村职业教育与经济社会发展的协调提出了新的挑战,这也正是湖北省农村职业教育发展的另一层内涵。

二、研究的必要性

本书以湖北省武汉城市圈建设进程中外出务工农民流动与职业教育和技能培训为例,对湖北省农村职业教育均衡发展进行研究,具有重要的理论和现实意义。本书研究的理论意义主要体现在以下几个方面。

(1)借鉴经济学理论,提出了湖北省外出务工农民职业教育和技能培训供需匹配度理论分析框架与评价模型,对湖北省外出务工农民职业教育和技能培训供需匹配度进行评价,丰富职业教育经济理论。

(2)借鉴空间经济学理论,在武汉城市圈视阈内分析不同圈层的外出务工农民职业教育和技能培训供需匹配度的差异及关联度,提出了增进湖北省外出务工农民职业教育和技能培训供需匹配度的动力系统。这一理论的提出及运用,有助于解决湖北省外出务工农民流动与职业教育和技能培训关系中存在的诸多问题,为构建和谐社会、落实科学发展观提供了有力的理论支撑。

本书研究的实践意义主要体现在以下几个方面。

(1)有助于解决湖北省外出务工农民流动与职业教育和技能培训协调性差的问题,推动湖北省外出务工农民融入城市的进程,促进社会主义和谐社会的构建。当前,湖北省正处于前所未有的"黄金发展期",机遇与挑战并存。而这些问题和矛盾的解决,在一定意义上,都与湖北省外出务工农民这个庞大的群体有密切的关系。因此,外出务工农民流动与农村职业教育问题的解决有助于和谐社会的构建。

(2)为湖北省政府部门和教育部门按区域特点和现状制定全省外出务工农民职业技能培训均衡发展战略提供有重要价值的信息和决策参考。在"十二五"期间乃至今后更长一段时间,对湖北省各市县农村职业教育,特别是外出务工农民职业技能培训的均衡发展起到一定的促进作用。

(3)为各市县政府更有效地因地制宜解决本地区农村职业教育发展规划、发展模式等问题提供有价值的指导和帮助。

(4)对发展我国其他欠发达地区农村职业教育和职业培训也将具有重要的指导意义。

基于此,以外出务工农民职业技能培训为例,对湖北省农村职业教育发展的现状及其存在的问题进行实证研究,为湖北省政府统筹协调和推进不同市域、县域农村职业教育的整体均衡发展提供决策咨询研究,对于构建社会主义和谐社会、实现湖北省经济又好又快发展具有十分重要的战略意义;同时,对于保持湖北省城乡职业教育的健康持续发展,促进整个教育的均衡发展及职业教育与经济社会的协调发展,促进教育公平,也无疑具有十分重大的现实意义。

第二节 职教扶贫的研究现状

一、何谓农村职业教育

(一) 农村职业教育范围的界定

在现有研究文献中,经常将农村职业教育、农业职业教育、农民教育及农村教育几个概念混为一谈,由于关系到本书研究范围的确定,有必要对它们进行界定区分。笔者认为几个概念的区别关键在于分类标准的差异:农民教育强调以农民及后继农民为培养对象;农业职业教育而是按行业标准来分类,教育内容以农业生产方面的技术技能和知识为主;农村教育的教育对象较为宽泛,指向不同年龄、不同性别、不同民族及不同层次的所有农村人口,不仅包括农村学校教育(高等教育、职业教育、基础教育),还包括各种形式、各级各类的社会教育(社区教育)等;农村职业教育仅仅是农村教育中的一种,旨在为农村培养掌握职业技能的人才。农村职业教育的对象从广义上包括生活及生长在我国广大农村地区的学生、成年劳动者,因为他们才是真正的农业生产实践者、农村生产力的体现者与承载者;只有面向农村,农村职业教育才不会迷失方向。因此,我们要开展见效快、期限短的技能培训,帮助广大农村劳动者解决生产中的实际问题。

同时,农业职业教育是农村职业教育的重要部分而非全部。目前,越来越多的身怀技术的农民,在城市实现着自身的价值,闯出了另一番天地,所以为进城务工人员提供科学合理的职业教育培训,也成为农村职业教育面临的重要课题。从长远发展来看,农业生产总值占国民生产总值的比重会逐渐下降,仅从事农业生产的劳动力也将逐渐减少,以适应农业现代化的需要。随着许多农村富余劳动力将从农村和农业中转移到城市和工业中去,可以预见,农业类职教将不再是农村职教的主要方面。

基于此,本书研究以"大职业教育观"为出发点,认为对农村职业教育的理解,既不能局限于农村之中,也不能局限于农业本身,它是以农村地区为依托,以农村适龄人口为教育对象(包括学生、农民和外出务工的劳动力)进行的中、高等(学历)职业教育,非学历教育(职前、职后培训教育),农民工转移培训,以及转岗培训等。农村职业教育的范围从农业扩大到加工、运输和服务等第二、第三产业。

(二) 农村职业教育均衡发展及其与外出务工农民的关系

1. 农村职业教育均衡发展的概念厘定

众所周知,经济学的"均衡"是指市场均衡,强调的是,在某一价格下一种商品或者服务的供给量和需求量相等时的状态。农村职业教育是一类面向区域和行业的教育,这是前面有关农村职业教育概念讨论所得到的一个根本性假设。农村职业教育提供的是服务,包括为潜在的受教育者提供职业教育机会和为用人单位提供合格的劳动力。这样,本节所指称的湖北省农村职业教育均衡发展强调的是,湖北省各个市州、区、县农村职业教育的供给相对于各自的农村人口(包括外出务工劳动力)的职业教育需求的均衡发展,以及横向比较而言,各个市州、区、县之间农村职业教育的供给对各自农村人口(包括外出务工劳动力)需求满足的均衡程度。当然,本书以外出务工劳动力的职业培训(主要包括省外、省内县外、县内乡外三种情况)为例,展开相关研究,而并不涉及对农村学生的中等职业教育和高等职业教育。

2. 外出务工农民与农村职业教育的关系

外出务工农民与农村职业教育之间的关系可从以下三方面来把握。

其一,外出务工农民与农村职业教育是一种社会历史现象。流动劳动力接受教育,尤其是接受职业教育和技能培训是一个自古以来就存在的现象。早在人们流动谋生的渔猎经济条件下,生产的发展就十分依赖言传身教的技能培训。因此,可以说,自从出现劳动力迁移以来,职业教育和技能培训就与之发生了联系。随着社会的发展,外出务工农民与职业教育和技能培训的关系日益彰显。在国家主导产业由农业向工业,由工业向第三产业转型的过程中,对劳动力素质的要求越来越高,外出务工农民与职业教育和技能培训形成了密切的联系。

其二,外出务工农民与农村职业教育的关联性在不同历史时期不尽相同。在工业化初期,以谋生为目的的外出务工农民对职业教育和技能培训的需求并不十分迫切和明显,但是,随着工业化水平的提高,以及新技术、新工艺的采用,工业部门对劳动力的要求越来越高。受职业教育和技能培训年限较少、素质低下的农村劳动力向城市流动,就遇到了难以克服的障碍。同时,已经在工业部门就业的劳动力由于技术进步和职业的频繁变换,也需要不断提高自身的知识和技能。也就是说,农村劳动力向城市的流动,在工业化的发展过程中,越来越需要职业教育和技能培训的支撑。这一时期,职业教育和技能培训是人们获得职业地位的基础,从而也是人们获得社会地位的必要条件,职业教育和技能培训与人们的社会地位变迁具有直接的关系。与前工业化时期相比,最为明显的变化是在以谋生为目的的外出务工农民中,非正规职业教育和技能培训的作用逐渐为正规职业教育和技能培训的作用所取代,国家政权力量越来越深入地介入到外出务工农民之中,为适应外出务工农民日益扩充职业教育和技能培训的规模与内容,职业教育和技能培训的制度性与正规性日益增强。同时,职业教育和技能培训在提高人们社会地位方面的作用不仅没有降低,反而更为显著。

其三,外出务工农民与农村职业教育是一种双向互动关系。外出务工农民主要取决于政治、经济和自然因素。一般地说,职业教育和技能培训不是外出务工农民的决定性因素,也不是导致农民工外出务工的根本原因,接受职业教育和技能培训并不一定是为了服务于个人流动。但是,随着工业化的不断推进,农业在三次产业结构中所占比重日益下降,农业所需的劳动力越来越少。农村劳动力在城市较高收入的吸引下,不断地向城市现代工业、服务业流动。城市工业相对于农业来说,对劳动力的职业教育和技能培训程度、文化水平要求高。因此,职业教育和技能培训成为农村劳动力向城市流动的推动力。反过来,随着产业升级,产业内含的文化技术成分逐渐增加,对劳动力的技术文化素质要求也日益提高。因此,对个体而言,外出务工农民具有职业教育和技能培训选择性。劳动者要实现产业和城乡间的流动,必须依赖一定的职业教育和技能培训。换句话说,外出务工农民与有组织的职业教育和技能培训的关联性是随着工业化和城市化进程而产生、形成和深化的。

二、职教扶贫研究的现状

(一) 劳动力流动与教育理论

现代意义的劳动力迁移起始于 16 世纪的英国,但对于工业化、城市化与劳动力流动之间的关系的研究却开始于 17 世纪。17 世纪,英国经济学家威廉·配第(William Petty)就提出在现代社会,服务业附加值高于工业,工业附加值高于农业的说法。劳动力实现由低收入产业向高收入产业流动、低收入城市向高收入城市流动的前提是必须具有特定的技能水平。威廉·配第的研究为进一步研究工业化、城市化与劳动力流动之间的关系,以及劳动力流动与教育之间的关系提供了理论依据。Ravenstein(1889)在概括人口流动规律的基础上,进一步强调人口迁移与技术发展有着十分紧密的相关性。人口迁移规模不断扩大的根本原因在于制造业、商业的发展及交通运输工具的不断发明和运用,即交通运输工具和工商业的发达度与人口迁移量成正比,并认为人口只有通过迁移流动才能继续生存和发展进步,静止的人口只会导致停滞不前。他的这些研究昭示着劳动力流动与教育之间存在某种联系,并促使着不少研究者从发展经济学、教育学、社会学等学科视角对劳动力流动与教育的关系进行更加深入的研究。

(二) 教育与推拉理论

许多学者对劳动力流动的影响因素进行了研究,其中 20 世纪 50 年代末国外学界提出的"推拉"理论最具代表性,其主要观点如下。

第一,教育在劳动力流动中发挥着直接的推拉作用。Lee(1966)认为个人素质(包括对其他地方的认知程度、性格、爱好、敏感度等)是决定劳动者流动及流动去向的重要推拉因素。而受教育程度较高或者文化素质较高的劳动者能更充分地认识社会,了解社会的需求,更倾向于流向收入较高、对个人素质要求也较高的区域和产业,相对于受教育程度较低或者文化素质较低的劳动者,其向外流动率更高。Carnoy(2000)认为追求城市中更多和更高质量的教育机会是劳动力及其家庭流向城市的重要原因。

第二,教育通过经济机会的差异在劳动力流动中发挥着间接的推拉作用。Simon Kuznets(1966)认为,一方面,经济发展会促进人口增长,不断增长的人口会自发地刺激人口从过度密集的区域流动到人口相对稀疏的区域;另一方面,技术变革和进步促进经济增长会对人口的区域分布产生相当大的影响,因为经济增长往往带来经济机会发生变化,并对不同地区或部门产生不同的影响,有些地区或部门的经济机会较大,而有些地区或部门经济机会较小,这种差异性使得劳动力流动具有一定的教育选择性,良好的教育基础就是推动一个人向技术水平更高、收入也相对较高的产业流动的重要力量。

第三,教育通过产业结构的差异在劳动力流动中发挥着间接的推拉作用。美国人口学家罗理建立了罗理引力模型,并通过该模型研究发现,从农业劳动力较多的地区流动到农业劳动力较少的地区,从低工资区域流向高工资区域是劳动力流动的主要方向。由于在各类行业中,制造业与劳动力受教育程度的关系最为密切,收入较高的制造业对教育水平较高者具有强劲的拉力,而收入水平较低的农业则对教育水平较高者产生一种推力。这也使得教育对劳动力流动的推拉作用在产业结构方面表现得更为显著。

国内不少学者在对中国的实际情况进行研究后,得出了与国外学者类似的研究结论,即教育对劳动力流动会产生极强的推拉作用。蔡昉等(2003)研究指出,与留守在原地的同类人相比,受教育程度较高的劳动力具有更强烈的改变不利处境的愿望,对劳动力市场的信息敏感度也较高,因此教育程度较高的劳动力实施迁移概率较大。另外,通过观察没有迁移的人口、乡城迁移者和城城迁移者的受教育程度发现,城城迁移者、乡城迁移者、未迁移的人口受教育程度依次降低。以上研究从一个侧面反映出教育对劳动力流动具有极强的推拉作用。在研究教育对劳动力流动的推拉作用方面,国内研究中最具有代表性的观点有以下几种。

第一,教育程度影响外出务工劳动力找到工作的概率和对工作地点的选择。赵耀辉(1997)分析了中国教育对农村劳动力流动的影响。他指出由于城市雇主一般要求至少初中文化程度,文化程度高的人在获取就业信息方面占有优势;由于雇主把教育程度作为识别方法等原因,教育程度较高的劳动力找到工作的概率较高,提高教育程度对提高找到工作的概率所起的积极作用在影响迁移收益的诸途径中可能占主导地位。通过深入分析教育对多重就业选择的影响,发现具有较高教育程度的劳动力往往更倾向于选择农村本地非农产业就业,其次是外出就业,最后才是务农。因此,他认为教育程度对促进劳动力进入本地非农产业的作用比促进外出务工的作用大得多。崔晓旭(2011)将托达罗模型和推拉理论相结合,提出均衡教育资源,平衡教育发展水平,特别是对落后地区的教育发展,是解决中国农村剩余劳动力问题方案的重要部分。刘方媛(2010)认为农民工的"候鸟式"流动就业就是城市的拉力和农村的推力及相应的反推力与反拉力共同作用的结果,当前农民工的人力资本供给与劳动力市场上的需求矛盾,也成为农民工流动就业中的反推力。

第二,教育程度影响外出务工劳动力的迁移概率和工资差异。蔡昉(2000)对教育水平与迁移概率,以及人力资本与工资差异进行了阐述。他认为农村中受教育程度较高的人之所以受城市经济状况的不利影响较小一些,是因为在迁移决策过程中,他们能够比别人掌握更多的信息;受教育程度较低的农村劳动力需要比前者更大的外部拉力才能做出迁移的决定;受教育程度较高的农村劳动力具有更高的理性判断力。正是基于以上原因,受教育程度较高的农村劳动力与受教育程度较低的农村劳动力在其他条件都一样的情况下,前者从农村流向外地的可能性要大过后者。研究还发现,教育程度与收入水平呈正相关,这种正相关在受高中以上教育程度的劳动力身上体现得更加明显。

第三,教育程度影响外出务工劳动力的迁移绩效。首先,较低的农村人力资本存量制约着农村劳动力的有效流动。其次,受教育程度与农村劳动力流动后的收入之间有比较密切的正相关性(滕建华,2004),受教育程度较低的外出务工劳动力的就业领域较为狭窄,往往大多只能成为"脏累差"等体力工作者。再次,人力资本与农村劳动力流动后的职业稳定性之间也有比较紧密的正相关性。由于文化素质差,思想保守,不能适应新的环境和条件,一些受教育程度较低的农村劳动力往往又回流到农村(白南生,2002)。最后,不同受教育程度的农村劳动力在流动的过程中会带来不同的社会问题。总之,中国农村劳动力受教育程度低的现状导致了中国农村劳动力向城市的流动迁移绩效低下。

第四,教育机会的地域差异影响劳动力流动。从教育机会的地域差异角度来看,教育机会也具有较为明显的推拉作用,迁入地优质的教育资源是劳动力流动的重要拉力。迁入地优质的学校教育条件和迁出地劣质的学校教育条件形成了一对重要的劳动力流动吸引力和排斥力。曹科学等(2012)通过融入推拉理论,结合刘易斯劳动力转移模型,分析了中国实现城乡劳动力自由流动的条件,指出劳动力是工业化与城市化的根本动力所在,但同时也是制约工业化与城市化水平及质量的限制因素,提出要大力发展教育,提升全民的文化水平和教育水平,为城市化与工业化的进程提供充足的人力资源。朱凤霞(2006)通过研究构建了西部民族地区的人口流动存在着"反推拉"模型,即贫困落后的西部民族地区对当地人有着拉力而非推力,发达地区对西部民族地区人口有着推力而非拉力。这种"反推拉"模型决定了西部少数民族地区的就业问题难以依靠人口转移得以根本解决,而依据西部民族地区的具体情况,充分利用本民族地区的自然资源优势和民族文化优势,发展民族地区的本土特色经济,以解决本地区劳动力的就业反而具有更为广阔的空间。其中,民族地区教育相对落后,人们文化素质普遍较低,有许多人尚不能运用汉语,不能与外界正常交流是民族地区外出务工劳动力的重要"反推力"。徐育才(2006)认为"推拉模型"存在着忽略劳动者能力、政府的社会改革行为对劳动力转移的影响等缺陷,提出了"三力模型",该模型认为,市场因素、政治与行政制度安排和劳动者能力是影响农村剩余劳动力转移的三大因素。

(三) 教育与社会分层理论

社会分层是指依据财富、收入、声望、教育机会等社会资源的多寡将社会中的人划分成高低有序的不同等级、层次的过程与现象,其实质是财富、收入、声望、教育机会等社会资源在社会中的不均等分配,社会分层的划分方法和标准不同会引起划分结果的巨大差异。社会流动和社会分层结构是社会分层理论的两个重要部分。社会流动就是指一个人或一个群体由一种社会地位或社会阶层流向另一种社会地位或社会阶层。从社会流动的范围看,可以将其分为代际流动和代内流动。从社会流动的方向看,可以分为垂直流动(即流动方向为社会上层或下层)和水平流动(即社会地位不发生实质变化的横向移动)。社会分层既是一个状态,也是一个过程。社会分层与社会流动实际上反映了一个事物的两个方面,两者相互依存,不可分割。其中,社会流动对教育的影响和教育对社会流动的促进作用集中体现了教育在劳动力流动中的分化作用。对社会流动与教育相互关系的研究成果主要体现在以下两个方面。

第一,教育对社会流动具有促进作用。社会分层理论研究由马克斯·韦伯开端,在韦伯理论基础上建立起来的社会分层理论中,布劳-邓肯模型的影响力最大。该模型指出先赋因素和自致因素共同影响社会分层结构,职业结构是社会分层结构的主要表现,人们受教育程度越高,从事较为复杂的劳动和较为体面的工作的可能性也就越大。研究发现,在经济发达国家中受教育水平与职业地位之间的正相关性较为显著,认为教育制度是影响一切的重要制度,特别是在工业社会中,向上层社会流动的一个重要条件体现为受教育程度或文凭学历(Blau et al. 1967)。美国学者罗伯逊(1991)等基于美国的研究,发现受教育程度、参加工作后的第一个职业地位、父亲职业对子女职业的直接影响对个人职业地位影响力依次减少,其中受教育程度对个人职业地位影响力最大。

第二,社会流动对教育影响较大。首先,社会流动通过影响教育的价值与功能,进而对教育的目标和内容产生影响。其次,教育改革的方向、内容和进程受社会的用人制度和人才选拔模式的影响较为强烈,而用人制度和人才选拔模式等又反映了社会流动的总趋势。

在中国,教育与社会分层之间的相关性主要体现在以下三个方面。

第一,教育程度与产业结构呈现明显的相关性。到目前,中国大体形成了与三类产业相联系、以职业为基础的阶层结构,根据 2000 年全国人口普查资料,第一产业主要包含农业劳动者阶层;第二产业包含了占绝大多数的产业工人;第三产业中商业服务人员、专业技术人员和办事人员的比重大,且各阶层在这一结构中的序列地位渐趋稳定。需要注意的是,三类产业中的经理人和工人的比重从高到低依次是第二产业、第三产业、第一产业。国家和社会管理者从事的行业属于第三产业。全国第五次人口普查数据分析显示,到 2000 年时,我国城市人口的平均受教育年限为 12.3 年,而农村人口平均受教育年限仅为 7.7 年,城市人口的平均受教育年限相当于大学一年级的水平,农村人口平均受教育年限相当于初中二年级的水平,城市人口的平均受教育年限与农村人口平均受教育年限相差 4.6 年。农村劳动力主要从事农林牧渔业等第一产业,2000 年中国农林牧渔业从业人员的平均受教育年限仅 6.79 年,扫盲班和未上过学的人员占到 11.8%,具有小学受教育水平的人员比例占 43.1%,具有初中受教育水平的人员占 40.3%,初中及以下受教育程度的从业人员比例超过了 95%,其中具有小学受教育水平的人员比例与具有初中受教育水平的人员比例之和为 83.4%。也就是说,我国第一产业从业人员包括小学和初中受教育水平的劳动力及相当数量的文盲劳动力,具有小学和初中受教育水平的劳动力为主体。正因为第一产业从业人员教育水平与第二、第三产业从业人员教育水平相比处于较低的水平,农业劳动者一直处于劣势的社会阶层。因此,根据已有研究可以得出以下判断,即第一产业的主要从业人员之所以一直处于劣势的社会地位,是因为其在初中后教育阶段上的积累低于第二、第三产业的从业人员。根据以上三类产业从业人员的受教育水平的分析,不难得出教育与社会阶层相关性极高的结论。

第二,教育程度与城乡人口社会差距呈现明显的相关性。教育与城乡人口社会差距的关系最富有持久性,且最为简单,因此,教育与社会阶层相关性还可以从教育与城乡人口社会差距的高度相关性的角度来考察。统计数据显示,在乡村,绝大多数(95% 以上)为各类生产人员,这就使得中国相对复杂的社会阶层分化变得简单和直观,即城乡人口的社会阶层分化。教育与社会人口的城乡差距的相关性表现为,城镇和乡村人口的受教育水平存在极大差异。城镇地区受过大专以上教育的人口在 6 周岁以上人口中所占比例大大高于乡村地区;城镇地区受过高中或中专教育的人口所占比例高于农村,在乡村人口中仅接受过小学及以下教育的人口比例近 60%,而在城镇仅接受过小学及以下教育的人口比例不到 1/3,农村人口中初中文化程度以上人口数量极少,初中文化程度以下人口数量极多。从以上数据可以分析得出结论:农村人口整体受教育水平低于城镇人口与农村人口整体社会地位低于城镇人口之间具有较高的相关性。

第三,教育对外出务工劳动力的阶层移动具有很强影响。通过调查中国 10 座城市发现[①],不同的职业水平对应不同的受教育水平,城市中各职业阶层的受教育水平差距十分显著。平均受教育水平由低到高的职业阶层分别是自雇佣者阶层、工人阶层、私营企业主阶层、办事员阶层、管理阶层、专业技术人员阶层。管理阶层和专业技术人员阶层处于城市社会中受教育水平最高的两个阶层,51% 的专业技术人员和 55% 的管理阶层成员受过正规的高等教育,其中管理阶层中有 10% 的人获得过非全日制大专文凭,技术人员中有 8% 的人获得过非全日制大专文凭,办事员阶层中也有 6% 左右的人获得过非全日制大专文凭(刘精明,2005)。近半数的工人仅为初中以下文化水平,受过高中教育的工人占 45%。就平均受教育年限而言,工人内部也有差别,其受教育年限从高到低依次为技术工人、体力工人、下岗工人。1982 年城镇 15～34 岁人口的平均受教育年限为 9.47 年,而 2000 年农村 15～34 岁劳动者的平均受教育年限为 8.12 年,城乡 15～34 岁劳动者的平均受教育年限差距可见一斑。以上调查研究从一个侧面反映了农村劳动力素质与城市所需劳动力素质不相适应的现状,这也说明,教育是农村劳动力由农村有效地流向城市的过程中必不可少的一个因素。

近几年,我国学者对教育与社会分层理论的研究大多集中在社会分层与教育二者互动关系的探讨及社会分层与教育公平的分析两方面。在社会分层与教育二者互动关系探讨的研究方面,陈新忠(2009)通过对国外高等教育分流与社会分层流动研究特点的分析,指出我国高等教育分流与社会分层流动研究要加强基础理论建设,确立以研促建目标,重视社会整体调查,注重多元方法分析,强化互动规律探讨,致力互动机制构建。王艳等(2008)从理论与实证两个方面论证教育在社会分层与流动中的重要作用,认为随着现代社会的日益知识化、信息化,教育对社会分层与流动的影响越来越大,成为社会分层研究中的一个重要组成部分。王利娟

①这项调查是指中国人民大学社会学系郑杭生教授主持的国家社科基金"九五"重大课题"邓小平关于发展的理论和体制转换时期我国社会结构现状、变迁及发展趋势"中实施的一项部分城市抽样调查数据,这项调查覆盖全国 10 个具有典型代表意义的城市,收集样本 4731 个。

(2008)认为促进社会流动取决于很多因素,教育有助于社会流动。王艳等(2008)认为,子女的受教育机会、环境、结果及未来所处的阶层受不同阶层的家庭所拥有的文化资本不同的影响,三者之间是一种循环的正向强相关的关系。在社会分层与教育公平的分析方面,吕国光和高贵忠(2011)探索了我国学术界30多年来关于社会阶层结构变迁的理性认识及其对教育机会分配的影响,认为我国相关理论研究起步很晚,且基本概念和命题均来自西方,不少学者直接借鉴国外理论来分析我国问题,显示独具特色的中国教育机会分配研究之路仍然很长。李煜(2006)通过实证研究发现,恢复高考后,家庭教育背景成为改革初期教育不平等的主要原因;1992年以后社会分化加剧,教育不平等的产生机制转变为资源转化与文化再生产双重模式并存。

综上所述不难发现,研究者大多认为,一方面,个体所处的社会层次左右着其所能接受的教育;另一方面,教育对其今后的社会分层也将产生影响。

(四)劳动力流动与人力资本理论

教育影响劳动力流动的同时,劳动力流动也会有力地促进生产力发展,进而对教育形成一种明显的推动力量。西方国家对劳动力流动和教育之间的关系进行了深入研究。研究发现,劳动力流动具有明显的促进教育发展的作用,具体体现在以下几个方面。

第一,劳动力流动能提升个人人力资本。舒尔茨(1990)从农业经济学角度开展研究,认为人的人力资本的形成包括人口的迁移、保健、教育等,个人和家庭进行流动以适应不断变化的就业机会是人力资本投资的主要方面,劳动力流动与教育都是增加人力资本的途径,而且两者的投资收入具有相互促进的作用,即在一个方面的投资必然会提高另一方面投资的收益。与舒尔茨同样把劳动力流动看作是提高人力资本的一种投资的还有史杰斯泰德(L. A. Sjaastad)。列宁(1984)认为劳动力流动可以开阔农民的视野、提高其文化素质、增强其商品经济意识,迁移是防止农民"生苔"的极重要的因素之一,不造成居民的流动,就不可能有居民的开化,而认为任何一所农村学校都能使人拥有独立认识南方和北方、农业和工业、首都和偏僻地方时都能获得的知识,那就太天真了,"流动"把居民从偏僻的、落后的、被历史遗忘的穷乡僻壤拉出来,卷入现代生活的漩涡。它提高居民的文化程度和觉悟,使他们养成文明的习惯和需要。

第二,劳动力流动能提升整个社会的人力资本[①]。大量农村劳动力涌进城市不仅会增加城镇基础设施和服务设施的需求,更会增加对城市学校教育的需求,对

①这方面的著作主要有:布洛赫 M,余中先,张朋浩,等,1991.法国农村史[M].北京:商务印书馆。

城市学校教育设施也会构成一定压力,这种压力往往转化为促进城市教育发展的动力。欧美学者通过对农村劳动力流动和城市化关系的研究,认为农村劳动力涌向城市,使成年人的职业教育和儿童的义务教育成为一个亟待解决的问题,促使各国更加注重少年儿童的基础义务教育、成人教育、职业教育和成人职业培训,同时农村劳动力集中于城市也为现代教育的发展提供了良好的条件,企业为了提高工人工作效率和提升竞争力,也愿意投资于工人教育使之进一步学习。因此,劳动力流动发挥着提升整个社会人力资本的作用。在国内,蔡昉、沈益民、童乘珠等研究认为,劳动力可通过以下三个途径提高其人力资本:首先,通过实践掌握必要的技能以提高人力资本;其次,通过接受相关职业培训和教育提高人力资本;最后,通过改变思维和生活方式等一系列潜移默化的方式,增长风险意识和创业精神,提高人力资本。

第三,劳动力流动影响教育机会在社会阶层中的分布。劳动力流动影响教育机会在社会阶层中的分布的原因在于,一方面,劳动力流动往往会改变社会阶层结构,并进一步影响不同阶层子女受教育的机会;另一方面,城市与农村的教育条件存在较大差距,相比农村,教育制度偏重于城市和城镇,这就造成了城市孩子比农村孩子获得更好的教育,教育差距不断扩大,那些通过流动在城市立足的劳动者的子女就能在城市获得更好的教育。当前,越来越多的进城务工人员子女能获得跟城市人口子女一样的义务教育,以此为契机,劳动力流动对子女受教育机会的影响将进一步加深。

第四,劳动力流动影响外出务工劳动者子女的受教育质量。聂茂等(2008)通过研究,揭示了劳动力流动与家庭教育和学校教育的关系,认为父母进城务工,容易使学前儿童失去家庭教育和监护,难以成长为合格的学校教育主体,尤其是父母双双进城务工会对家庭环境完整性产生严重的破坏作用。研究者强调,父母双双进城务工增加了子女在心灵、身体和安全等方面的风险,学龄儿童会因为缺乏应有的家庭教育和监护,养成不良习性,在学校难以取得应有的学习成绩。全国妇联的《全国农村留守儿童状况研究报告》研究显示,进城务工人员家庭中年龄较大的子女既可能受侵害,也可能侵害他人。这从另一个角度揭示了家庭教育与劳动力流动的关系。

何静(2012)通过对湖北省1994~2004年劳动力流动情况和农村人力资本积累的数据状况进行相关分析与实证研究,发现劳动力流动是促进人力资本形成与有效配置的重要条件,建立有效的激励机制,积极鼓励农村劳动力个人对人力资本的投入。郭琳等(2011)运用logistic回归法分析人力资本对流动劳动力不同就业身份选择的影响及作用机制。研究发现,流动劳动力的人力资本提升对改善其就业身份有显著正面影响;受教育年限和健康状况对中西部地区流动劳动力更为重要,对流动劳动力成为雇主的正向影响明显高于来自东部地区者。据此认为,在提升劳动力人力资本之外,针对流动劳动力的系统性边缘化制度安排需要打破。邓大松等(2009)从人力资本、社会资本和就业方式三个维度对进城农民的收入水平进行研究,并从三个视角进行了变量操作化,通过描述和交互分析方法分析影响进城农民收入的因素。研究发现,人力资本、社会资本和就业方式均不同程度影响进城农民收入水平,人力资本对劳动者收入有显著的正向影响,就业方式越趋于"稳定",进城农民劳动力收入则可能越高,而本书所选取的社会资本指标未能显著影响进城农民收入水平。贾彧等(2011)、李芝倩(2010)对农村劳动力流动活跃程度与中国经济增长的长期均衡关系和短期动态关系进行了实证分析,解释了农村人力资本流动与城乡经济增长差距的内在联系,说明了加快农村人力资本积累对我国二元经济结构实现成功转型的重要性,提出了加快农村人力资本积累的建议。综上所述不难发现,研究者大多认为,劳动力流动是促进人力资本形成与有效配置,促进经济结构调整和可持续发展的重要因素。

(五)劳动力流动与教育的三阶段理论

1. 劳动力流动与教育的三阶段理论形成的基础

有研究者在刘易斯-托达罗模型的基础上,建立了劳动力流动与教育的三阶段理论。刘易斯-托达罗模型内含独特的劳动力流动与教育思想,是解释发展中国家劳动力流动的经典理论。Lewis(1954)认为,现代资本主义经济部门和传统的仅能维持生活的农业部门共同构成了发展中国家的二元经济结构,在此基础上,他提出了劳动力无限供给下的经济发展模型,将发展中国家的经济发展分为三个阶段:二元经济的工业化阶段为第一阶段;二元经济向工业化经济转折的临界状态为第二阶段,也被称为刘易斯转折点;成熟经济阶段为第三阶段。Lewis通过分析发现,在第一阶段,农村劳动力处于无限供给状态,且农业边际劳动生产率接近于零。在第一阶段,现代部门生产中资本是十分稀缺的,资本家获得了资本积累所产生的剩余资本。劳动力在第二阶段同样变得稀缺起来,农村劳动力向现代部门的流动供给变得有限。在以上Lewis研究的基础上,费景汉-拉尼斯模型基于对农业生产率变化的分析,把二元经济的工业化过程分为三个阶段:第一阶段,与刘易斯模型描述的状态相类似,认为农村劳动力的边际生产率接近于零,劳动力供给是无限的。第二阶段,随着工业进一步扩张,边际生产率接近于零的剩余劳动力被吸纳到工业之后,劳动生产率低于平均劳动生产率的劳动力也会逐步被吸纳到工业。在这一阶段,工农业产品间的贸易条件会逐渐向着有利于农业的方向发展,这主要源于这部分劳动力的生产率是正的,其劳动力的转移就会引起粮食短缺。第三阶段,第二阶段发展过程中导致的粮食短缺使得提高农业劳动生产率成为农业发展的主题。如何推动技术进步和提高劳动生产率也是工业进一步发展、扩大资本积累迫切需要解决的问题。在这个阶段,制度因素不再决定工资的高低,整个经济社会的发展对劳动力的需求增加取决于劳动生产率,在劳动力生产率变化不大的情况下,整个经济社会的发展对劳动力的需求必然会增加,也促使农业工资的上升。整个经济进入了工业经济时代的标志是农业劳动生产率与工业劳动生产率相等。

2. 劳动力流动与教育的三阶段理论的构建

劳动力流动与教育的关系和以上发展中国家经济发展的三个阶段相对应。在第一阶段,由于劳动力供给是无限的,经济发展对劳动力的需求与教育需求并没有明显的相关性。教育的需求往往来源于获取高收入的目的,个人投资于教育,以便获得好的职位,在这一阶段,通常是教育需求不足,对教育的需求主要表现为教育的信号作用,这时教育多以基础教育为主。在第二阶段,流向城市现代部门的农村劳动力需要具有一定的技能,对职业教育形成较大需求,因为经济发展对劳动力的技能提出了一定要求。在第三阶段,经济发展对各类人才的需求增加,社会对高等教育的需求增加,产业结构开始从劳动密集型向资本与技术密集型转变,各级各类教育的需求均被带动起来,这使得整个教育需求增加。在这一阶段,劳动力流动对教育的依赖性十分显著。在这里,教育不仅是指正规教育,也包括能提高农民的生产技能,使农民有能力在非农部门就业等;能开阔农民的视野,改变农民的价值观念,有利于农民向非农产业的转移;一种创造性学习,更多地表现为边做边学的过程,个人通过学习和经验的积累,能改变制度环境或组织方式,并使之朝着改善的方向改变。也就是说,随着农村劳动力向城市现代部门的转移,教育已经超出了正规教育的范围,教育供给越来越需要政府采取各种积极的、特殊的措施来扩大和予以保障。

唐智彬(2010)认为,巨大的城乡差距、产业结构调整和快速的城市化进程是我国农村劳动力流动的背景。职业教育应该为农村劳动力流动提供支持,但是农村职业教育与培训的缺失及城市忽视农民工的培训,导致农村劳动力流动途径不畅,流动后发展受阻;应通过强化农村职业教育的发展,同时在劳动力流入地发展新形式的职业教育与培训,加强城乡职业教育的统筹与联动,共同服务于农村劳动力流动。王小军(2009)在金融危机的背景下,提出了调整和改革农村职业教育机制的建议,指出要扩展教学对象,将返乡农民工纳入农村职业教育体系中来;变革教育机制,合理统筹学历教育和短期培训的关系;合理安排教育资源,建立学校教育和送教育进村并行的格局;调整教学内容,尽快完善学校专业设置和课程内容。姚洪心等(2009)运用 multinomial logit 模型(基于随机效用的离散选择模型)对影响该地区收入差距的各种因素进行了实证研究,同时揭示出劳动力流动、教育水平因素都对不同收入类型的农民脱贫和致富产生较大的影响。米靖(2012)认为职业教育与劳动力市场之间的关系极为密切,提出职业教育在给受教育者提供特定的专门知识和技术的同时,应当提供更为宽厚的基础知识和技能,为个体在工作生涯中的可持续发展服务。职业教育要适应劳动力市场的动态变化机制;职业教育与培训对劳动力市场中的职业流动有明显的影响作用,这同样是职业教育对劳动力市场具有巨大作用的一项表现。综上所述不难发现,研究者大多认为职业教育为劳动力流动提供了支持,并影响着外出务工农民的职业流动,而劳动力流动为职业教育的存在和发展提供了条件。

以上是对国内外劳动力流动与教育研究中一些有代表性的研究成果的总结和归纳,在梳理和论述的过程中可能并不全面和系统,但由于这些成果具有普遍的经济和社会意义,以上理论成为本书研究的理论基础。

（六）区域经济与劳动力流动及其技能培训的关系研究

区域经济与劳动力流动及其技能培训的关系大体可分为两类,即劳动力流动对区域经济的影响和区域经济对劳动力流动的影响,其中对前者的研究占多数。

在劳动力流动对区域经济的影响方面,多数研究者对各省份进行个案研究后认为,外来劳动力或者劳动力流动因素已经成为影响区域经济增长的重要因素,但劳动力流动产生的经济增长效应主要作用到了经济发达地区流入地,对流出地的经济增长促进效应有限,甚至在一定程度上成为劳动力流出地经济落后的重要因素(刘冰,2010;季勤等,2010;罗红梅,2010;董立彬,2008)。胡荣才等(2011)认为劳动力对区域经济的促进作用具有时滞性,短期内劳动力流动不能有效促进地区经济增长,但从长期看,其对经济增长具有显著促进作用。进一步细分可以发现,劳动力流动客观上拉大了东部、中部地区之间在区域经济发展上的差距。杜小敏和陈建宝(2010)认为,劳动力流动对整体和部分产生的经济促进作用不一致。人口的迁移和流动对中国整体经济来说是一个帕累托改进,但对于中部的绝大部分地区及西部的一些人口输出大省,伴随人口迁出而引起的人力资本流失对当地经济的负面影响开始凸显出来。

在区域经济对劳动力流动的影响方面,研究者主要集中在影响因素和机制的探寻上,易苗等(2011)认为,经济开放因素对国内劳动力流动的作用促进了区域经济集聚、提高实际工资和增加就业。何一峰和付海京(2007)发现工资、房价和人力资本氛围对迁移决策有显著的影响,而消费物价水平、失业率和医疗设施等因素对人口迁移决策的影响较小。纪韶等(2008)认为,迁入地较优越的经济、文化氛围,较高的工资收入水平,以及较好的生活条件等是推动剩余劳动力外出转移的重要吸引因素。陆慧等(2008)在建立劳动力流动影响因素的分析模型的基础上,利用层次分析法对各因素的影响程度进行评估,得出样本地区经济因素对劳动力流动的影响为负时,经济因素的作用会导致苏北地区劳动力的流出,而且个人经济因素对劳动力流失的影响大于社会经济因素对劳动力流失的影响。

在区域经济与职业教育关系研究方面,现有研究侧重于对职业教育在区域经济发展过程中的功能及区域经济与职业教育的互动关系的研究。不少学者认为职业教育体系是区域经济发展的产物,区域经济的发展推动了职业教育的发展,经济结构的变化制约着职业教育结构的变化。与其他教育相比,职业教育更多的是直接为区域经济服务,区域内产业结构的调整对职业教育的发展规模和速度、专业建设等影响很大(马海阳等,2009;阮艺华,2003)。在区域经济与技能培训的互动关系的研究方面,马蒙蒙等(2009)指出,职业教育是衡量区域经济发展水平的重要指标,两者之间存在显著相关性,但是,只有重视先发地区与欠发达地区在选择职业技能上的差异性,创设适应职教人才技能发挥的经济载体和空间,才能形成职业教育与区域经济发展的良性互动关系。因此,唯有将职业教育与区域经济密切联系起来,为物质生产和服务第一线培养较高素质的劳动力,才能生产出高质量的产品,才能将沉重的人口负担转变成丰富的人力资源,实现区域经济与职业教育的协调发展(周晓红等,2006)。

(七)产业结构调整与劳动力流动及其技能培训关系研究

在产业结构调整与劳动力流动及其技能培训的关系研究方面,大多数研究者探讨产业结构对劳动力流动的影响。任新民等(2003)认为经济结构与就业结构之间存在着一种对称性关系。在经济结构转变过程中,产业结构和体制结构会直接影响到就业结构,影响到劳动力流动的方向、规模和特点。乔雅君(2010)根据2000～2008年的样本数据,分别从产业结构、就业结构和就业结构偏离度的角度,对河南省与其他中部省份进行比较研究,其结果表明,与其他中部省份相比,河南省第三产业发展相对滞后,其增加值比重较低、第三产业就业率低、整体就业结构偏离度较高。这充分说明调整产业结构,特别是提升第三产业的比重,对于增加就业具有重要带动作用。

在产业结构调整与职业教育和技能培训的关系研究方面,现有研究大多集中在两者的相互影响上。康元华(2011)认为,产业发展引起职业教育的产生,随后两者呈现出互动发展的态势,产业结构演变与职业教育之间存在着密切的互动关系。袁玥(2000)认为,区域产业结构决定区域劳动力的类型结构,而劳动力类型结构又决定了职业学校培养的人才类型结构。袁旭等(2006)在构建了产业结构演变、产业转移布局与职业教育层次结构、职业教育专业结构、职业教育布局结构的产业结构与职业教育互动模型的同时,认为产业技术结构决定职业教育的分叉,决定职业教育专业的深度与滚动开发,决定职业教育专业核心课程体系的整体开发。赖先进等(2010)则从不同层面诠释了产业结构与职业教育之间的关系,认为在高端层面,创业教育催生新兴产业,培育先导产业集群;在中端层面,高等职业教育增强产业创新能力,创造产业竞争力;在低端层面,产业技能培训促进产业结构优化与社会升级。职业教育与产业的动态联动,纵向引领产业升级,助推创业型经济深入发展。

（八）城市（都市）圈建设与劳动力流动及其培训的研究

对城市（都市）圈建设与劳动力流动及其培训的研究主要集中在劳动力流动对城市（都市）圈建设的重要性及劳动力流动的影响因素两方面。在劳动力流动对城市（都市）圈建设重要性的研究方面，在对城市（都市）圈建设与劳动力流动相互关系的研究方面，研究者提出要促进农村剩余劳动力的顺利转移，必须进一步优化产业结构，提高结构性增长的效率（李恒，2007）。通过对美国西部开发中的人口迁移和城镇化的特点进行分析，辜胜阻（2002）指出中国西部开发在人口城镇化、产业发展和交通通信设施建设等方面，要建立人才高地和土地产权"洼地"。彭文慧（2007）认为，要充分认识到智力回流在促进欠发达地区农业产业化、发挥比较优势、促进产业结构升级和推进市场化进程方面的积极作用。

劳动力流动的影响因素方面，孙铁山等（2009）在区域密度函数的基础上建立了计量模型，分析人口集聚与扩散的影响因素，结果显示，区域中心城市人口集聚与扩散主要受城市规模、经济发展及其结构调整，以及对外交通条件等因素的影响。纪韶等（2008）指出，农业剩余劳动力流动首先在区域经济发展中完成，如果能很好地解决区域内的农民工流动问题，将在很大程度上减少农民工迁移成本，缓解社会压力。而刘宇辉等（2009）基于资源对城市群空间发展影响的模型，认为政府在解决区域内的农民工流动问题上处于主导地位，政府要通过政策引导人力资源科学合理分配，并指出城市人口数量扩张对空间增长具有主导性作用。

以上对城市（都市）圈建设与劳动力流动及其培训的研究，肯定了劳动力流动对城市圈建设的带动作用，分析了劳动力流动的影响因素，但较少在城市圈建设和发展视角下对劳动力需求、供给差异、供需匹配度、城市（都市）圈建设、劳动力流动之间的相互关系、促进劳动力流动的对策方面展开深入分析，这使得研究成果的现实意义和应用价值受到制约。

第三节　职教扶贫研究的总体框架

本书提出如下研究假设：第一，城市圈建设背景下各市县和中心城市的经济联系量与各市县农村职业教育非均衡发展存在正的相关性；第二，城市圈不同圈层各市县之间的农村职业教育发展水平可以通过一系列量化指标描述和检验；第三，同一区域内的不同地区间的农村职业教育发展具有共性，且可以通过一系列量化指标归纳、描述和检验。

本书在供需均衡分析和投入产出分析的框架下，从供给、需求、供需均衡和外出务工农民技能培训效率四个层面，对湖北省各市州、区县外出务工农民技能培训的均衡发展水平进行实证分析。

具体而言,本书共九章内容。

第一章,导论。提出本书的选题背景,从中可了解和体会本书的研究价值;指出本书的研究内容,厘定一些关键概念;提出本书的研究思路、研究方法及技术路线。

第二章,理论基础。主要有职业教育理论、劳动力迁移理论、空间经济学理论,为文章后续分析提供理论依据。

第三章,城市圈建设与湖北省各地农民外出务工现状。描述湖北省各市州农民外出务工的总体状况,分析不同圈层经济联系与各市州农民外出务工的相关度,包括不同圈层各市州经济联系与农民外出务工工作地点的相关度、不同圈层各市州经济联系与农民外出务工工作时间的相关度、不同圈层各市州经济联系与农民外出务工行业的相关度。

第四章,湖北省外出务工农民技能培训需求的计量分析。计算出外出务工农民技能培训需求,并对各市州及各区县的外出务工农民职业技能培训需求差异性的总体状况进行分析。在以上研究的基础上,还进一步深入研究不同圈层各市州及各区县经济联系与外出务工农民培训需求是否存在相关性和差异性及相关性和差异性的程度。

第五章,湖北省外出务工农民技能培训供给的计量分析。在了解湖北省外出务工农民技能培训供给总体状况的基础上,对湖北省外出务工农民技能培训供给的均衡性、不同圈层各市州外出务工农民技能培训供给的差异及不同圈层各区县外出务工农民技能培训供给的差异进行分析。

第六章,湖北省外出务工农民技能培训的供需均衡分析。以数据的客观性、可获取性为原则,将政府培训人数、政府培训努力程度、其他渠道培训人数设置为投入指标,将资格证书获取、持续工作时间、经济收入、社会保障设置为输出指标,在此基础上运用数据包络分析(data envelopment analysis,DEA)模型对湖北省外出务工农民技能培训效率进行综合评价,并尝试分析不同圈层各区县外出务工农民技能培训效率之间的差异性。

第七章,湖北省外出务工农民技能培训效率的均衡分析。以数据的客观性、可获取性为原则,将政府培训人数、政府培训努力程度、其他渠道培训人数设置为投入指标,将资格证书获取、持续工作时间、经济收入、社会保障设置为输出指标,在此基础上运用 DEA 模型对湖北省外出务工农民技能培训效率进行综合评价,并尝试分析不同圈层各区县外出务工农民技能培训效率之间的差异性。

第八章,个案调查分析:以来凤等三个县为例。采用实证分析的方法,对湖北省来凤等地外出务工农民技能培训状况进行个案调查分析,试图挖掘出湖北省外出务工农民技能培训所面临的共性问题,梳理出制约湖北省外出务工农民技能培训发展的一般及特殊因素,总结各地促进改革发展的举措和成果,探寻对湖北省外出务工农民技能培训供需均衡发展的有益启示。

第九章,政策建议。对湖北省外出务工农民技能培训均衡发展进行前瞻性展望。理论能够指导实践,因此首先归纳出理论研究对我国农村职业教育发展的一些有益启示,在此基础上指出湖北省外出务工农民技能培训均衡发展路径,主要包括农村职教发展战略的调整、农村职教管理体制改革创新的路径选择、农村职教办学模式的改革与创新、农村职教保障服务体系建设的路径选择。然后引出笔者的想法和建议,即构建出"三教统筹"与"农科教"协调机制,供广大研究者思考和探索。

第四节　职教扶贫的基本路径

本书的研究思路与拟采用的研究方法如下。

(1)采用文献分析法,从社会分层理论、人力资本理论和职业教育理论等方面,对农村职业教育的理论基础进行梳理,厘定与本书相关的关键概念;提出本书的研究假设、研究思路和技术路线。

(2)引入空间经济学理论,构建经济联系隶属度模型,在此基础上定量分析湖北省武汉城市圈不同圈层各市县的外出务工农民技能培训需求状况、供给状况及供需均衡状况;对不同圈层各市县外出务工农民技能培训供需均衡的差异性,以及不同圈层各市县经济联系与外出务工农民技能培训供需的相关性进行定量分析;借鉴经济学供需均衡的分析框架,提出培训供需匹配度的概念,对各市州外出务工农民技能培训供需匹配现状进行统计分析,同时对不同圈层各市州经济联系与培训供需匹配度的相关度进行分析;对湖北省武汉城市圈内各市县之间外出务工农民技能培训供需状况进行区域比较。

(3)采用 DEA 方法,深入分析湖北省各市县外出务工农民技能培训的实施效果及调整方向。本书假设有 n 个县市,有 k 种外出务工农民技能培训方案,即有 n 个评价单元(Diesel Multple-Unit,DMU),每个 DMU 都有 l 种输入和 m 种输出。输入项:①2010 年参加过职业技能培训人数;②2010 年参加过政府举办的技能培训人数。输出项:①资格证书获取人数;②持续工作 6 个月以上人数;③经济收入。为保证输入、输出项均为非负数,若上述指标为负值,赋值为 0;否则为实际值。在符号上,x_j 表示 DMU_j 的输入向量,y_j 表示 DMU_j 的输出向量。对第 k 个地区外出务工农民技能培训绩效进行评价,其中 C^2R 模型评估政策实施的整体效率为 θ,则评价第 k 个市州(或区县)外出务工农民技能培训效率如下,其中 C^2R 模型评估政策实施的整体效率为 θ,C^2GS^2 模型评估外出务工农民技能培训的纯技术效率为 φ，根据整体效率＝纯技术效率×规模效率的公式，可得外出务工农民技能培训的整体效率。

$$
\text{C}^2\text{R 模型：s. t.}
\begin{cases}
\sum\limits_{j=1}^{n} x_j\lambda_j + s^- = \theta \cdot x_k \\
\sum\limits_{j=1}^{n} y_j\lambda_j - s^+ = y_k
\end{cases}
\qquad \min\theta
$$

$$
\min\varphi \qquad
\text{C}^2\text{GS}^2 \text{ 模型：s. t.}
\begin{cases}
\sum\limits_{j=1}^{n} x_j\lambda_j + s^- = \varphi \\
\sum\limits_{j=1}^{n} y_j\lambda_j - s^+ = y_k \\
\sum\limits_{j=1}^{n} \lambda_j = 1
\end{cases}
$$

　　研究中，我们以 2010 年湖北省 16 个市州和 77 个区县的外出务工农民技能培训数据为基础，分别对不同圈层各区县外出务工农民技能培训效率的差异性，以及不同圈层各区县经济联系量与外出务工农民技能培训效率的相关性进行实证分析。

　　（4）运用实地调查方法，基于 2008 年以来笔者先后三次在湖北省恩施州来凤县等地的田野调查，对三个案例的外出务工农民技能培训的有益经验及不足进行个案研究；运用综合归纳法，基于上述实证结果，从城市圈建设背景下湖北省外出务工农民技能培训均衡发展的战略、模式与路径选择这三个层面，对湖北省农村职业教育提出若干政策建议。

　　将研究思路、方法与研究技术路线合并，得到如图 1.1 所示的路线图。

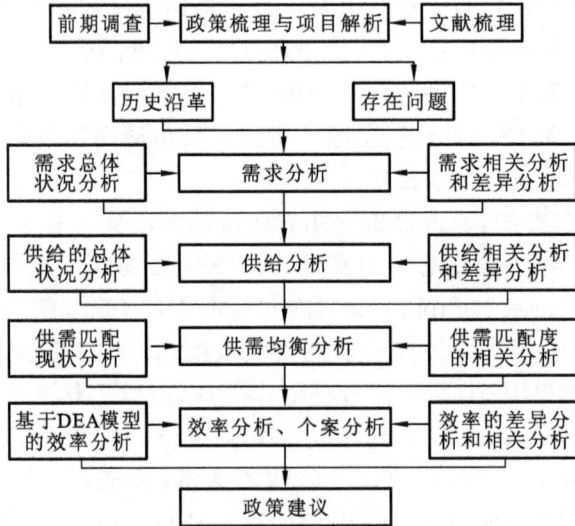

图 1.1　本书研究路线图

第二章

理 论 基 础

第一节　职业教育理论

职业是社会分工的产物。在原始社会末期，随着农业与手工业、畜牧业的分离，以及到了封建社会脑力劳动与体力劳动的分离，职业便产生了。"职业"一词最早见于《国语·鲁语》："昔武王克商，通道于九夷、百蛮，使各以其方贿来贡，使无忘职业。"不过此时的"职""业"合起来是指分内应做的事情。在古代，"业"是各有所指的，"职"指官事，"业"指士、农、工、商所从事的工作（徐家林和陈鸣鸣，2006）。职业指"个人在社会生活中所从事的作为主要生活来源的工作"（刘合群，2004）。在西方，职业含义较多，英语中的 vocation 指"由神感召而得的圣职"，是人们根据自己的能力和个性特征所从事的、借以获取自己及所抚养成员生活资料的同时又为社会服务的工作。总的来说，职业是个人为谋生和发展而从事的具有差异性的专门技术、相对稳定的规范性的社会活动。

一、职业与职业教育

（一）职业的特点

职业具有以下特点。

（1）技术性。职业是与专门技能相联系的，要经过专门学习训练才能够掌握，如医生、木匠、演员等，它们都是具有很强技术性的职业。

（2）经济性。职业既要解决个人生活、生存的经济来源问题，又要解决本人所抚养或赡养人员的经济来源问题。职业是一种获得经济收入的活动。

（3）社会性。人的职业活动是社会活动的一个组成部分。一个人从事职业活动,在为个人获取经济收入的同时,也在为社会做出积极有益的贡献。

(4)稳定性。一个人的职业在一定时期内是相对稳定的,具有连续性。

(5)规范性。每种职业都有其特定的应当遵守的操作制度与规章、对应该承担的义务和责任的种种规定。相同或相近的职业可以进行一定的行业统一规范。

(6)差异性。从古代的"三百六十行"发展到现在的上万种职业,每种职业都是不相同的,它们的劳动条件、服务对象、操作规范、行为规定等均是不同的。随着时代的不断发展,职业的种类还会细化。

(二)职业教育的内涵

1.职业教育的概念

目前国内外对职业教育的定义有近百种,但还没有一个明确、统一认可的定义。对职业教育比较流行的界定有以下几种:一是《教育大词典》第三卷定义职业教育为"传授某种职业或生产劳动必需的知识、技能的教育"。其强调职业教育是培养劳动型技能人才的一种教育活动。二是1917年黄炎培在《中华职业教育者宣言》中定义职业教育是"用教育方法,使人人依其个性,获得生活的供给与乐趣,同时尽其对群之义务"。其使"无业者有业,使有业者乐业"的职业教育目的十分明确。三是1996年9月1日颁布的《中华人民共和国职业教育法》规定:"职业教育是国家教育事业的重要组成部分,是促进经济、社会发展和劳动就业的重要途径。"它指明职业教育在国家教育体系中的地位,并表明职业教育为经济、为社会、为个人服务的目的。四是1998年联合国教科文组织在《国际教育标准分类法》中定义:"职业教育是为引导学生掌握在某一特定的职业或行业或某类职业中从业所需的实用技能、专门知识和认识而设计的教育。"其学习技能、从事职业的目的明确。五是顾明远、梁忠义认为:"职业教育是以传授某种职业所需知识、技术、态度为主要内容的,以培养职业人为目的的教育。"它强调了职业教育为就业服务,职业教育是培养职业人的教育。六是孟广平认为,职业教育是"大工业生产发展的必然产物,它是一个历史发展过程"。它强调了职业教育是社会生产力发展的必然结果,职业教育与工业发展相关,是为工业生产培养专门人才的教育。七是纪芝信认为,职业教育"是为适应职业需要而进行的教育,包括就业准备、在职提高和转换职业所需的教育"。它强调了职业教育是个人终身学习、不断提高的专门教育。

2.职业教育的含义

职业教育是采用专门学校教育或职业培训的方式,对受教育者进行职前教育、职中提高及职后培训,以传授专门职业或职业群需要的文化知识、基本理论、专门技能和劳动态度,以培养企业一线所需初、中、高级技能型人才为主要目标的一种就业教育。

（1）职业教育是终身教育。职业教育可分为学校职业教育和职业培训两类，一般包括职前教育、在岗培训、转岗培训和离岗培训等，覆盖了人的一生。

（2）职业教育以职业或职业群的需要为核心，包括基本文化、基础理论、专门技能和职业态度（职业观）。

（3）职业教育是专门培养企业一线需要的技能型和管理型人才的教育。

（4）职业教育分三个层级：初等职业教育、中等职业教育和高等职业教育。

（5）职业教育是就业教育，使受教育者顺利就业是职业教育的最终目的。

二、职业教育的分类

按照马斯洛的需求层次理论，不同的职业教育类别、层次与形式可以满足不同类型人群的需要，不同的人群会根据自己的实际需求选择不同的职业教育类别、层次与形式。这就导致了我国职业教育存在类别、层次与形式的划分。在参阅大量中外职业教育专著和文献，借鉴职业教育前辈关于职业教育分类思想和方法的基础上，刘家顺等（2006）提出了职业教育"两分法"，即我国职业教育可以分为两大类：第一类为学校职业教育；第二类为职业培训。而在这两大类下面又各包含若干小类，它们共同构成我国职业教育的完整分类体系。第一类学校职业教育是指受训人在各级各类职业院校所接受到的专门、系统、全日制的有关职业思想、职业道德、专业理论、职业技能的教育。随着社会生产力不断提高，"师带徒"式的职业教育已经不能适应社会生产发展的需要，专门的技术培训也不能适应大机器生产的需求，因而出现了专门的学校进行职业教育。目前我国学校职业教育分成初等职业教育、中等职业教育和高等职业教育三个层次，分别对应培养不同层次的职业人才。实施高等职业教育的学校有高等专科学校、高等职业技术学院、职业大学及成人高等学校，也可以由普通高等学校专门实施，目的是培养高层次技能型人才。实施中等职业教育的学校有中等专业学校、技工学校、职业高中等。中等专业学校培养具有一定专业理论知识和应用技能的技术人员、管理人员和其他专业人员；技工学校培养具有一定专业知识和操作技能的中级技术工人；职业高中培养具有一定文化水平、专业知识、专业技能和职业能力的技术人员、管理人员、中级技术工人或其他专业人员。实施初等职业教育的学校现阶段主要在我国农村，一般是在农村普通初中教育过程中附设少量初等职业技术课程，对广大农村初中学生进行基本的职业教育，或者是在这些初中学生学完初中文化课程以后再追加1～2年的职业技术教育。我国学校职业教育是一个以初等职业教育为基础，以中等职业教育为重点，积极向高等职业教育发展，逐步建立起一个从初级到高级，行业配套，结构合理，又能与普通教育相互衔接的职业教育体系。第二类为职业培训。它是一种短期的职业教育,是为在城镇或农村中需要顺利实现就业、转岗或者提高在岗技能水平的人员提供的教育活动。其存在的必要性:一是我国每年有1200多万的普通初中或高中毕业生毕业以后不能继续升入高一级学校学习或深造,他们迫切需要进行职前就业教育。二是我国城镇近8000万在职员工每年需要有组织、有计划的培训,以不断满足对他们的专业知识和工作技能更新和提高的要求。三是在我国广大农村,每年有近4000万新型农民需要发展科技农业,发家致富,或者从农村转移到城镇,实现农民转移就业,也需要进行必要的技术技能培训。

职业培训一般是由各级劳动行政部门、行业主管部门、企业和社会团体来组织或实施的。它是在20世纪80年代后开始大规模发展起来的。职业培训一般分成两类:一类是城镇职业技术培训。主要任务是培训城镇待业人员,使其顺利实现就业,另外还要对城镇已经就业的人员实行转岗培训、在岗培训、离岗培训等。城镇职业技术培训网络由以下三个部分构成:第一部分是各级政府劳动部门和各类企业举办的就业训练中心;第二部分是职业中学或技工学校开办的各类培训活动;第三部分是各类企业自己举办的在职培训活动。另一类是在我国农村开展的职业技术培训。主要任务是对广大农民实行短期技术培训,使他们或者实现向城镇的转移,或者扎根农村为建设新农村做贡献。我国学校职业教育与职业培训在教育对象、教育性质、所处地位、学制规定、主管部门、教育结构六个方面有明显的区别。

职业教育的特点为职业性、实训性、经济性及终身性。

职业性是指职业教育的培养目标是为社会各行各业生产、服务一线输送各级各类技术技能型人才。它注重的是职业技能教育,目标是使受教育者学成以后能够在社会上顺利地实现就业。一是培养目标的职业性。职业教育要为社会上成千上万的职业岗位培养所需的各种人才。它以职业或职业群为培养目标,直接针对职业岗位群的要求来培养人才,以培养某岗位、某职业、某职业群所需要的职业人为办学宗旨。二是学校办学的职业性。一般来说每所职业学校具备不同的办学特点,这也显示了学校培养学生职业的定向性。因为不同的学校有不同的目标,专注不同的领域,具备不同的个性,从而培养不同职业倾向的学生。三是专业的职业性。学生在入校时便选择了自己所要学习的专业,也就基本选择了自己将来要从事的职业。在教学上,无论是专业设置、课程设置,还是师资、教材、教学方法,都突出了职业特色、地方特色,重视学生职业技能的培养。

实训性是指职业教育学校将受训者放在真实的工作环境中去亲历实践教学、现场训练等,把这个环节当作学校教学工作不可缺少的组成部分。一是教学上的实践性。普通教育和高等教育的教学工作以学习普通文化科学和理论知识为主,教学工作的基本形式是课堂教学。而职业教育与此不同,它不仅强调学生要掌握必备的科学文化理论知识,而且更加强调要培养学生实际操作的技能。实践教学在职业学校教学工作中占有十分重要的地位,不可缺少。二是技能上的实训性。职业教育侧重的是技术技能教育,帮助受教育者掌握专业技能是职业教育的基础。除了理论上教授受教育者基本知识以外,更重要的是帮助受教育者掌握该项职业的专项技能。只有这样,受教育者才能够获取从事某项职业的从业资格。"三百六十行,行行出状元",这个状元就含有从业之窍门、从业之技巧的意思。因此,职业教育就是要在一般的理论文化课程之外,为学生多安排时间进行校外实践和训练,使他们充分融入现实社会之中。通过日常工作中实实在在的大量实际训练,学习到不同职业、不同岗位的职业技能。三是培养上的实用性。在专业设置上,企业参与专业设置。学校组建了由社会、企业、学校共同参与的专业指导委员会,调查用人单位尤其是本地区企业对人才职业岗位能力的要求,确定学生毕业后所从事职业岗位的业务工作范围,并将其具体化为人才培养规范,确定所要设置的专业。在教学内容上,教学内容要按照"实际、实用、实效"的原则来确定,聘请在此类职业中长期工作、经验丰富的优秀从业人员来讲授部分课程,把理论教学与实践教学相结合。在师资队伍上,建立"双师型"师资队伍,可采用专职教师与兼职教师相结合的方法,尤其有关职业培养的课程以兼职教师为主,这可以使教学更加贴近实际。在实训基地上,职业学校可以选择一些有实力、有条件的企业建立自己的实训基地,让学生在真实的工作环境中顶岗学习职业技能。

经济性是指职业教育是我国工业化、社会化、现代化发展的重要支柱,同我国的经济发展和社会进步相互促进、相互影响。首先,职业教育与社会经济相互促进、相互制约。职业教育的发展程度主要由社会经济发展水平和产业结构变化所驱动和制约,同时,职业教育必须服务于社会经济,适应社会生产力水平的提高,不断促进经济发展和社会进步,只有这样,职业教育才具有强大生命力。反过来,社会经济发展了,经济基础增强了,又可以为职业教育进一步提高提供坚实的经济基础和发展保障。从我国职业教育的发展历程看,在 20 世纪 50 年代前期、60 年代中期和 80 年代中期之后这三个时期呈现了快速、稳定和协调的发展,同这三个时期经济上持续、稳定、协调发展的环境密切相关。同时,这三个时期的职业教育先后在我国的工业领域(20 世纪 50 年代中专、技校)、农业领域(60 年代中期农村职业中学)、第三产业(80 年代中期之后的职业高中)的重点发展上做出了很大的贡献。因此,经济发展的起伏与职业教育发展的起伏形影相伴,职业教育同经济发展唇齿相依。其次,职业教育对经济发展具有更大的促进力。当人的知识和技能取代了机器而成为生产力发展的决定性因素的时候,在这种知识和技能不足的情况下,无论资金多么充足、设备多么完善,生产力都不可能有很大的发展。因此,对未来经济发展起决定作用的是人,是那些既掌握扎实的理论知识,又具备娴熟技能的知识人,而这些知识人又主要依赖职业教育来培养。在低附加值产品生产的阶段,以劳动密集型产业为主,此时初等教育尚未完全普及,社会整体教育质量较差,社会、家庭对高等教育的期望值很高,人们鄙视职业教育,知识和技能的承传主要依靠传统的学徒制度。到了工业化阶段以后,资本技术密集型的产业大量存在,社会广泛生产工业产品,为了培养一线生产技术工人,导致学校独立分化出来,而专门从事职业教育的学校得到快速发展,广大生产企业也开始重视对员工的培训,以此作为提高员工职业技能的基础。到了重化工业和高技术产业发展阶段,知识密集型产业成为经济发展的主流,职业教育表现为向高中后延伸,呈现高端发展趋势。同时,几乎所有的企业重视对员工的全方位培训,且对员工培训实行专门化的管理。最后,职业教育和培训与国家发展紧紧相连。在职业教育与培训的形式和内容上,发展中国家的职业教育与培训在向多元化方向发展,职业教育与培训的内容比较专门且单一。发达国家的职业教育与培训呈复合化发展趋势,教育与培训的内容在朝综合化方向发展。职业学校教育模式力图建立同企业更为密切的联系,在企业的帮助下,为学生提供丰富的积累实践经验的机会。越来越多的大型企业创办了自己的培训中心,不断变换着课程内容和培训方式,以适应制造业、服务业和其他产业更高技能人才的需要。总之,讲授具有基础性和共同性的专业知识,培养员工多种综合能力目前已成为发达国家进行职业教育与培训的重点。

终身性是指职业教育是随着我国的经济发展和社会进步不断变化发展的,其最终的目标是使人人享受职业教育,每个人的一生都不断地接受职业教育。职业教育伴随我们每个人的终身。首先,职业教育是不断变化和向前发展的。职业教育是由于经济的发展和科技的进步而不断向前发展的,世界上没有一成不变的职业教育,不断变化并提升乃是职业教育的一个重要特点。在2007年10月召开的党的十七大所确立的路线方针的指引下,各行各业呈现又好又快发展的局面。就外部环境来说,我们的建设和发展正面临着世界经济、科技飞速发展,综合国力需要迅速提升的双重压力。我们要从计划经济体制转向社会主义市场经济体制,调整和优化产业结构,大力发展农业,加快发展工业和基础设施,繁荣第三产业。在这样的形势下,许多新的企业或经济组织会不断出现,而一些陈旧老化的企业又将会淘汰消失。总的来说,企业的数量会越来越多,社会分工也会越来越细,导致许多新的职业岗位出现,同时许多过时陈旧的职业在慢慢地消失,有的职业岗位需要调整转换,大量的职工需要转岗,许多城镇职工需要从一个产业转移到另一个产业,需要从一个企业转移到另一个企业,需要从一个部门转移到另一个部门。为了满足这种新变化,未来我国职业教育必须进行改革,一方面,职业学校要大力进行全方位的改革,紧跟世界职业教育发展的潮流,大力兴办现代职业技术教育,为现代企业多培养和输送高技能人才。另一方面,企业一定要更加重视员工的职业培训,加强领导、加大投入,通过开展针对性强的员工培训,不断提高员工的职业能力。其次,职业教育是终身教育。一方面,职业教育将着眼于全面提高受教育者的素质,通过多种形式逐步建立同普通教育相渗透和沟通的机制。现代教育体现的是既有分流教育,又有综合教育,在中小学教育中渗透部分职业教育的内容;在高中阶段适当发展一部分综合高中;在职业学校中加强基础文化教育;建立普通高校通过必要程序招收中等职业学校毕业生的途径;职业学校也可通过必要程序吸纳普通学校毕业生。另一方面,未来的职业教育将是大职业教育。就学校职业教育来说,在中等职业教育阶段,要以其不同服务方向,即不同产业和不同行业,实施综合性教育,以便学生在学校学习时可以自由选择,构建复合型智能结构,使自己在就业时有更大的适应性和选择性;在高等职业教育阶段,要向综合化、高级化方向发展,拓宽专业服务面,培养复合型人才,以适应经济技术结构变动对高级技能型人才的需求。就企业培训来说,企业员工职业变动、职业技能更新的加快,使得企业对员工的培训必须更加重视。同时,员工培训要具有更大的灵活性、针对性和适应性,为员工的职业生涯提供多种、多次接受职业教育的机会。日本企业的职业培训通过全员性、终身化、针对性的培训来实现,从职业知识、技能、责任、态度等方面帮助产业工人和管理人员适应技术和管理变化的要求,直接推动日本产业部门对于引进技术的消化和移植,以及各类产业领域技术改造和工艺更新。日本企业的经验证明:企业适应经营环境变化,有针对性地开展员工教育培训活动,使企业职业教育全员化、终身化是现代企业发展的最后策略(钱民辉,1999)。总之,现代职业教育已经并正在从"终结性"转向"终身性",从单纯满足"就业需求"走向"创业需求",职业教育内涵从"职业预备教育"延伸拓展为"职业终身教育"。现代职业教育正日益成为整个社会经济发展的重要基础,成为人类发展的重要手段和人生价值实现的重要途径。

三、职业教育的功能

职业教育目的的演变大致经历了三个阶段(Butts,1995):产业革命之前的生产教育阶段;产业革命至20世纪80年代的技术教育阶段;20世纪90年代以后的人的全面发展阶段。总体来说,职业教育是教人学会生存的社会活动。它应该使受教育者在科技教育与人文教育方面得到全面发展,成为有职业道德,有职业技术,有较高文化知识的社会所需要的应用型、实用型、职业型的劳动者。我国职业教育的目的具有以下三个特点:一是要求教育对象在德、智、体等方面得到全面发展,成为有一技之长的高综合素质的职业劳动者。二是培养目标是在一线的应用型、实用型技能人才。他们工作在基层部门、生产一线或工作现场,将成熟的生产技术和管理规范变为具体操作或服务。三是培养出来的人才分成初等、中等、高等三个层次,以满足社会对不同层次人才的需要。依据职业教育目的的演变过程和我国职业教育目的的特点,我国职业教育具有"实现人人就业、实现社会发展、实现人的全面发展"三种主要功能。

(一) 促进就业

1. 职业教育是就业教育

学徒制是手工业者培养后继人才的重要方法。在行会成立后,学徒制逐渐具有了社会属性。从事手工业者都是平民阶层,为了能够在社会上生存,必须经过学徒制培训,以获得一技之长。学徒制带有明显的生存和生计的目的。产业革命以后,学校职业教育应运而生,其目的一方面基于生计的需要,另一方面为了就业。

18世纪初期,在西方工业国家出现的大量的慈善学校均以贫苦儿童为对象,进行的是有现实效益的职业技术教育。我国近代的职业教育也主要是出于生计目的。在20世纪前期,黄炎培先生开办的一系列职业学校和补习学校、陶行知先生广泛实施的平民教育、晏阳初先生从事的乡村教育,招收主要面向那些不能升学的儿童或失业者,授之以职业上的技能,使他们有一技之长以维持生计。到了现代,我国职业教育经过100多年的发展,已经基本形成了自己的完整体系,我国职业教育实现人的就业这个根本宗旨自始至终没有改变,而且在当前就业压力不断增大的环境下,越发凸显其重要性。为此,我国各级各类职业学校主要注重两个方面:一是职业教育的专业设置。在专业设置上,各级各类职业学校普遍注重以市场需求为导向,坚持专业设置的多样性和调整性,紧贴生产一线、管理一线、营销一线的用人需要开设专业。二是职业教育的教学环节强调实践教学、实习教学,以训练受教育者的就业能力。现在的职业教育学校除了理论教学以外,特别重视实践教学和实训教学,理论教学与实训教学的计划和安排基本各占50%。职业学校普遍采取校企合作、工学结合、半工半读、实训基地等职业教育方式来加强对学生的职业技能的培养,夯实学生就业能力的基础。

2. 职业教育的目的是使人顺利就业

从职业教育的本质上说,职业教育是把受教育对象培养成为具有某种职业能力的劳动者的教育,是培养"职业人"的教育,具有很强的职业性。其主要目的是通过学校职业教育或职业培训使受教育者获得某种职业能力和职业发展潜能,树立正确的职业道德观,在学校职业教育或职业培训结束以后顺利实现就业。黄炎培先生在谈到职业教育时说:"凡用教育方法,使人人获得生活的供给及乐趣,以便尽其对群之义务,此教育名曰职业教育。"职业教育的目标是"使无业者有业,使有业者乐业"。对职业指导的要求是"帮助个人选择、预备、决定及增进他的职业",使他们能够做到"敬业乐群"和"裕国利民"。黄炎培先生的话,十分明确地道出了职业教育的目的就是使人实现就业。2006年,时任教育部部长的周济在谈到职业教育时说:"职业教育就是就业教育。职业教育必须以就业为导向进行改革创新,要牢牢把握面向社会、面向市场的办学方向。就业是民生之本。服务于解决大多数人的就业问题,满足人民群众不断发展变化的就业、转岗以及下岗再就业的需求,这是职业教育的立足之本。"①他的讲话也表达了职业教育是使人顺利实现就业的观点。2007年9月在广州召开的国际职业技术教育发展论坛上,来自澳大利亚、英国、德国、日本、中国内地、中国香港等十几个国家和地区的200多位资深的职教专家学者一致认为:"当工作变更时,依然能够保证有获得新的饭碗的能力,这就是职业教育的作用。""现代职业教育是就业导向的教育,学校更加注重职业技能的培训,教育的目的是让学生得到充分就业。"这说明"职业教育是实现人顺利就业的教育"是当今世界各国的普遍认同(张家祥 等,2001)。

(二)推动社会发展

第一,职业教育能够促进社会不断向前发展。职业教育是社会大系统中的一个子系统。在宏观上,这个子系统通过建立"职业教育—劳动力—就业—生产—社会"这样的线性联系直接作用于社会这个大系统,促进社会向前发展。在微观上,这个子系统通过与社会这个大系统中所包含的其他子系统,如经济、政治、文化、科技等的相互关系及其作用,间接推动社会大系统的发展。首先,从职业教育对社会经济的作用来看,当社会生产规模越大,生产技术水平越高,生产的社会化程度越高,社会生产中对受过职业教育的劳动人数就会越多,那么此时职业教育与社会经济的关系就会十分紧密,职业教育对社会经济的贡献力就会越大。反之,当社会生产规模小,生产技术水平低,生产的社会化程度低时,社会生产中对受过职业教育的劳动人数需求就会较少,此时职业教育与社会经济的关系就会比较疏远,职业教育对社会经济的贡献力就小。其次,从职业教育对社会政治的作用来看,通过政治上的方向性、教育上的有效性,学校职业教育进行着社会政治关系的再生产,巩固和发展着社会政治关系。另外,通过对全体国民进行政治素质的教育,可以提高国民的整体政治素质,从而促进整个社会政治生活质量的提高;职业教育或职业培训可以通过对受教育者进行正向的政治目标宣传、政治思想传播、政治舆论营造等熏陶其思想,从而实现社会政治目标的达成。再次,从职业教育对社会文化的作用来看,职业教育或职业培训通过培养我国文化的承载者,有利于继承我国优秀的传统文化,借鉴和吸收国外优秀的文化,进行我国文化的现代化建设;职业教育或职业培训有利于使受教育者学习、适应并促进我国企业文化建设,从而推动企业文化发

---

① 纪颖,2007.中国职业技术教育[M].国际职业技术教育发展论坛.

展和企业经济效益的不断提高。最后,从职业教育对社会科技的作用来看,职业教育或职业培训通过全日制的学校教育或非全日制的职业培训,一方面学习当今世界上先进的科学技术知识,并且理论联系实际,推进科学技术在我国的广泛运用,可以迅速提高我国的科学技术水平。另一方面,职业学校或企业通过自身不断开展科学技术研究,可以获得大量的科研成果,这些成果既可以直接迅速转化运用,又可以促进我国科学技术研究水平的不断提高。

第二,职业教育为社会培养了大量合格的技能型人才。19世纪下半叶,孔德、涂尔干、凯兴斯泰纳、纳托尔普等提出了成熟的社会本位论。该理论认为,教育目的应以社会需要为本,强调以社会发展的需要为主来制定教育目的、建构教育活动、培养社会人才。职业技术教育从一开始便与社会的发展紧密相关,人类社会为了一代一代传授生产技术、劳动技能,产生了与生产力发展相适应的学徒制、职业学校教育和职业培训等教育形式,为社会培养了数以亿计的技能型人才。随着社会化大生产的进一步发展,社会分工更加复杂,这种分工又要求学校职业教育培养更多的多层次、多规格的技能型或技术型人才,以满足社会发展对各种职业技能人才的需求。改革开放以来,特别是进入21世纪以来,党中央、国务院高度重视发展我国的职业教育,积极推进职业教育事业发展,支持各级各类职业教育办出特点、办出水平。各级各类职业教育学校和职业培训机构也不负众望,响应号召,积极行动,大胆创新,为建设中国特色的社会主义培养了大批合格的各级各类技能型人才。据统计,改革开放30多年来,我国各级各类职业院校共为国家培养了几千万名毕业生,为城乡劳动者提供不同形式的职业培训达14亿人次。2004年到2006年期间,我国职业教育实现了又快又好的发展,各项工作取得新的显著成绩。中等职业教育经过连续两年扩招100万人,2006年实现招生747.8万人,在校生达到1809.9万人,当年中等职业教育毕业生合计为479.1万人,其中普通中专毕业生182.4万人,职业高中毕业生170.3万人,技工学校毕业生86.4万人,成人中专毕业生40万人。毋庸置疑,我国的职业教育为改革开放、为建设中国特色的社会主义做出了巨大贡献。

(三)实现人的全面发展

1. 人的全面发展的理论

马克思在论述人的发展时指出:以物的依赖性为基础的人的独立性,是第二大形态。在这种形态下,才形成普遍的社会物质变换、全面的关系、多方面的需求以及全面的能力的体系。马克思关于人的全面发展包含了以下四个方面。

(1)个人关系的普遍性发展。马克思认为,人的全面发展首先表现为个人与其他人建立了普遍的关系,而这种关系开始主要表现为物质交换关系。人与人之间通过物质交换建立普遍联系,使个人活动的空间得到了扩展,个人的活动逐步融入到了人类共同的活动之中,使个人和人类其他个体之间建立了更加紧密的相互依赖关系。这种依赖关系必然会大大开阔人的视野,锻炼人的各种才能,为人的各种能力的发展创造条件。

（2）个人关系的全面性发展。个人关系的普遍性发展,体现的是人与人之间关系的广度,而个人关系的全面性发展则体现的是人与人之间关系的深度。只有人们在普遍性关系的基础上发展出全面性的关系,即在人与人之间物质交换关系的基础上进一步发展出人与人之间的政治关系、法律关系、伦理关系、道德关系、思想关系、文化关系等,才能在这一关系范围内形成一个深入而牢固的统一共同体。此时,个人关系的人类特性或社会性才算得到了充分的发展。

（3）个人需求的多方面发展。个人需求就是除了物质需要以外,个人在社会交往和个人精神生活方面的各种需要,以及个人自我实现和自我超越的需要等。这样一种需求结构,才是全面发展的人或自由个性发展的人所应具有的需求结构。没有这样一个分层级的需求结构,我们每个人就很难发展出一个全面的能力体系,并且很难把自己提升到一个更高的生存境界。

（4）个人能力的全面发展。个人能力的全面发展主要指人的劳动能力、管理能力、社交能力、科研能力和艺术创造能力等的全面发展。从抽象的意义上讲,个人能力的全面发展就是个人在德、智、体、美、劳五个方面能力的全面发展,也就是个人创造物质价值、社会价值、精神价值和人的价值能力的全面发展。

2. 职业教育是为了实现人的全面发展

人的全面发展是整个人类全面发展的总趋势和总目标,也是教育活动的总目标。教育是实现人的全面发展的重要途径之一。学校教育培养德、智、体、美、劳全面发展的人,不仅是贡献于每一个教育对象个体,也是对整个人类全面发展历史进程的巨大推动。所以,教育活动的改造与物质基础的变革、社会制度的变革一样,都是人的全面发展目标实现的重要手段。而将人的全面发展理论作为制定学校教育目的的指导思想是社会历史发展的必然要求。马克思指出:"生产劳动同智育和体育相结合,它不仅是提高社会生产的一种方法,而且是造就全面发展的人的唯一方法。"教育与生产的相互作用,是理论与实践结合的必由之路,也是全面实现脑力劳动与体力劳动的内在有机联系的基本途径,贯穿于培养全面发展人才的全过程。毫无疑问,生产劳动同智育和体育的结合最能够体现职业教育的指导思想。在实施职业教育的过程中,通过传授生产劳动所需要的科学技术知识,指导学生亲自参与企业的生产劳动过程,从理论与实际相结合的角度培养能够适应现代化生产需要的劳动者。职业教育与生产劳动相结合的过程,既能够促进社会生产力的发展,又能够适应社会进步对人的全面发展的要求,它已经成为世界职业教育的一种普遍趋势,深受各国重视。包括发达的资本主义国家在内,世界上很多国家都把生产劳动纳入教学计划,纷纷探索实施"合作教育""校企联合""工学交替""半工半读"等先进的职业教育模式,并且纳入整个职业教育体系之中,培养适应现代生产的、具有全面能力的劳动者。

我国的教育工作一贯坚持教育与生产劳动相结合的方针。1957 年 2 月 27 日,毛泽东同志在扩大的最高国务会议上作《关于正确处理人民内部矛盾的问题》的报告中明确提出:我们的教育方针,应该使受教育者在德育、智育、体育几方面都得到发展,成为有社会主义觉悟的、有文化的劳动者。1995 年 3 月 18 日颁布的《中华人民共和国教育法》已明确教育同生产劳动相结合是我国教育的重要方针。这些充分体现了马克思主义关于人的全面发展的原则。

第二节　劳动力迁移理论

农村人口迁往城市,有利于农村剩余劳动力从传统的农业部门游离出来,为迅速增长的现代工业提供廉价劳动力;同时,人口迁移使得劳动力资源由边际产品低的农业部门向边际产品高的工业部门转移,从而提高整个经济的资源配置效率,促进经济增长。此外,农村向城市的人口迁移还导致农村工资水平的上升和城市工资水平的下降,从而有利于提高整个经济收入分配的平等程度。新古典主义经济学的论断与发达国家的历史经验相吻合。但是,由于高生育率和死亡率迅速下降的影响,许多发展中国家的人口增长速度比发达国家工业化时期高得多,城市工业资本有机构成高,只能吸收较少的劳动力就业。结果在农村和城市都产生了大量的剩余劳动力。劳动力由农村迁往城市不一定意味着劳动力转向生产率较高的部门,因为许多迁移者在城市里找不到工作,或者只能在劳动生产率较低的"非正规部门"就业。此外,发展中国家的农村向城市的迁移中,季节性迁移和暂时性迁移都占有重要地位,这一点与发达国家早期发展阶段的情况有所不同。

一、新古典经济理论有关劳动力迁移的解释

20 世纪 60 年代中期,Solow 等(1956)提出了以技术进步论为中心内容的新古典经济增长模型,该模型解释了各国经济增长水平的差距,研究发展中国家国内

迁移的传统框架——哈里斯–托达罗模型,描述了一个迁移过程使农村剩余劳动力报酬等于城市部门预期工资的均衡机制(Todaro,1969)。传统的贸易理论认为,要素的地区间流动推动了要素价格均等化。Rakowski(1969)证明,劳动力流动的确是商品贸易的替代物,当有足够的劳动力流动时,贸易完全被替代,地区间劳动力工资率同样会实现均等化。Barro 和 Sala-i-Martin(1991)将新古典经济增长模型扩展至开放经济体的环境,揭示了地区间的要素流动倾向于提高趋同速率的机理。基于新古典经济增长理论很容易得出这样的推论:更快的劳动力流动会加快地区间经济增长收敛的速率。但是,包括 Barro 和 Sala-i-Martin(1991)在内的实证研究发现,迁移与收入趋同之间的关系是很复杂的,劳动力流动对地区经济增长趋同的影响并不是简单地与劳动力流动的速率成比例。

以罗默模型、卢卡斯模型的研究为开端的内生增长理论,是经济学家所提出的各种理论的一个松散集合体(潘士远和史晋川,2002),研究者关于劳动力流动与地区经济增长差距关系的认识是模棱两可的。Faini(1996)基于规模报酬递增和可增值要素报酬递减的假设构建了一个包含流动要素的两区域增长模型,认为劳动力流动加剧了地区经济增长差距。Reichlin 和 Rustichini(1998)认为,新古典经济模型关于迁移与趋同的两个认识——迁移只是一个暂时性现象,迁移会加速经济趋同——与历史经验和实证研究并不相符。Reichlin 和 Rustichini 循着阿罗–罗默内生增长理论方法建立了理论模型来解释迁移与地区经济增长差距之间的关系。模型所揭示的劳动力流动对地区间经济增长差距的影响完全取决于迁移流质量的结构及经济体的初始条件,影响劳动力总量水平和结构的某一时点的迁移政策甚至在长时期内会极为有效。Razin 和 Yuen(1997)建立了一个类似于卢卡斯的内生增长模型——基于人力资本的增长模型(human-capital-based growth model),分析要素流动与区域合作对区域间收入趋同的影响,研究指出:由于人力资本的外部性,劳动力流动对于恢复地区间经济增长趋同是绝对必要的,是自由贸易、收入转移支付所不可替代的。

二、二元经济结构理论

Lewis 开辟了二元经济论研究的先河,由此获得了诺贝尔经济学奖。他在 1954 年发表的《劳动力无限供给条件下的经济发展》一文中,首次研究和提出了发展中国家的二元经济结构转换理论。他指出,发展中国家存在着二元经济结构,即城市的现代工业和农村的传统农业并存,这是发展中国家经济发展的出发点。也就是说,经济发展要通过工业部门的扩张,吸收农业中的剩余劳动力,从而达到消除经济中工农业之间及其内部所存在的各种结构失衡的目的。

在农业劳动力边际生产力非常低下甚至为零的情况下,从该部门转移出劳动力不会对总产量产生影响。在这种情况下,农业劳动者的收入很低,仅够维持最低的生活水平。而在现代工业部门内部,大量使用设备等再生性资源,雇佣劳动力为利润而生产,其规模随生产的发展和资本的积累而不断扩大,而扩大的速度又可以超过人口的增长。因而它有可能吸收农业中的剩余劳动力。由于农业劳动力的流动不会对农业总产量产生影响,工业部门能够在现有的工资水平下得到源源不断的劳动力。正是在这种意义上,Lewis 把他的二元经济模型称为"劳动无限供给下的经济发展模式"。Lewis 在劳动力无限供给的假定下,认为在经济发展中有一个现代化的交换部门(资本主义部门)和一个土生土长的维持生存的部门并存着。在传统部门存在劳动力无限供给的条件下,只要现代部门存在一定的资金,传统部门的剩余劳动力向现代部门转移就会对双方有利,既不会影响传统部门的产出,又能够增加现代部门的劳动力供给,并在一定范围内促进劳动力对资金的替代,而且有可能促进传统部门生产率的提高。在这种二元经济假设下,现代部门的工资率取决于传统部门维持生存的收入。因此,在现代部门,劳动力一直可以使用到它的边际产品等于工资这一点,而其剩余可以用于扩大再生产。当传统部门的全部剩余劳动力都被吸收到现代部门以后,维持生计的传统部门的工资开始提高,使贸易条件变得对传统部门有利,并导致现代部门的工资率提高。随着农业部门的完全商业化,传统部门与现代部门共同竞争劳动力,经济进入自我维持的增长阶段。

Lewis 把发展中国家经济分为现代工业部门和传统的农业部门两个部门。Lewis 认为,经济发展依赖现代工业部门的扩张,而现代工业部门的扩张需要农业部门提供丰富的廉价劳动力。现代工业部门在现行的一个固定工资水平上能够得到它所需要的任何数量的劳动力,即无限供给的劳动力中人口迁移与固定工资水平相对应。Lewis 在模型中只考虑农业部门作为工业的劳动力供给源泉。

Lewis 二元经济结构的农业剩余劳动力转移理论表明,传统部门劳动力无限供给构成了二元经济的内在特征,二元经济发展的核心问题是传统部门的剩余劳动力向现代部门转移的问题。也就是说,通过城市现代大工业的发展,取得资本的积累,使农业剩余劳动力得到充分的转移,诱发产业结构的演变,提高城市化水平,最后由二元经济变成一元经济,实现现代化。其实,作为最早提出的二元经济结构下的农业剩余劳动力转移理论,Lewis 模型中仍然存在诸多不完善之处,从而招致了一些批评。其一,无限劳动力供给的假定不符合实际情况,现实中存在劳动力流动的种种障碍。其二,农业中劳动边际生产率为零假定与现实不符。在实际中,传统农业部门生产率虽低,但仍然为正,减少劳动力就必定要降低农业的产量。其三,忽略了技术进步因素。工业中劳动力与资本的比例不变,工业吸收劳动力的能力随生产规模的扩大而等比例扩大。但在实践中,随着工业部门的扩大,资本会越来越多地投资于机器设备,因而吸收劳动力的能力在刘易斯-费景汉-拉尼斯二元结构理论中是一个农业剩余劳动力不断向城市工业转移的过程,城市工业有足够的吸纳能力,而现实情况是许多发展中国家农村和城市都存在失业。哈里斯·托达罗建立的城乡劳动力转移模型,回答了为什么农村向城市的移民过程会不顾城市失业或隐蔽失业的存在而继续进行,弥补了上述缺陷。此模型中的农业剩余劳动力向城市的迁移决策是根据"预期"收入最大化目标做出的。其依据有两个:一是城乡实际工资差距;二是农村劳动力在城市能够找到就业机会的概率。引入概率因素是哈里斯-托达罗模型的贡献,从而可以解释农民为什么在城市存在高失业率的情况下还会做出迁移的选择。迁移决策是根据预期的城乡收入差距而不是根据实际的城乡收入差距做出的。例如,农业劳动力每年的劳动收入为50个单位,城市劳动力每年的劳动收入为100个单位,按照刘易斯的假设一定会存在劳动力向城市的迁移。但是,托达罗认为,农民在进城就业之前要承担一定的失业风险,如果其预期在城市中能找到工作的概率是20%,则他预期的城市年收入为20单位,而不是100单位,这时该农民将选择留在农村。如果这一概率为60%,则预期的城市年收入为60单位,则他会选择去城市。

哈里斯-托达罗模型中的农业剩余劳动力转移理论意义主要在于以下三个方面:第一,此模型对发展中国家城市高失业率和农业剩余劳动力向城市大量流入并存的现象做出了令人信服的解释,导致了大多数经济学家观点的重大转变。这些经济学家原来只信奉发展中国家人口流动的合理性,支持能促进城市就业机会增长的政策。第二,此模型提出应控制人口从农村向城市流动,这对于解决城市失业问题,促进城市经济和社会稳定发展,以及农业经济发展都有重要意义。以前的模型,都只看到农业人口向城市流动的积极意义,忽视了农业人口大量盲目流入城市对城市经济和社会发展的不利之处。第三,此模型强调农村和农业部门发展的重要性,为发展中国家的经济发展指明了方向。与以前的模型不同,此模型不是把农业作为工业化的一个工具来强调它的发展,而是把它本身作为一个发展目标。托罗达认为,工业与农业、城市与农村在发展过程中具有同等重要的意义。消除发展中国家的二元经济结构,主要不是依靠工业部门吸收农业劳动力,而应同样重视工业和农业的发展,在工业扩张的同时,大力发展农业,提高农民的就业机会和收入水平,改善农民生活条件,逐渐缩小城乡差距,才是根本出路。哈里斯-托达罗模型也存在一些缺陷:其一,假定发展中国家农业部门不存在剩余劳动力,认为农业劳动边际生产力始终是正数,这与发展中国家的现实情况不符。其二,模式中包含这样一个假定,即流入城市的劳动者必定在城市里找到工作,即使找不着也会做临时工或完全闲置在城市。事实上,在城里找不着工作的农民,存在返回农村的可能,即使做临时工的人挣到一些钱后,也有可能再回农村。

三、人口迁移规律理论

1889 年,英国人口学家莱温斯坦对人口转移进行了具有开创性意义的研究,他在《人口转移规律》一书中提出,受歧视、受压迫、沉重的负担、气候不佳、生活条件不合适等因素都是促使人口转移的原因,而其中经济因素是主要影响因素。他认为迁移与距离之间存在联系,同时还具有梯度推进的特点,并且城乡居民之间、男女之间存在着迁移倾向的差异。莱温文斯坦的观点被认为是人口转移推拉理论的源头。他把社会中人口迁移的规律概括为这样几条法则:第一,以经济迁移为主。在各种迁移影响因素中,经济因素是吸引移民的最重要原因,由其他因素引起的迁移量较小。第二,迁移以短距离迁移为主,长距离的迁移是迁往大的工商业中心。相对于一个吸引移民的中心来说,距离越近,迁入的移民越多;相反,距离越远,迁入的移民越少,移民人数与距离成反比关系。第三,迁移常常是阶段性的。就一个城镇来说,首先是其周围农村地区的人迁入进来,然后,距离较远的农村地区的人又逐渐迁入到城镇周围的农村地区。第四,迁移流与逆向迁移流同时并存,但净人口迁移流通常是从农村流向城市。一般情况下,迁移到一个地区的人,也还有反向迁移的存在。第五,城乡差异,城市人口的迁移活性比农村人口低。第六,交通、通信和技术的发展增加了迁移率。第七,性别差异,短距离迁移女性较多,长距离迁移男性较多。

四、推拉理论

1938 年,学者赫伯尔指出,迁移是一系列力量引起的,这些力量包括促使一个人离开一个地方的推力和吸引他到另一个地方的拉力,将莱文斯坦提出的吸引力(拉力)扩展为拉力和推力。到 20 世纪 60 年代,李提出了迁出地与迁入地相关的正负因素,这实际上是推力与拉力的另一种表述。学者们逐渐在莱文斯坦研究的基础上形成了著名的推拉理论。

系统的人口转移推拉理论由美国学者唐纳德·博格于 20 世纪 50 年代末明确提出。其主要观点为:从运动学的观点看,人口转移是两种不同方向的力相互作用的结果,一种是促使人口转移的力量,即有利于人口转移的正面积极因素;另一种是阻碍人口转移的力量,即不利于人口转移的负面消极因素。博格进一步发展了推拉理论,他较全面又简明概括地列出了 12 个方面的推力因素和 6 个方面的拉力因素。推力是指迁出地存在的消极因素推力,如当地的自然资源枯竭、农业生产成本增加、农村劳动力过剩导致失业上升、较低的经济收入水平等;拉力是指迁入地所具有的吸引力,如较多的就业机会,较高的工资收入,较好的生活水平,受教育机会、文化设施和交通条件等。不一定是因为迁入地的条件比迁出地优越,而是因为迁入地表现出较多的谋生和发展的机会。迁出地吸引人的积极因素:家人团聚的欢乐、熟悉的社区环境、长期形成的社交网络等;迁入地排斥人的消极因素:单身生活的烦恼、竞争激烈、生态环境质量下降等。迁移者总是在迁出和迁入两地的积极因素和消极因素的多寡大小的比较中,在迁移后的正负效益利弊得失的权衡之中,做出是否迁移的抉择。推拉理论有两个基本假设:迁移行为是理性选择;了解一定的迁移(迁出地、迁入地)信息。推拉理论对中国人口迁移有很好的解释力,被广泛引用。综合起来,转入地的拉力比推力更大,占有主导地位,否则人口将不会流动。推拉理论的突出贡献是比较全面地分析了农村劳动力转移就业的影响因素,同时也正确认识到了经济因素是促进劳动力流动的主要原因。但是,推拉理论没有形成能使自身理论得到一体化表现的模型,影响了其观点的表达和理论的深化。此外,推拉理论虽然比较全面地分析了劳动力转移的相关因素,但却没有提出成本概念,没有也无法将相关因素加以量化,从而影响了其实际应用。

第三节　空间经济学理论

空间经济差异的存在是造成劳动力流动的主要因素,与所有生产要素流动的目的相同,劳动力也总是向可以获得更多报酬的区域流动。劳动力的集聚追随产业的集聚和城市化进程,同时也反作用于区域经济发展,包括产业结构的调整和城市化道路。

空间经济学(新经济地理学)研究经济活动的空间分布,它发端于德国杜能于1826 年出版的《孤立国》,书中对于地租和土地利用的分析使人耳目一新,成了城市经济学的发源。1991 年美国经济学家保罗·克鲁格曼的一篇论文标志着空间经济学理论体系的完成。与新古典经济理论的规模收益递减(不变)和完全竞争不同,空间经济学以规模收益递增和垄断竞争为主要的理论基础,假设生产要素可以流动(古典国际贸易理论假设不能流动,商品可以流动),工业制成品存在正的运输成本(冰山成本),把 D-S 模型,即迪克西特和斯蒂格利茨的垄断竞争模型应用于空间分析中。藤田昌久和克鲁格曼是空间经济学的大家。空间经济学有 NEG 理论的一个模型、城市体系模型和国际模型。其中的中心-外围模型(CP 模型)将劳动力流动性和区域发展的内在机理较好地模型化了,虽然其中的经济学思想可能在新古典经济学中早有表述。

一、增长极理论

"增长极"概念是法国经济学家弗朗索斯·佩鲁首先提出来的,他认为增长并非同时出现在各部门,而是以不同的强度首先出现在一些增长部门,然后通过不同渠道向外扩散,并对整个经济产生不同的终极影响。显然,他主要强调规模大、创新能力高、增长快速、居支配地位的且能促进其他部门发展的推进型单元,即主导产业部门,着重强调产业间的关联推动效应。布代维尔从理论上将增长极概念的经济空间推广到地理空间,认为经济空间不仅包含了经济变量之间的结构关系,也包括了经济现象的区位关系或地域结构关系。因此,增长极概念有两种含义:一是在经济意义上特指推进型主导产业部门;二是地理意义上特指区位条件优越的地区。其实,增长极理论的应用是需要一定区位条件的,然而这些条件对经济落后地区来说是缺乏的,大多数国家的实践,不是导致失败就是收效不明显,形成"孤岛经济"。在其理论中,佩鲁认为存在四个增长极作用机制,包括技术创新与扩散机制、资本聚集与输出机制、规模经济效益机制、凝聚经济效果机制。增长极形成后,会促使产业活动和技术、资本、贸易及人口在地域上聚集,从而产生具有多种功能的经济中心,利用吸引和扩散作用机制联系周边地区,从而推动整个区域的经济发展。经济增长极理论的含义有这样三个方面的特征:一是增长具有规模性;二是增长具有推动性;三是增长的载体是工业的集合体。从而可知,这一理论是西方工业经济时代产生的实用性很强的经济理论。增长极的形成,应具有以下三个方面的条件:历史、技术经济和资源优势。从历史条件看,由于历史发展的结果,经济、人口已形成了各种呈集聚状态的空间景观。在这些不同形式的集聚范围内,基础设施、劳动力素质、社会文化环境如果具有了优势条件,就有利于增长极的形成。从技术经济条件看,经济发展水平较高,在技术和制度方面具有较强创新和发展能力的区域,更适合于增长极的产生和发展。从资源优势看经济增长极作为一个区域的经济发展的新的经济力量,它自身不仅形成强大的规模经济,对其他经济也产生着支配效应、乘数效应和极化与扩散效应。这三种效应的产生,充分显示了经济增长极的重大意义。

1. 支配效应

佩鲁认为,靠一个单位对另一个单位施加的不可逆转或部分不可逆转的影响,就是支配效应。在现实的经济发展中,经济单位之间由于相互间的不均影响而产生一种不对称关系,一些经济单位处于支配地位,而另一些经济单位则处于被支配地位。一般来说,增长极中的推动性单位都具有不同程度的支配效应,都能通过与其他经济单位间的商品供求关系及生产要素的相互流动对这些经济单位产生支配影响。这就是我们经常说的拉动作用。

2. 乘数效应

这种效应主要是指增长极中的推动性产业与其他产业间的联系,有的是前向联系,有的是后向联系,有的是旁侧联系。这些联系的作用是,增长极的经济力量促使其他相关产业建立,从而在就业、生产和经济效益的增长数量上表现出乘数效应。增长极的这种效应可有效地改变一个区域工业基础差、经济存量少的状况。

3. 极化与扩散效应

极化效应是指迅速增长的推动性产业吸引和拉动其他经济活动,不断趋向增长极的过程。在这一过程中,首先出现经济活动和经济要素的极化,然后形成地理上的极化,从而获得各种集聚经济,即规模经济。规模经济反过来又进一步增强增长极的极化效应,从而加速其增长速度和扩大其吸引范围。扩散效应是指增长极的推动力通过一系列联动机制不断向周围发散的过程。扩散作用的结果是以收入增加的形式对周围地区产生较大的乘数作用。

二、核心-边缘理论

20 世纪 90 年代由克鲁格曼(1991)等开创了新经济地理(New Economic Geography Theory,NEG)理论,可以看作是对经济活动的空间维度的重新审视,试图把空间问题再次纳入经济理论中,经济活动的区位问题得到了前所未有的重视。但是令人感到疑惑的是,对于经济活动区位的理论研究中很少涉及经济政策的研究,甚至在藤田、克鲁格曼和维纳布尔斯的重要著作《空间经济》中,也没有涉及政策问题。缺少实证研究对 NEG 理论的支持或许是许多学者不愿意过早地把这一理论应用于政策制定的原因,但是正如皮特·纳瑞所指出的,NEG 理论暗含的政策含义毫无疑问也是该理论的魅力所在。随着欧洲一体化的发展,越来越多的学者开始利用 NEG 理论来分析欧盟的区域经济问题。

在核心-边缘模型中,三种基本效应组成了模型的基本机制。一是"市场接近效应",有时也被称为"本地市场效应",它是指垄断型企业选择市场规模较大的区位进行生产,并且向较小的市场区位出售其产品的行为。二是"生活成本效应",有时也被称为"价格指数效应",它是指企业集中对当地居民的生活成本的影响。在企业比较集中的区域,由于本地生产的产品种类及数量比较多,而从外地输入的产品种类和数量比较少,产品将支付较少的运输成本,这就使得该地区商品价格较低,消费者将支付较低的生活成本,所以在名义收入相同的情况下,实际收入水平相对较高。三是"市场竞争效应",也称为"市场拥挤效应",它是指不完全竞争性企业更趋向于选择竞争者较少的区位生产。前两种效应促进企业的空间聚集,而第三种效应促进企业的分散。前两种效应组成了聚集力,而第三种效应就成了分散力。假如市场接近效应或者生活成本效应大于市场竞争效应,那么任何初始的冲击都将得到进一步的加强,促使所有制造业企业和工人向一个区域集中。如果分散力大于聚集力,那么工人迁移等这种初始冲击会降低该区域的实际工资水平,实际工资水平的降低反过来抑制初始冲击的强化过程,促使初始的对称均衡处于稳定状态。如果分散力占主导地位,人口迁移等初始冲击便会得到自我减弱,但是当聚集力占主导地位的时候,这种冲击将得到进一步加强。

如何度量聚集力和分散力呢? 交易成本是一个重要的测度。假如贸易自由度较大,那么分散力将减弱。比如说,如果贸易是完全自由的,那么,企业同其他地区企业的竞争和与本地企业的竞争是无差异的,换句话说,当贸易完全自由(无任何成本)的时候,企业间竞争与区位无关,因此从区域 A 迁移到区域 B 的企业,在企业的利润和它们支付给工人的工资方面没有受到影响。假如是极端情况,即交易成本很大(贸易自由度很低),以至于几乎不存在区际交易活动,这时本地企业数量的变化对本地企业间竞争和工资的影响是很大的。如果贸易的自由度很大,那聚集力也同样受到减弱。假如我们对生活成本效应进行考虑,那么这种聚集力的减弱情况是不难理解的。假如交易成本很低,那么说明区域间开放程度很高,不管区域间产业的布局状况如何,区域间产品价格差异很小或几乎没有。所以,产业活动的转移相对于生活成本的影响是很大的。这个结论反过来又说明,如果交易成本很高,那么市场接近效应也很大。当交易成本很高时,分散力大于聚集力。但这时交易成本的降低减弱分散力的速度有可能快于减弱聚集力的速度。我们把这种特征看成是已知的,那在某种交易成本水平下,聚集力将超过分散力,且不断自我强化,最终导致所有企业向一个地区集中。这时的交易成本,我们称为"突破点"。

突破点的存在,意味着同一种模型具有一个很显著的特征,即交易成本降低到某一临界值时,初始时的区际对称结构将转变为区际的非对称结构。换句话说,交易成本的持续降低在开始的时候是不会影响企业生产区位的,但一旦降低到突破点,聚集力将占主导地位,导致所有企业向一个区域聚集。同时,企业和劳动力的这种重新布局不是一个渐进过程,而是一种突变。这种现象在经济学范围内不是很普遍,但在自然界中却相当普遍,如地壳运动,虽然地应力一直发生着变化,一旦地应力变化到某一值时,就会发生地震或火山喷发,这时突然并急剧地改变整个景观。

这一模型预言大部分经济活动最终会集聚在核心区域,而随着人口和厂商移往核心区域,外围区域会变得更为荒芜。一旦核心区域开始形成,产业集聚的过程会自我加强,其中劳动力流动是这个过程的主要动力。由于劳动力并不是追求高的名义工资,而是实际工资,所以能给其提供更优越实际工资的制造业中心就成为其迁移的目的地。在这两个力量的推动下,劳动力流动导致了人口和产业的地区间趋异(Krugman,1991)。空间经济学模型认为,劳动力流动是导致经济活动地理集中累积过程的基本因素,地区间劳动力流动是经济活动集聚的推动力。Forslid(1999)指出,不管物质资本是否流动,人力资本的流动同样倾向于导致集聚,在考虑区际不平衡较长期的演变趋势基础上,将经济系统空间结构划分为核心和外围两部分,二者共同构成一个完整的二元空间结构。核心区发展条件较优越,经济效益较高,处于支配地位;而边缘区发展条件较差,经济效益较低,处于被支配地位。因此,经济发展必然伴随着各生产要素从边缘区向核心区的净转移。在经济发展初始阶段,二元结构十分明显,最初表现为一种单核结构,随着经济进入起飞阶段,单核结构逐渐为多核结构替代,当经济进入持续增长阶段,随着政府政策干预,核心和外围界限会逐渐消失,经济在全国范围内实现一体化,各区域经济获得全面发展。该理论关于二元区域结构随经济进入持续增长阶段而消失的观点是值得商榷的。

三、扩散-回波效应理论

缪尔达尔在 1957 年提出"地理二元经济"结构理论,阐释了扩散效应和回波效应概念,解答了经济发达地区优先发展对其他落后地区的促进作用和不利影响。缪尔达尔指出:"市场机制能自发调节资源配置,从而使各地区的经济得到均衡发展的说法并不符合发展中国家的实际。"缪尔达尔认为,"市场力的作用一般倾向于增加而非减少地区间的不平衡","发展快的地区将发展得更快,发展慢的地区将发展得更慢"导致"地理上的二元经济"结构的形成。循环累积因果关系将对地区经济发展产生两种效应:一是回波效应,二是扩散效应,即回波效应的作用并不是无节制的,地区间发展差距的扩大也是有限度的,当发达地区发展到一定程度后,由于人口稠密、交通拥挤、污染严重、资本过剩、自然资源相对不足等原因,其生产成本上升,外部经济效益逐渐变小,从而减弱了经济增长的势头。

（一）扩散效应和回波效应的具体含义

扩散效应和回波效应是城市空间形态演化最直接的表象，也是城市内在自然发展的必然（陈蔚镇和郑炜，2005）。在区域增长极理论中，扩散效应和回波效应是城市最基本、最主要的功能，中心城市对整个区域经济发展的溢出作用通过扩散和回波两种效应反映出来。扩散效应和回波效应是中心城市在城市体系和经济区域中最基本的运动形式。著名学者赫希曼的不平衡增长理论以及哈格斯特朗的扩散理论，都把城市与区域间各种"力"的消长概括为两种力的作用——扩散效应和回波效应。

简单地说，回波效应可以概括为中心城市的集中发展。中心城市一般是区域内的政治、经济和文化教育等方面的中心，是先进生产力、生产关系及先进文化相对集中的地方。由于具有区位条件、服务能力、交通运输、信息交换、权力资源、设施水平、人口规模等诸多优势而具有规模效益、市场效益、信息效益、人才效益、设施效益等，这些效益的吸引使其在区域范围内能够有效地使周边地区的人口、产业、资源等要素向自身集聚，通过吸引外部资源、人才、资金、信息等，实现自身经济规模和空间规模的膨胀，使其在区域经济发展中居于主导地位，从而对周边地区发展存在回波效应。从城市形成和发展历史看，集聚是城市的天然属性和内在要求，没有集聚就不可能有城市，尤其是当城市发展到一定阶段，城市作为一个愈益明确的利益主体之后，不仅这种天然的集聚属性继续自发地发挥作用，而且上到城市政府、城市特权阶层，下到城市的市场主体——企业都在主观上进行着集聚行为（施冬健和张黎，2006）。因此，中心城市的集聚行为使其对周边城市的回波效应也成为区域发展的自然属性。

扩散效应是中心城市利用资源要素集聚所产生的生产优势、技术优势、市场优势、资金优势、信息优势和社会文明优势，辐射带动周围区域经济社会发展。扩散功能是中心城市综合发展效益的溢出，它提高和带动了区域城镇的经济社会发展，增强了中心城市对区域的主导作用及吸引力。城市的扩散功能主要源于中心城市自身结构的优化和科技进步的推动，也源于集聚不经济（包括规模效益的消失、土地价格的上涨、资源短缺和环境恶化等）。当经济发展到一定阶段，中心城市的扩散是不依人的意志为转移的客观规律。因为当城市现有规模发展到一定程度后，现有市区已经限制了城市的进一步高速扩张，城市就会在空间上形成向外扩张的趋势，直接体现为城区面积的扩大，同时还伴随着经济资源的转移。城市总会不断地以自己所具有的实力拓展自己的腹地空间，为自己的产品、服务寻求足够大的市场。同时，城市以其技术、资金、管理、观念、生产体系等优势提高和带动腹地的经济发展,从而进一步确立对腹地的主导性作用。扩散主要表现为产品流、资金流、人流、技术流、信息流、政策流等由中心城市向周围流动。扩散的形式主要有周边式扩散、等级式扩散、跳跃式扩散、点轴式扩散等。扩散是区域城镇发展的要求,也是中心城市自身发展的需要,中心城市只有不断地向周围城镇扩散其发展效益,才能更好地实现资源聚集,不断地获得新的发展能量。概括来说,扩散效应就是中心城市向周边地区辐射,进而带动区域经济发展。

(二)扩散效应和回波效应作用规律的总体特征

区域经济发展的实践已经证明:区域经济发展总是遵循扩散与回波(又可以称为极化或集聚)两种路径交替进行的。两种效应是城市经济空间演化的基本表现,它们贯穿城市发展运动的历史全过程,并体现在不同尺度的空间结构形态和不同阶段的产业结构形态上。扩散效应和回波效应是溢出效应的两个互逆的分效应,两种效应相伴而生,叠加后表现为城市总的溢出效应。回波效应与扩散效应是一对既具体又抽象的矛盾统一体,是城市演化和区域发展的基本力量。片面追求城市的聚集(回波效应)功能,过分强调中心城市的利益和发展权,割断中心城市与区域城市的利益纽带和共生关系,将使中心城市的发展失去整合的资源和供给源,缺少持续发展的支撑和纵深的腹地;片面追求城市的扩散功能,难以构成区域经济增长所需要的非均衡发展态势,难以形成区域发展的增长极,也难以对区域资源进行优化配置。两方面的任何极端化,都将导致区域城市的发展乏力。扩散效应和回波效应具有三种基本作用规律:第一,中心城市扩散、回波作用的增强律。中心城市对周边扩散-回波作用随着城市综合实力的提高而增强。第二,中心城市集聚与扩散的衰减律。中心城市回波-扩散作用随着运输费用的提高而呈衰减趋势。中心城市与外界地区作用的传输成本(包括运输的货币价值、时间价值、便利程度等)会影响中心城市与外界地区扩散-回波效应的作用程度。第三,中心城市回波与扩散的指向律。中心城市的集聚与扩散趋向生产力布局的优区位。中心城市集聚与扩散的指向律是一条重要规律。中心城市是经济区域内综合性的优区位点,它成为生产力运动的指向目标,吸引着各种生产要素的地域集聚,由此又吸引着更广泛的经济活动。这种集聚又提高了经济中心的优位功能,中心城市的实力将不断增强,从而对外界扩散效应逐渐增强。可以这样说,中心城市的能量集聚是生产力布局优位指向运动在经济区域内点的实现,中心城市的能量扩散是生产力布局优位指向运动在经济区域内的面上扩展。

(三)扩散效应和回波效应作用规律的阶段性特征

上面我们对扩散效应和回波效应作用的总体特征进行了描述,但是从动态的发展来看,虽然扩散效应与回波效应相伴而生,但在不同的城市发展阶段,扩散效应和回波效应呈现不同的主导。根据缪尔达尔累积循环模型中提出的扩散效应和回流效应、美国著名发展经济学家赫希曼提出的"极化效应"(polarized effect)和"涓滴效应"(trickling down effect)概念及弗里德曼等提出的"核心-边缘模型"对扩散-回波效应的阐述理解,我们将扩散效应和回波效应作用规律的阶段性特征概况为以下几点。

首先,在中心城市及区域的工业化初期阶段,受资源稀缺性的限制,以城市为基础的国民经济工业化过程通常会在少数具有区位优势的原地区经济中心开始,受规模收益递增的影响,进入极化增长的累积循环过程,先行工业化地区成长为核心区域,其他地区为边缘区域。在此过程中,资本和劳动力向核心区域流动,核心区域吸引大量人口和产业,形成人口、产业、资本、技术的集聚现象,从而产生集聚效应,改变城市群内产业结构布局。因此,处于这一发展阶段的中心城市,其主要功能是集聚相关产业,提高自身工业化水平,而对其相关区域工业化进程的推动力较小,对周边地区存在显著的回波效应,结果在空间上表现为少数主导大城市的迅速膨胀,它们在一国城市体系及国民经济中占有愈益重要的地位。在此阶段,这些城市的回波效应起主导作用。

其次,在中心城市及区域工业化提升发展阶段,由于中心城市环境的改善,吸引了国内外的大量投资,使城市形成了具有一定规模和优势的专业化产业,使其自身的工业化水平得以迅速提升,同时也开始带动相关区域的工业化发展。但是这个阶段辐射带动作用还是十分有限的,因为在此阶段,中心城市的很多产业还处于成长期或投入期,企业不存在大规模转移其技术、产品的可能性。同时,中心城市也处于逐步增长的过程中,因此对外扩散作用不是特别明显。但是由于在此阶段已经慢慢开始出现产业的地区外泄和资源回流,少数传统产业向周边地区转移,扩散效应渐渐发挥作用。因此,虽然回波效应依然起主导作用,但是这种作用强度正逐步减弱。

再次,在中心城市及区域工业化成熟阶段,集聚的存在使中心城市发展迅速膨胀,城市经济水平不断提升。由于集聚效应受到收益递减规律的作用和地域范围的限制,在一定条件下,集聚在中心城市的一些较低层次的产业规模过大,导致产业过度集聚,中心城市的资源利用达到极限,出现短缺现象,而这些资源(如土地、交通、电力、供水、环境等)又因各种条件的限制不能补充或补充成本太高产生集聚负效应,从而迫使一些产业向周边地区扩散。同时,集聚使人口和经济活动过度地集中在少数中心城市,加之中心城市空间容量、环境容量和经济容量有限,引起集聚成本提高,极化增长赖以存在的规模收益递增转向它的反面,回波效应受到削弱,极化增长中累积循环过程开始向扩散效应倾斜。但是,在此阶段,中心城市优化的产业结构对周边地区优质的生产要素仍然存在较大的吸引力,因此,该阶段回波效应同时在起作用。只是该阶段扩散效应得以加强,逐步成为区域空间作用的主导力量。

最后,在区域经济一体化阶段,作为扩散效应的结果,中心城市失去了原有的多侧面的主导地位,区域经济进入一体化过程,扩散效应明显,区域差距缩小,中心城市与周边地区共同发展,全区域的工业化水平显著提高。我们可以从中心城市对外资的引入来反映我们上面所阐述的扩散-回波效应的阶段性特征。从空间过程看,外资一般首先在中心城市、经济发达地区集聚,随着外资持续集聚,出现投资拥挤现象,如基础设施供应紧张、地价和工资上涨、生产成本上升、环境质量下降、同行业间竞争加剧等,从而形成集聚不经济,迫使一部分外资向外围地区扩散,中心城市传统产业衰落,使外资向外围地区扩散转移。由此可见,外资的空间运动过程也可以归纳为"回波-扩散"过程。从区域发展来看,中心城市对周边城市的溢出效应都表现为我们上面所述的扩散-回波效应阶段性特征。由于扩散效应和回波效应作用的形式和强度不同,区域在不同发展阶段呈现出不同的特点。但是,扩散效应和回波效应是区域内经济活动运动的基本形式,是区域经济发展和一体化的必然倾向。两种效应的相互作用使区域空间结构的演变表现为一个由增长极发展到网络发展的动态过程。总之,中心城市总会由集聚到扩散带动整个区域经济一体化及经济的发展。

第三章

武汉城市圈建设与
湖北省各地农民外出务工现状

　　武汉城市圈位于湖北省东部,包括武汉市、黄石市、鄂州市、黄冈市、孝感市、咸宁市、仙桃市、潜江市和天门市,地处中国东西与南北两大发展轴线构成的"十"字形一级发展轴线的交汇处,战略地位重要,是促进中部地区崛起的重要战略支点,是我国优质农产品的生产加工区、现代制造业集聚区、高新技术产业发展区和现代物流中心区。武汉城市圈作为中原地区经济发展的重要引擎,在不断发展完善的同时,其要素集散、辐射带动等功能也不断强化和显著,这对湖北省各地外出务工农民的流动产生了较大影响,可以预见,越来越多的湖北省各地外出务工农民将选择在湖北省内就业。本章对城市圈不同圈层经济联系进行了空间分析,在搜集分析数据的基础上,描述湖北省各市州农民外出务工的总体状况,分析不同圈层经济联系与各市州农民外出务工的相关度,包括不同圈层各市州经济联系与农民外出务工工作地点的相关度、不同圈层各市州经济联系与农民外出务工工作时间的相关度、不同圈层各市州经济联系与农民外出务工行业的相关度。通过探寻不同圈层经济联系与各市州农民外出务工的规律,为湖北省各市州外出务工农民的职业技能培训提供有益建议,使外出务工农民技能培训与武汉城市圈的建设和发展对人力资源的需求协调一致。

第一节　武汉城市圈不同圈层经济联系的空间分析

　　经济联系强度与地区间经济社会要素空间交流和联系密切相关,经济联系量是用来衡量区域间经济联系强度大小的指标,既能反映经济中心城市对周围地区的辐射能力,也能反映周围地区对经济中心辐射能力的接受程度。

　　外出务工劳动力职业技能培训需求差异分析基于以下基本假设:经济联系强度越大的地区,就近吸纳外出务工劳动力的能力越强,该地区外出务工劳动力职业技能培训需求越大,该地区外出务工劳动力省外就业的人口比例越小。刘承良等引入空间作用理论,构建经济联系隶属度模型。本节在其研究基础上,计算各市州经济联系隶属度。

引入空间经济学理论,构建经济联系隶属度模型。

经济联系强度:

$$R_i = \sqrt{P_i V_i}\,\sqrt{PV}/D_i^2$$

经济联系隶属度(地区经济联系量 / 圈域经济联系总量):

$$L_r = \frac{R_i}{\sum_{i=1}^{n} R_i}$$

其中,P、V 分别为武汉市总人口(万人)、工业总产值(亿元);P_i、V_i 分别为 i 地区总人口(万人)、i 地区工业总产值(亿元);D_i 为 i 地区中心城市距武汉市中心的距离(公路里程,千米)。从公路里程查询网站及 2008～2010 年湖北省统计年鉴获得相关数据,并采用 Excel 软件进行计算和分析,具体如表 3.1、表 3.2 所示。

表 3.1　各市州经济联系隶属度模型计算相关数据

地区	D_i 最短公路里程/千米	P_i 2008年总人口数/万人	V_i 2008年工业总产值/亿元	P_i 2009年总人口数/万人	V_i 2009年工业总产值/亿元	P_i 2010年总人口数/万人	V_i 2010年工业总产值/亿元
武汉市		897.00	5773.76	910.00	5798.88	978.54	7632.95
黄石市	101.41	242.20	148.41	242.61	569.87	242.93	1193.46
十堰市	442.69	323.50	150.50	324.10	639.77	334.08	1280.40
荆州市	218.95	584.40	90.11	585.40	328.59	569.17	897.57
宜昌市	319.09	403.90	312.66	404.55	747.08	405.97	2118.74
襄樊市	312.89	543.70	254.29	544.61	1001.91	550.03	2298.81
鄂州市	86.35	103.30	136.94	103.49	423.03	104.87	633.10
荆门市	245.03	284.50	85.62	285.03	439.05	287.37	1200.11
孝感市	79.12	467.60	46.57	468.37	93.53	481.45	1003.22
随州市	170.20	220.40	72.33	220.81	156.93	216.22	509.76
黄冈市	107.49	667.50	65.15	668.64	72.71	616.21	813.07
咸宁市	92.89	251.20	38.77	251.63	138.02	246.26	633.40
恩施州	520.67	348.50	30.37	349.10	47.12	329.03	61.19
仙桃市	102.62	135.30	271.69	123.30	348.97	117.51	443.95

续表

地区	D_i	P_i	V_i	P_i	V_i	P_i	V_i
	最短公路里程/千米	2008年总人口数/万人	2008年工业总产值/亿元	2009年总人口数/万人	2009年工业总产值/亿元	2010年总人口数/万人	2010年工业总产值/亿元
天门市	146.67	136.90	171.84	137.13	206.10	94.63	299.25
潜江市	152.21	93.60	354.50	93.76	365.15	141.89	494.02

注:襄樊区已于2010年12月更名为襄阳,本书采用的是2010年更名前的数据,故城市名仍使用襄樊。

表 3.2　各市州经济联系量及隶属度纵横向比较

地区	2008年 R 值/[(亿元·万人)/千米²]	2009年 R 值/[(亿元·万人)/千米²]	2010年 R 值/[(亿元·万人)/千米²]	2008年 L 值/%	2009年 L 值/%	2010年 L 值/%
黄石市	41.95	83.06	143.09	13.06	17.13	12.89
十堰市	2.56	5.34	9.12	0.80	1.10	0.82
荆州市	10.89	21.02	40.75	3.39	4.34	3.67
宜昌市	7.94	12.40	24.89	2.47	2.56	2.24
襄樊市	8.64	17.33	31.39	2.69	3.58	2.83
鄂州市	36.30	64.46	94.44	11.30	13.30	8.51
荆门市	5.92	13.53	26.73	1.84	2.79	2.41
孝感市	53.65	76.81	303.41	16.70	15.84	27.33
随州市	9.92	14.76	31.32	3.09	3.04	2.82
黄冈市	41.07	43.84	167.43	12.78	9.04	15.08
咸宁市	26.03	49.61	125.09	8.10	10.23	11.27
恩施州	0.86	1.09	1.43	0.27	0.22	0.13
仙桃市	41.43	45.25	59.28	12.90	9.33	5.34
天门市	16.23	17.95	21.38	5.05	3.70	1.93
潜江市	17.89	18.35	31.23	5.57	3.78	2.81

　　根据区域经济学对经济联系腹地空间划分标准,当隶属度大于9%时,属于紧密腹地;大于1.5%、小于9%时,属于次紧密腹地;大于0.5%、小于1.5%,属于竞争腹地;小于0.5%则为边缘腹地(王士君等,2001)。本书按照经济隶属度的大小将各市州划分为紧密腹地、次紧密腹地、竞争腹地、边缘腹地四个空间层次,如

表 3.3～表 3.5 所示。

表 3.3 2008 年武汉市对外经济联系腹地空间划分

类型	主要范围
紧密腹地	孝感市、黄石市、仙桃市、黄冈市、鄂州市
次紧密腹地	咸宁市、潜江市、天门市、荆州市、随州市、襄樊市、宜昌市、荆门市
竞争腹地	十堰市
边缘腹地	恩施州

表 3.4 2009 年武汉市对外经济联系腹地空间划分

类型	主要范围
紧密腹地	黄石市、孝感市、鄂州市、咸宁市、仙桃市、黄冈市
次紧密腹地	荆州市、潜江市、天门市、襄樊市、随州市、荆门市、宜昌市
竞争腹地	十堰市
边缘腹地	恩施州

表 3.5 2010 年武汉市对外经济联系腹地空间划分

类型	主要范围
紧密腹地	孝感市、黄冈市、黄石市、咸宁市
次紧密腹地	鄂州市、仙桃市、荆州市、襄樊市、随州市、潜江市、荆门市、宜昌市、天门市
竞争腹地	十堰市
边缘腹地	恩施州

第二节 湖北省各市州农民外出务工的总体状况

本节从各市州及各区县外出务工农民就业人数、外出务工农民的年龄与文化程度、外出务工农民的工作地点与工作时间、外出务工农民的从事行业与社会保障等方面勾勒出了湖北省外出务工农民状况的总体轮廓,也为接下来进行农村职业教育均衡发展相关研究奠定基础。

一、各市州外出务工农民现状分析

(一)各市州外出务工农民就业人数分析

图 3.1 显示,2008～2010 年黄冈市外出劳动力总量均为最多,2008 年、2009

年外出劳动力总量最少市州为鄂州市,2010 年外出劳动力总量最少市州为潜江市。有两年外出劳动力总量超过 60 万人的主要是黄冈市、孝感市、荆州市、襄樊市、恩施州、十堰市、武汉市。鄂州市、潜江市、仙桃市、天门市、黄石市这五个市2008～2010 年外出劳动力总量低于各年度的平均水平。

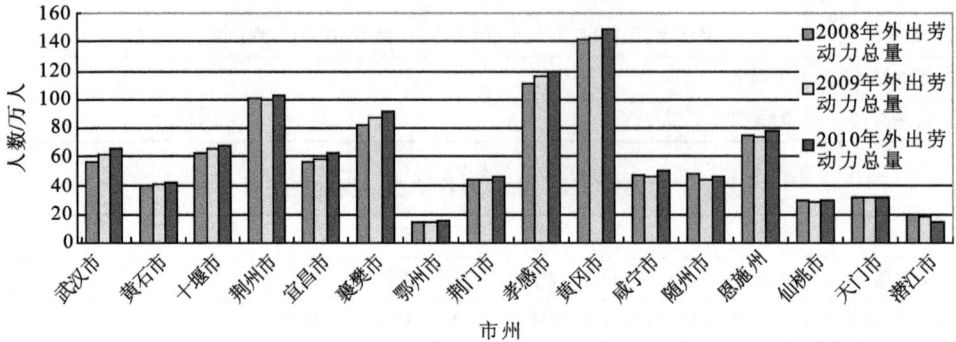

图 3.1　各市州外出务工农民人数分析

从 16 个市州 2008～2010 年外出劳动力总量的纵向变化来看,2009 年较 2008年外出劳动力总量呈正向增长的有武汉市、黄石市、十堰市、宜昌市、襄樊市、荆门市、孝感市、黄冈市;2009 年较 2008 年外出劳动力总量有所下降的有荆州市、咸宁市、随州市、恩施州、仙桃市、潜江市;2010 年较 2009 年外出劳动力总量呈正向增长的有武汉市、黄石市、十堰市、荆州市、宜昌市、襄樊市、鄂州市、荆门市、孝感市、黄冈市、咸宁市、随州市、恩施州、仙桃市、天门市;潜江市 2010 年较 2009 年外出劳动力总量有所下降。从计算得到的变异系数可以看出,16 个市州 2008～2010 年外出劳动力总量的差异性总体呈逐步增大的趋势(表 3.6)。

表 3.6　各市州农民外出务工人数分析描述统计量

年份	全距/万人	极小值/万人	极大值/万人	均值/万人	标准差/万人	变异系数
A_1	128.04	13.95	141.99	60.02	34.89	0.58
A_2	128.97	13.89	142.86	60.70	35.73	0.59
A_3	135.58	13.65	149.23	63.03	37.55	0.60
A_4	135.58	13.65	149.23	61.25	35.32	0.58
A_5	276.48	−68.46	208.02	9.44	55.84	5.91

注:A_1 代表 2008 年外出劳动力总量,A_2 代表 2009 年外出劳动力总量,A_3 代表 2010 年外出劳动力总量,A_4 代表 2009 年外出劳动力增长速度,A_5 代表 2010 年外出劳动力增长速度。

（二）各市州外出务工农民的年龄与文化程度分析

1. 各地市州外出务工农民的年龄状况分析

数据显示,2009 年、2010 年 20 岁及以下、21～49 岁、50 岁及以上外出劳动力人数最多的均是黄冈市,2009 年、2010 年这三个年龄段人数外出劳动力最少的是鄂州市。数据分析表明,21～49 岁外出劳动力人数是外出劳动力的主体,各市州 21～49 岁外出劳动力数量占总量比例均超过 65％。

从图 3.2 可以看出,对 16 个市州（含武汉市一个副省级市）2009 年和 2010 年 21～49 岁外出劳动力数量、21～49 岁外出劳动力数量占总量比例进行横向比较,2009 年、2010 年 21～49 岁外出劳动力数量均超过 40 万人的主要是黄冈市、孝感市、荆州市、襄樊市、恩施州、十堰市、武汉市七个市州。鄂州市、潜江市、仙桃市、天门市、黄石市这五个市州 2009 年、2010 年 21～49 岁外出劳动力人数低于各年度的平均水平。

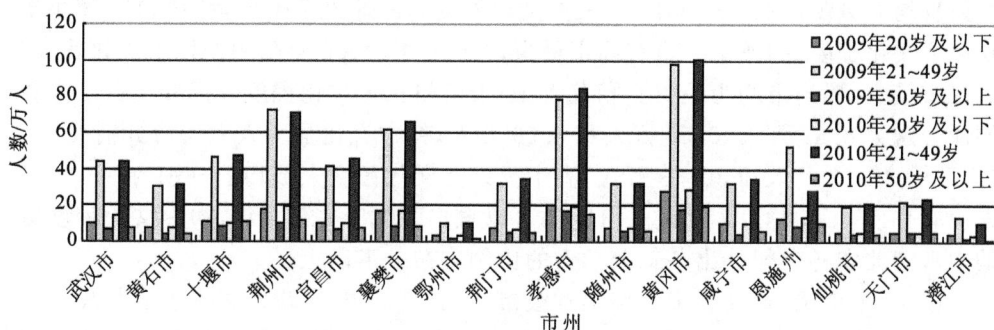

图 3.2　各市州外出务工农民的年龄状况分析

对 16 个市州 2009 年、2010 年 21～49 岁外出劳动力人数进行纵向分析,2010 年较 2009 年外出劳动力总量呈正向增长的市州由高到低依次为黄石市、十堰市、宜昌市、襄樊市、鄂州市、荆门市、孝感市、黄冈市、咸宁市、恩施州、仙桃市、天门市;2010 年较 2009 年外出劳动力总量有所下降的有武汉市、荆州市、随州市、潜江市,其中下降速度最快的为潜江市,下降 30.25％。从计算得到的变异系数可以看出,16 个市州 2009 年、2010 年 21～49 岁、50 岁及以上外出劳动力人数的差异性基本保持不变（表 3.7）。

表 3.7　各地市州外出务工农民的年龄状况分析描述统计量

年份	全距/万人	极小值/万人	极大值/万人	均值/万人	标准差/万人	变异系数
A_1	25.66	2.62	28.28	10.91	6.90	0.63
A_2	88.30	9.22	97.52	42.74	24.61	0.58

续表

年份	全距/万人	极小值/万人	极大值/万人	均值/万人	标准差/万人	变异系数
A_3	15.27	1.79	17.06	7.04	4.46	0.63
A_4	26.66	2.62	29.28	11.30	7.13	0.63
A_5	91.35	9.26	100.61	44.12	25.82	0.59
A_6	17.98	1.36	19.34	7.61	4.88	0.64

注：A_1 代表 2009 年 20 岁及以下外出劳动力数量，A_2 代表 2009 年 21～49 岁外出劳动力数量，A_3 代表 2009 年 50 岁及以上外出劳动力数量，A_4 代表 2010 年 20 岁及以下外出劳动力数量，A_5 代表 2010 年 21～49 岁外出劳动力数量，A_6 代表 2010 年 50 岁及以上外出劳动力数量。

2. 各市州外出务工农民的文化程度状况分析

如果将外出务工农民文化程度分为小学及小学以下文化程度、初中文化程度、高中及以上文化程度三类的话，2008～2010 年黄冈市三类文化程度的外出务工农民数量均为最多。2008～2010 年三类文化程度农民外出务工数量除"2009 年小学及以下文化程度"的务工人员宜昌市最少，"2008 年、2009 年高中及以上文化程度"潜江市最少，鄂州市均为最少。湖北省 16 个市州三类文化程度农民外出务工人数均值分别为 8.62 万人、6.50 万人和 8.09 万人；初中文化程度人数均值分别为 35.75 万人、35.53 万人和 36.53 万人；高中及以上文化程度人数均值分别为 12.19 万人、13.45 万人和 14.82 万人。由此还可以看出，2008～2010 年，初中文化程度劳动力占湖北省各市州外出务工劳动力的比例均在一半以上。

就 16 个市州（含武汉市一个副省级市）2010 年外出劳动力文化程度状况的横向比较而言（图 3.3），2010 年初中以上外出劳动力人数相对较多的前三名为黄冈市、孝感市及荆州市。从 16 个市州 2008～2010 年外出劳动力文化程度状况的纵向变化来看，大部分地区外出劳动力中高中及以上文化程度总量呈正向增长，小学

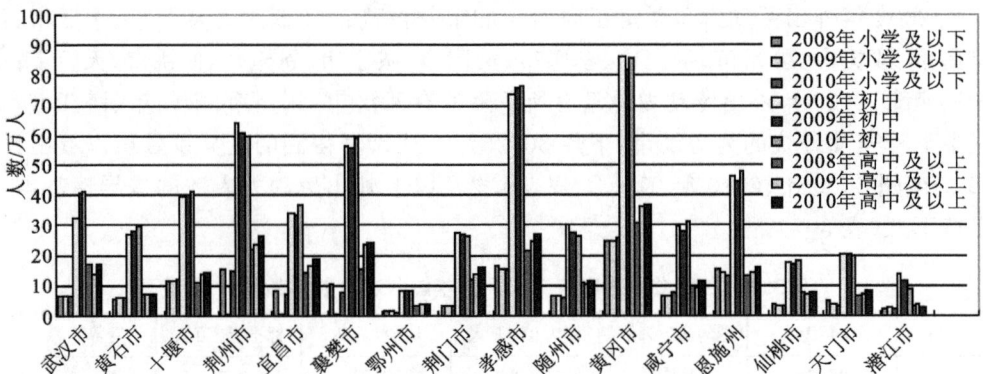

图 3.3　各市州外出务工农民的文化程度状况分析

及以下文化程度数量逐年下降的有荆门市、孝感市、随州市、恩施州、仙桃市、天门市。

从计算得到的变异系数可以看出,16 个市州 2008～2010 年小学及以下外出劳动力数量的差异性在逐渐缩小,而初中、高中外出劳动力数量的差异性波动较大(表 3.8)。

表 3.8　各市州外出务工农民的文化程度状况分析描述统计量

年份	全距/万人	极小值/万人	极大值/万人	均值/万人	标准差/万人	变异系数
A_1	23.01	2.07	25.08	9.12	6.35	0.70
A_2	24.48	0.32	24.80	6.89	6.66	0.97
A_3	24.36	1.47	25.83	8.58	6.31	0.74
A_4	78.06	8.24	86.30	37.94	21.97	0.58
A_5	73.36	8.26	81.62	37.71	21.52	0.57
A_6	77.46	8.52	85.98	38.77	22.49	0.58
A_7	27.24	3.37	30.61	12.95	7.21	0.56
A_8	32.55	3.89	36.44	14.29	8.85	0.62
A_9	34.61	2.81	37.42	15.73	9.47	0.60

注:A_1 代表 2008 年小学及以下外出劳动力数量,A_2 代表 2009 年小学及以下外出劳动力数量,A_3 代表 2010 年小学及以下外出劳动力数量,A_4 代表 2008 年初中外出劳动力数量,A_5 代表 2009 年初中外出劳动力数量,A_6 代表 2010 年初中外出劳动力数量,A_7 代表 2008 年高中外出劳动力数量,A_8 代表 2009 年高中外出劳动力数量,A_9 代表 2010 年高中外出劳动力数量。

(三) 各市州外出务工农民的工作地点与工作时间分析

1. 各市州外出务工农民的工作地点分析

如果将外出劳动力工作地点分为县内乡外、省内县外及省外三类,统计数据显示,2008 年湖北省 16 个市州在这三类工作地点外出务工农民数量的均值分别为 8.26 万人、12.73 万人、35.20 万人;2009 年这三类工作地点外出务工农民数量的均值分别为 9.03 万人、15.16 万人、36.51 万人;2010 年这三类工作地点外出务工劳动力数量的均值分别为 9.80 万人、16.28 万人、36.81 万人。因此,从务工地点上看,2008～2010 年,一半以上的劳动力在省外务工,而省内县外务工的劳动力在逐年增长。

就 16 个市州(含武汉市一个副省级市)2010 年外出劳动力工作地点的横向比较而言(图 3.4),2010 年省外劳动力数量占总量比例低于 50% 的有武汉市、宜昌市、鄂州市。2010 年省外劳动力数量占总量比例高于 60% 的有黄石市、荆州市、襄樊市、荆门市、黄冈市、咸宁市、恩施州、天门市。

从 16 个市州 2008～2010 年三类工作地点外出劳动力数量的纵向变化来看,

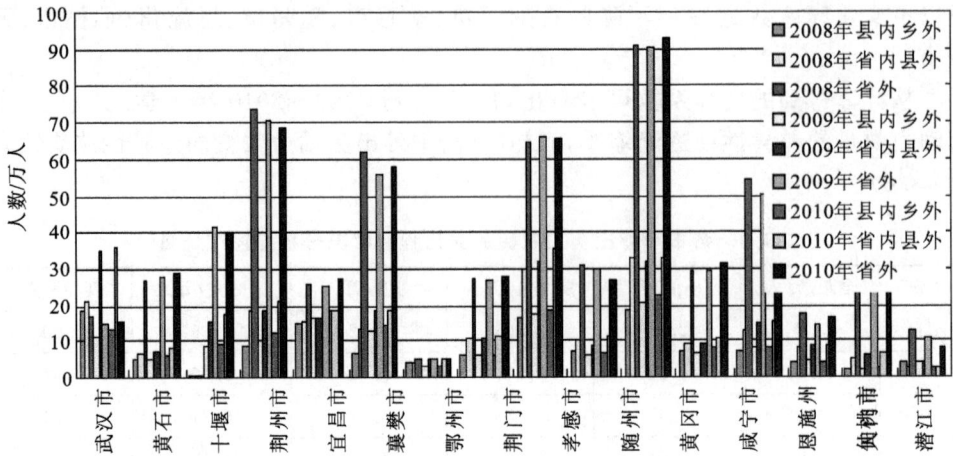

图 3.4　各市州外出务工农民的工作地点分析

2010 年省外劳动力数量逐年递增的地区有黄石市,逐年递减的地区有荆州市及潜江市。从计算得到的变异系数可以看出,同一个年度内 16 个市州到不同地方外出务工劳动力数量的差异程度由高到低依次为省外、省内县外、县内乡外;与 2008 年相比,省外劳动力数量差异有所缩小(表 3.9)。2008～2010 年在各类工作地点的外出劳动力数量差异性波动较大。

表 3.9　各市州外出务工农民的工作地点分析描述统计量

年份	全距/万人	极小值/万人	极大值/万人	均值/万人	标准差/万人	变异系数
A_1	17.24	1.01	18.25	8.26	5.61	0.68
A_2	32.08	0.46	32.54	12.73	9.17	0.72
A_3	90.81	0.39	91.20	35.20	26.00	0.74
A_4	18.44	1.90	20.34	9.03	5.36	0.59
A_5	30.46	3.95	34.41	15.16	9.81	0.65
A_6	85.55	5.25	90.80	36.51	24.16	0.66
A_7	19.67	2.66	22.33	9.80	6.06	0.62
A_8	32.98	2.86	35.84	16.28	10.43	0.64
A_9	88.11	5.28	93.39	36.81	24.55	0.67

注:A_1 代表 2008 年县内乡外劳动力数量,A_2 代表 2008 年省内县外劳动力数量,A_3 代表 2008 年省外劳动力数量,A_4 代表 2009 年县内乡外劳动力数量,A_5 代表 2009 年省内县外劳动力数量,A_6 代表 2009 年省外劳动力数量,A_7 代表 2010 年县内乡外劳动力数量,A_8 代表 2010 年省内县外劳动力数量,A_9 代表 2010 年省外劳动力数量。

2. 各地市州外出务工农民的持续工作时间分析

2008～2010年外出劳动力的持续工作时间分为三类:1～3个月、3～6个月、6个月以上。数据显示,按三类持续工作时间来划分,2008年湖北省16个市州三类持续工作时间外出务工农民数量的均值分别为4.63万人、9.44万人、42.12万人;2009年三类持续工作时间外出务工农民数量的均值分别为4.94万人、10.73万人、45.03万人;2010年三类持续工作时间外出务工农民数量的均值分别为5.58万人、12.18万人、45.28万人。不难看出,较之2008年,2009年和2010年持续工作6个月以上的外出劳动力数量有所下降,持续工作3～6个月的外出劳动力数量有所上升。

对16个市州(含武汉市一个副省级市)外出劳动力三类持续工作时间横向比较发现(图3.5),2010年持续工作6个月以下的劳动力数量占总量比例高于30%的市由高到低依次为孝感市、随州市、黄冈市。2010年6个月以下劳动力数量占总量比例低于20%的为潜江市。从纵向变化来看,1～3个月劳动力数量逐年递增的地区有武汉市、黄石市、十堰市、荆门市、黄冈市、恩施州。从计算得到的变异系数可以看出,16个市州2008～2010年在各类持续工作时间中外出劳动力数量差异性程度最大的是1～3个月,差异性程度最大的是6个月以上(表3.10)。

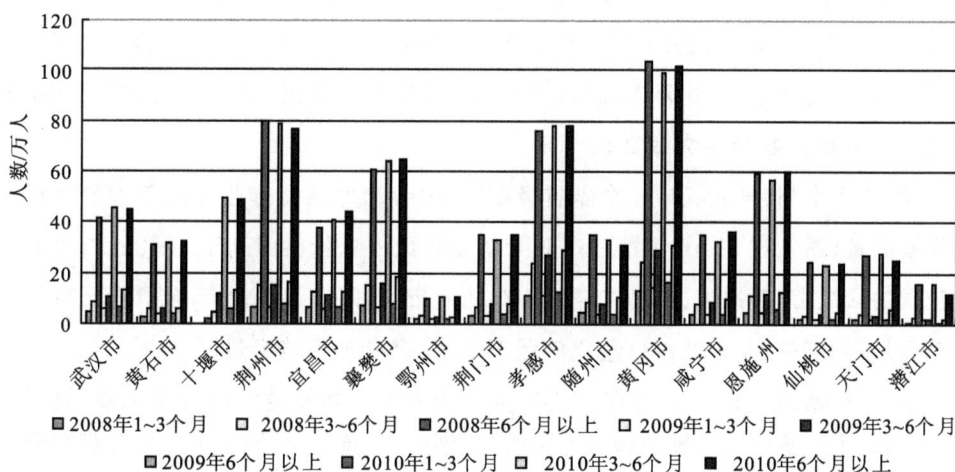

图3.5　各市州外出务工农民的持续工作时间分析

表 3.10　各市州外出务工农民的持续工作时间分析描述统计量

年份	全距/万人	极小值/万人	极大值/万人	均值/万人	标准差/万人	变异系数
A_1	13.50	0.08	13.58	4.63	3.69	0.80
A_2	23.96	0.21	24.17	9.44	7.20	0.76
A_3	102.67	1.57	104.24	42.12	27.43	0.65
A_4	12.94	1.27	14.21	4.94	3.50	0.71
A_5	27.23	1.90	29.13	10.73	7.96	0.74
A_6	89.58	9.94	99.52	45.03	24.80	0.55
A_7	15.75	0.73	16.48	5.58	4.17	0.75
A_8	29.60	1.47	31.07	12.18	8.50	0.70
A_9	91.41	10.27	101.68	45.28	25.33	0.56

注：A_1 代表 2008 年持续 1～3 个月人数，A_2 代表持续 2008 年 3～6 个月人数，A_3 代表 2008 年持续 6 个月以上人数，A_4 代表 2009 年持续 1～3 个月人数，A_5 代表 2009 年持续 3～6 个月人数，A_6 代表 2009 年持续 6 个月以上人数，A_7 代表 2010 年持续 1～3 个月人数，A_8 代表 2010 年持续 3～6 个月人数，A_9 代表 2010 年持续 6 个月以上人数。

（四）各市州外出务工农民的从事行业与社会保障分析

1. 各市州外出务工农民的从事行业分析

数据显示 2008 年从事三次产业的外出劳动力数量的均值分别为 3.13 万人、3.97 万人、22.90 万人；2009 年分别为 3.00 万人、33.92 万人、21.89 万人；2010 年分别为 3.91 万人、34.26 万人、24.87 万人。可以分析得出，第二产业、第三产业集聚的转移劳动力数量占大多数。

就 16 个市州（含武汉市一个副省级市）外出劳动力三类行业外出务工的数量横向比较而言（图 3.6），2010 年第三产业劳动力数量占总量比例高于 40% 的市由高到低依次为武汉市、荆州市、宜昌市、随州市、仙桃市、天门市。2010 年除了黄石市外出劳动力从事第三产业人数占总量比例低于 30%，其他地区均超过了 30%。

从 16 个市州 2008～2010 年三类行业外出劳动力数量的纵向变化来看，第三产业中，劳动力数量逐年递增的地区有武汉市、荆门市、黄冈市、仙桃市。从计算得到的变异系数可以看出，16 个市州 2008～2010 年外出劳动力三类产业数量差异性较大，相比较而言，第一产业数量差异性程度比其他两类产业小，第二产业数量差异性程度最大（表 3.11）。

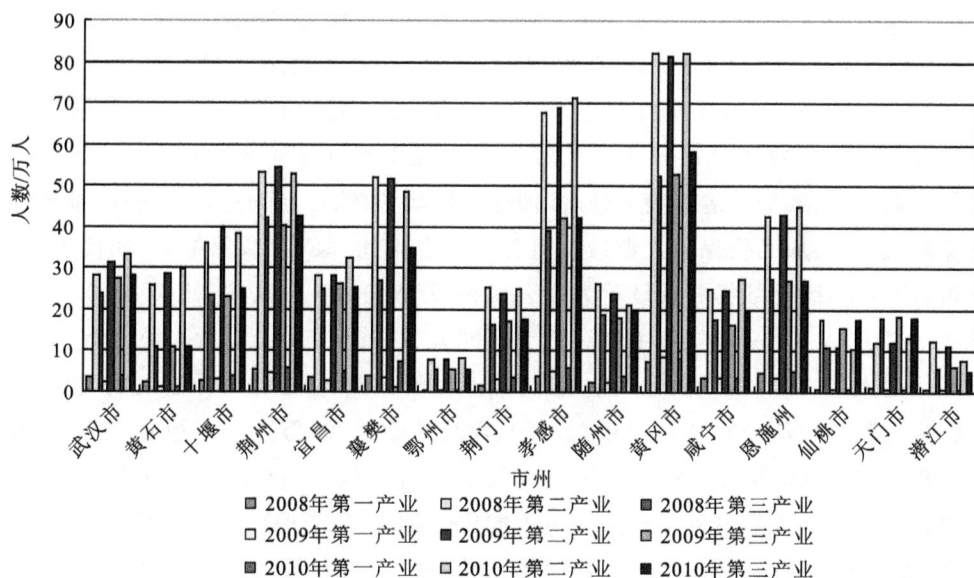

图 3.6　各市州外出务工农民的从事行业分析

表 3.11　各市州外出务工农民的从事行业分析描述统计量

年份	全距/万人	极小值/万人	极大值/万人	均值/万人	标准差/万人	变异系数
A_1	6.78	0.51	7.29	3.13	1.82	0.58
A_2	74.45	7.82	82.27	33.97	20.76	0.61
A_3	46.81	5.62	52.43	22.90	12.94	0.56
A_4	8.25	0.43	8.68	3.00	2.06	0.68
A_5	73.12	8.01	81.13	33.92	21.23	0.63
A_6	51.65	1.40	53.05	21.89	14.06	0.64
A_7	7.92	0.63	8.55	3.91	2.41	0.62
A_8	74.36	7.98	82.34	34.26	21.69	0.63
A_9	53.24	5.10	58.34	24.87	14.19	0.57

注:A_1 代表 2008 年外出务工农民从事第一产业人数,A_2 代表 2008 年外出务工农民从事第二产业人数,A_3 代表 2008 年外出务工农民从事第三产业人数,A_4 代表 2009 年外出务工农民从事第一产业人数,A_5 代表 2009 年外出务工农民从事第二产业人数,A_6 代表 2009 年外出务工农民从事第三产业人数,A_7 代表 2010 年外出务工农民从事第一产业人数,A_8 代表 2010 年外出务工农民从事第二产业人数,A_9 代表 2010 年外出务工农民从事第三产业人数。

　　数据显示 2008~2010 年 77 个县区的外出劳动力中,2008 年与雇主签订劳动合同人数占外出从业人员人数比例、参加养老保险人数、参加医疗保险人数、参与失业保险人数、参加生育保险人数、参加工伤保险人数最大值分别在咸宁市（40%）、恩施州（26.9万人）、孝感市（44.04万人）、黄冈市（4.97万人）、恩施州（12.03万人）、武汉市（17.02万人），2008年与雇主签订劳动合同人数占外出从业人员人数比例、参加养老保险人数、参加医疗保险人数、参与失业保险人数、参加生育保险人数、参加工伤保险人数最小值分别在恩施州、黄石市、恩施州、仙桃市、黄石市、黄石市，统计数据分别显示为8%、0.94万人、1.59万人、0.05万人、0.03万人、0.69万人。2009年与雇主签订劳动合同人数占外出从业人员人数比例、参加养老保险人数、参加医疗保险人数、参与失业保险人数、参加生育保险人数、参加工伤保险人数最大值分别在孝感市（42%）、孝感市（20.33万人）、孝感市（58.67万人）、黄冈市（5.66万人）、黄冈市（3.65万人）、黄冈市（18.11万人）。2009年与雇主签订劳动合同人数占外出从业人员人数比例、参加养老保险人数、参加医疗保险人数、参与失业保险人数、参加生育保险人数、参加工伤保险人数最小值分别在黄石市、黄石市、鄂州市、潜江市、潜江市、黄石市，统计数据分别显示为10%、1.09万人、2.75万人、0.03万人、0.02万人、0.61万人。2009年与雇主签订劳动合同人数占外出从业人员人数比例、参加养老保险人数、参加医疗保险人数、参与失业保险人数、参加生育保险人数、参加工伤保险人数最小值分别在黄石市、潜江市、潜江市、潜江市、潜江市、黄石市，统计数据分别显示为10%、0.81万人、3.83万人、0.03万人、0.01万人、0.53万人。2010年与雇主签订劳动合同人数占外出从业人员人数比例、参加养老保险人数、参加医疗保险人数、参与失业保险人数、参加生育保险人数、参加工伤保险人数最大值分别在咸宁市、黄冈市、孝感市、荆州市、黄冈市、黄冈市，统计数据分别显示为44%、24.59万人、69.65万人、18.72万人、3.49万人、20万人。

二、各区县外出务工农民总体状况分析

（一）各区县外出务工农民就业人数分析

如图3.7所示，2008年、2009年、2010年监利县外出劳动力数量均为最多，2008年、2009年、2010年黄石市辖区外出劳动力数量均为最少。大部分县区2009年、2010年外出务工农民就业人数呈增长趋势。从计算得到的变异系数（表3.12）可以看出，77个县区2009年和2010年两年外出劳动力人数的差异性较为稳定。

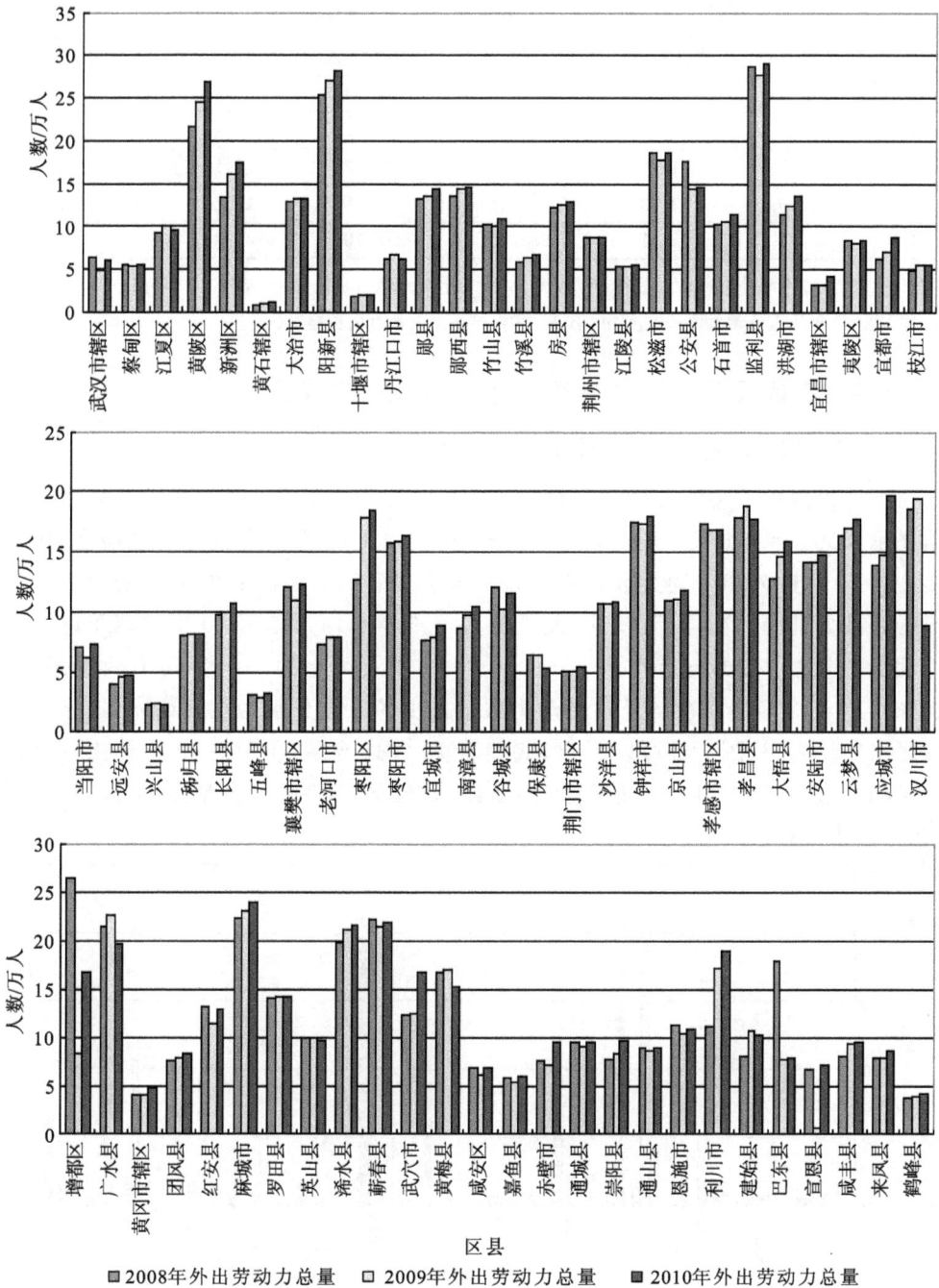

图 3.7　各区县外出务工农民人数分析

表 3.12　各区县外出务工农民人数分析描述统计量

年份	全距/万人	极小值/万人	极大值/万人	均值/万人	标准差/万人	变异系数
A_1	27.92	0.88	28.80	11.24	6.06	0.54
A_2	27.13	0.69	27.82	11.12	6.11	0.55
A_3	27.95	1.13	29.08	11.72	6.12	0.52
A_4	146.25	−89.73	56.52	0.38	18.74	49.69
A_5	987.74	−54.41	933.33	18.70	106.83	5.71

注:A_1 代表 2008 年外出劳动力总量,A_2 代表 2009 年外出劳动力总量,A_3 代表 2010 年外出劳动力总量,A_4 代表 2009 年外出劳动力增长速度,A_5 代表 2010 年外出劳动力增长速度。

(二) 各区县外出务工农民的年龄与文化程度分析

1. 各区县外出务工农民的年龄状况分析

将外出劳动力年龄分为三个档次:20 岁及以下、21～49 岁、50 岁及以上。数据显示,2009 年麻城市 20 岁及以下和 50 岁及以上的外出劳动力数量最多,阳新县 21～49 岁的外出劳动力数量最多;2010 年三个年龄档次的外出劳动力数量最多的区县分别为监利县、阳新县、大悟县。2009 年十堰市辖区 20 岁及以下的外出劳动力数量最少,黄石市辖区 21～49 岁、50 岁及以上的外出劳动力数量最少;2010 年这三个年龄档次的外出劳动力数量最少的区县分别为黄石市辖区、十堰市辖区、红安县。从图 3.8 可以看出,2009 年和 2010 年两年 21～49 岁外出劳动力数量均超过 10 万人以上的主要是:阳新县、黄陂区、监利县、蕲春县、枣阳市、汉川市、松滋市、麻城市。

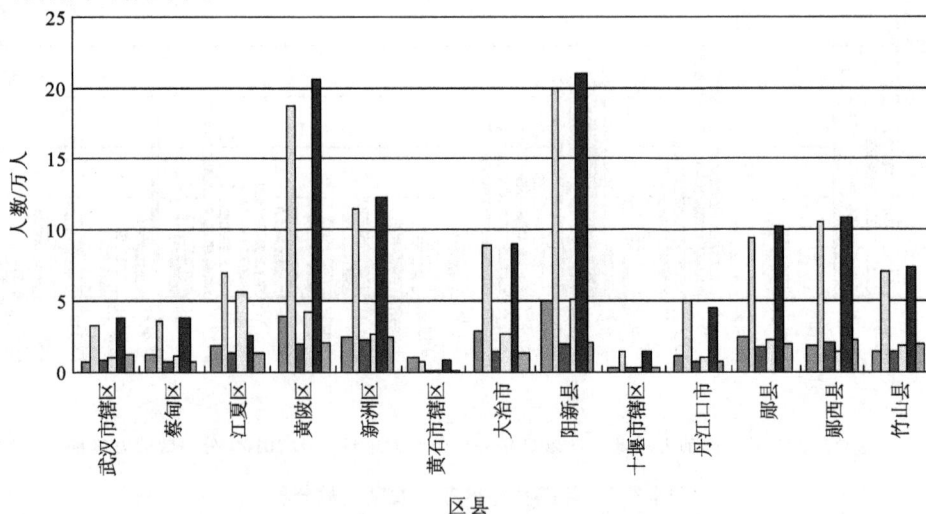

图 3.8　各区县外出务工农民的年龄状况分析

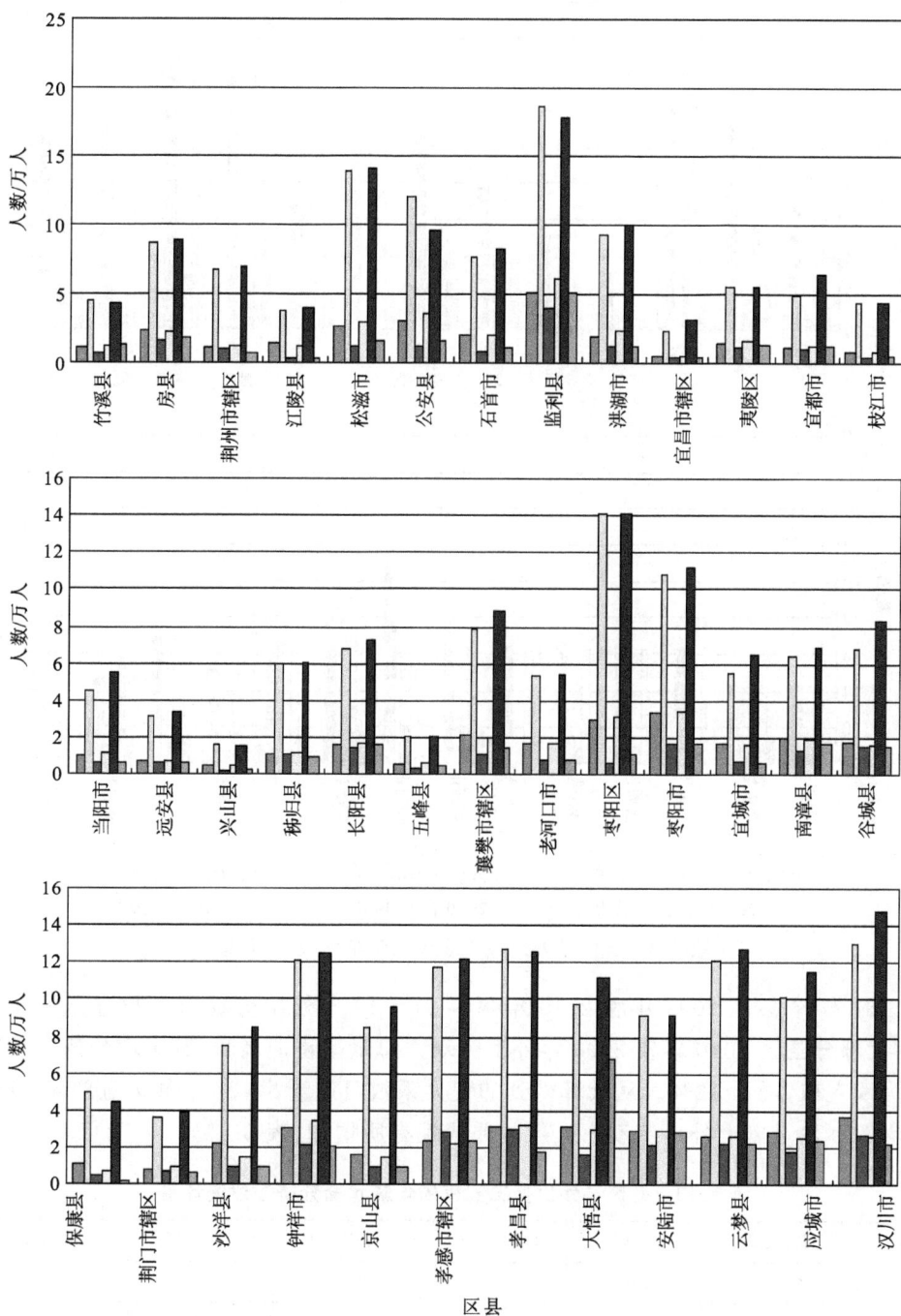

图 3.8　各区县外出务工农民的年龄状况分析(续)

图 3.8　各区县外出务工农民的年龄状况分析(续)

　　对 77 个县区 2009 年和 2010 年两年 21～49 岁外出劳动力人数进行纵向分析,大部分县区 2010 年较 2009 年外出劳动力总量呈正向增长,其中增长速度最快的为武穴市,增长 43%。从计算得到的变异系数可以看出,77 个县区近两年 21～49 岁、50 岁及以上外出劳动力人数的差异性有所增加(表 3.13)。

表 3.13　各区县外出务工农民的年龄状况分析描述统计量

年份	全距/万人	极小值/万人	极大值/万人	均值/万人	标准差/万人	变异系数
A_1	4.93	0.30	5.23	2.04	1.17	0.57
A_2	19.16	0.79	19.95	7.91	4.22	0.53

续表

年份	全距/万人	极小值/万人	极大值/万人	均值/万人	标准差/万人	变异系数
A_3	4.12	0.08	4.20	1.29	0.86	0.67
A_4	5.99	0.15	6.14	2.11	1.32	0.63
A_5	20.17	0.84	21.01	8.20	4.32	0.53
A_6	6.66	0.09	6.75	1.47	1.09	0.74

注:A_1 代表 2009 年 20 岁及以下外出劳动力数量,A_2 代表 2009 年 21～49 岁外出劳动力数量,A_3 代表 2009 年 50 岁及以上外出劳动力数量,A_4 代表 2010 年 20 岁及以下外出劳动力数量,A_5 代表 2010 年 21～49 岁外出劳动力数量,A_6 代表 2010 年 50 岁及以上外出劳动力数量。

2. 各区县外出务工农民的文化程度状况分析

从图 3.9 可以看出,2008 年三类不同文化程度(小学及以下、初中、高中及以上)外出务工农民数量最多的分别为监利县、阳新县、增都区;这三类文化程度农民外出务工数量最少的区县为黄石市辖区。2009 年三类不同文化程度外出务工农民数量最多的分别为房县(14.82 万人)、阳新县(19.82 万人)、监利县(6.86 万人);这三类文化程度农民外出务工数量最少的区县为黄石市辖区(分别为 0.1 万人、0.59 万人、0.27 万人)。2010 年三类不同文化程度外出务工农民数量最多的分别为监利县(5.14 万人)、阳新县(20.22 万人)、监利县(7.71 万人);这三类文化程度农民外出务工数量最少的区县为黄石市辖区(分别为 0.14 万人,0.68 万人,0.31 万人)。从计算得到的变异系数表可以看出 2008～2010 年初中和高中外出劳动力数量差异性有所减少(表 3.14)。

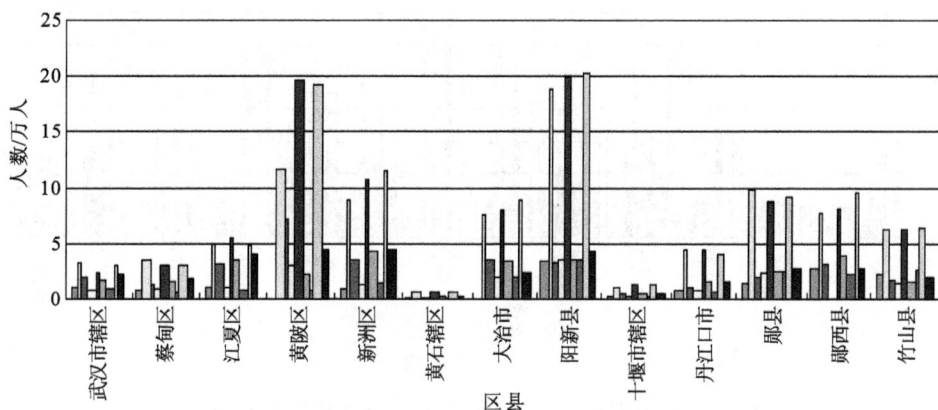

图 3.9　各区县外出务工农民的文化程度状况分析

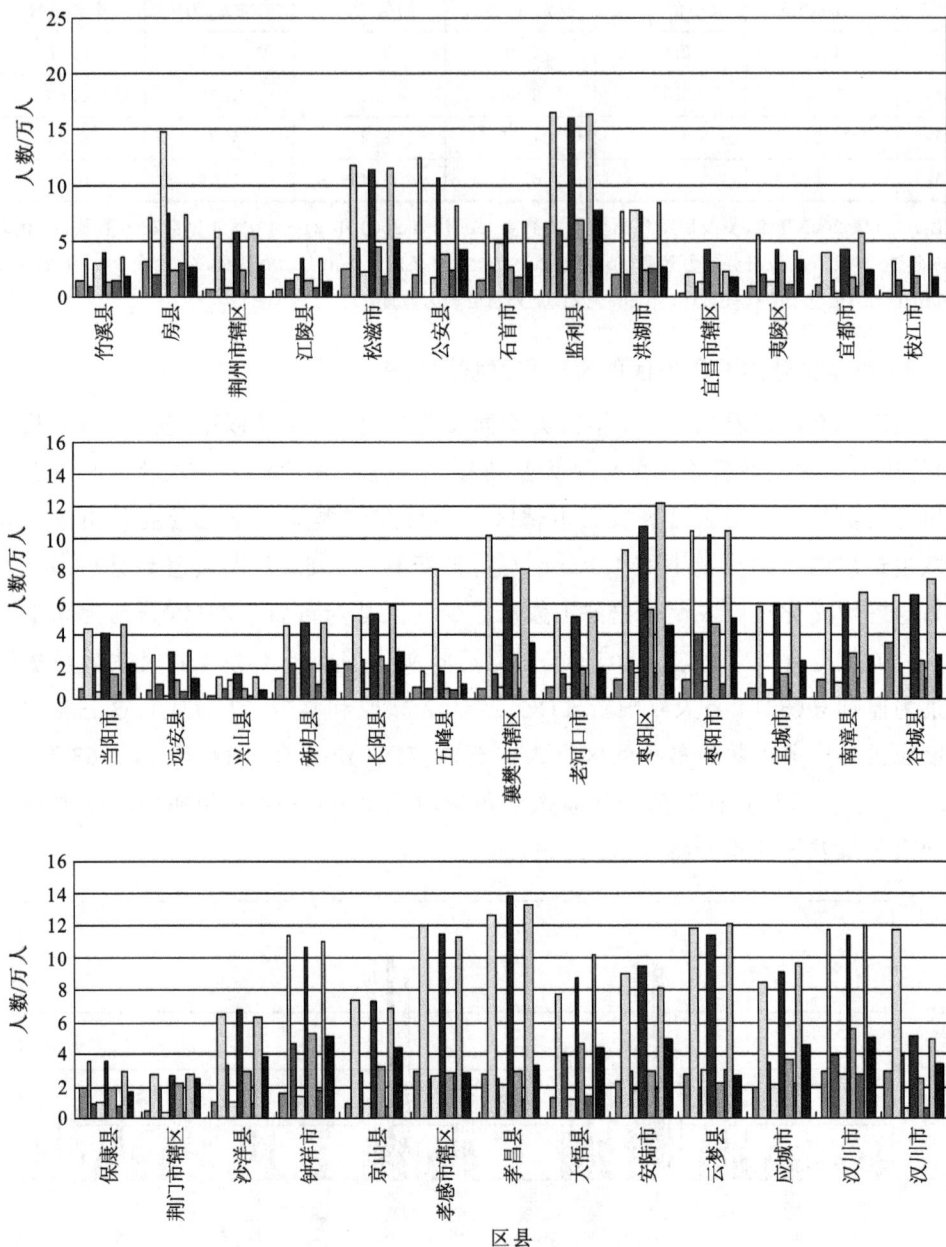

图 3.9　各区县外出务工农民的文化程度状况分析（续）

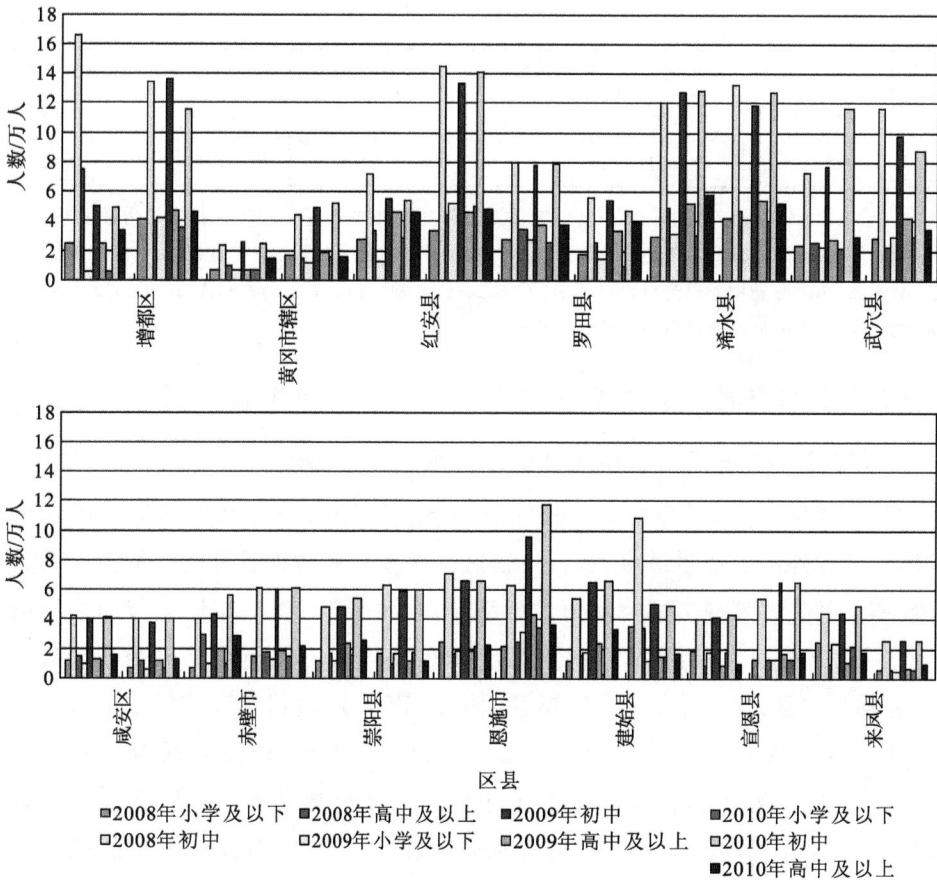

图 3.9　各区县外出务工农民的文化程度状况分析（续）

表 3.14　各区县外出务工农民的文化程度状况分析描述统计量

年份	全距/万人	极小值/万人	极大值/万人	均值/万人	标准差/万人	变异系数
A_1	6.45	0.08	6.53	1.70	1.14	0.67
A_2	18.17	0.58	18.75	7.09	3.95	0.56
A_3	7.28	0.22	7.50	2.41	1.45	0.60
A_4	14.72	0.10	14.82	1.98	2.08	1.05
A_5	19.23	0.59	19.82	7.00	3.95	0.56
A_6	6.59	0.27	6.86	2.66	1.43	0.54
A_7	5.00	0.14	5.14	1.58	1.11	0.70

年份	全距/万人	极小值/万人	极大值/万人	均值/万人	标准差/万人	变异系数
A_8	19.54	0.68	20.22	7.19	4.05	0.56
A_9	7.40	0.31	7.71	2.92	1.44	0.49

注:A_1 代表 2008 年小学及以下外出劳动力数量,A_2 代表 2009 年小学及以下外出劳动力数量),A_3 代表 2010 年小学及以下外出劳动力数量,A_4 代表 2008 年初中外出劳动力数量,A_5 代表 2009 年初中外出劳动力数量,A_6 代表 2010 年初中外出劳动力数量,A_7 代表 2008 年高中外出劳动力数量,A_8 代表 2009 年高中外出劳动力数量,A_9 代表 2010 年高中外出劳动力数量。

(三) 各区县外出务工农民的工作地点与工作时间分析

1. 各区县外出务工农民的工作地点分析

图 3.10 显示,2008 年县内乡外和省内县外劳动力数量最多的均为武汉市辖区,监利县省外务工数量最多;黄石市辖区县内乡外和省内县外务工的劳动力数量最少,英山县到省外务工的劳动力数量最少。2008 年三类工作地点劳动力均值分别为(1.75 万人、2.74 万人、7.20 万人)。2009 年三类工作地点劳动力数量最多的区县分别为房县(14.82 万人)、阳新县(19.82 万人)、监利县(6.86 万人);最少的区县为黄石市辖区(0.1 万人、0.59 万人、0.27 万人)。均值分别为 1.98 万人、6.96 万人、2.63 万人。2010 年三类工作地点劳动力数量最多的区县分别为襄樊市辖区(4.74 万人)、黄陂区(21.78 万人)、阳新县(21.71 万人);最少的区县为黄石市辖区(0.47 万人、0.33 万人、0.33 万人)。均值分别为(1.82 万人、2.99 万人、6.82 万人),从计算得到的变异系数表(表 3.15)可以看出差异性有所减少。

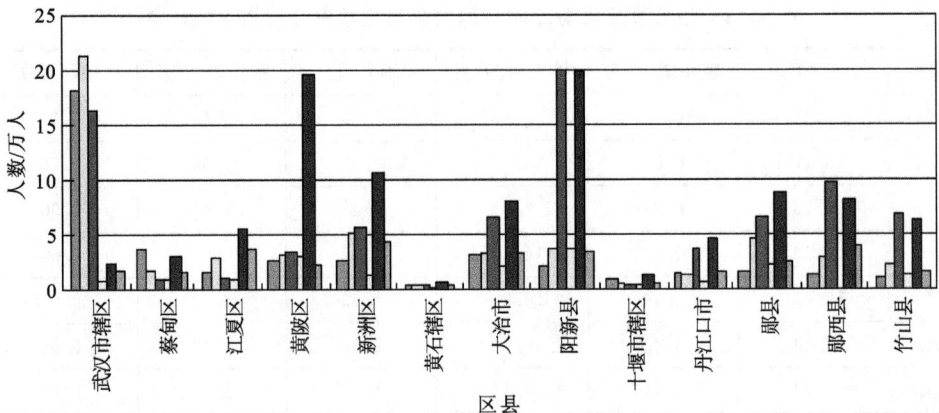

图 3.10 各区县外出务工农民的工作地点分析

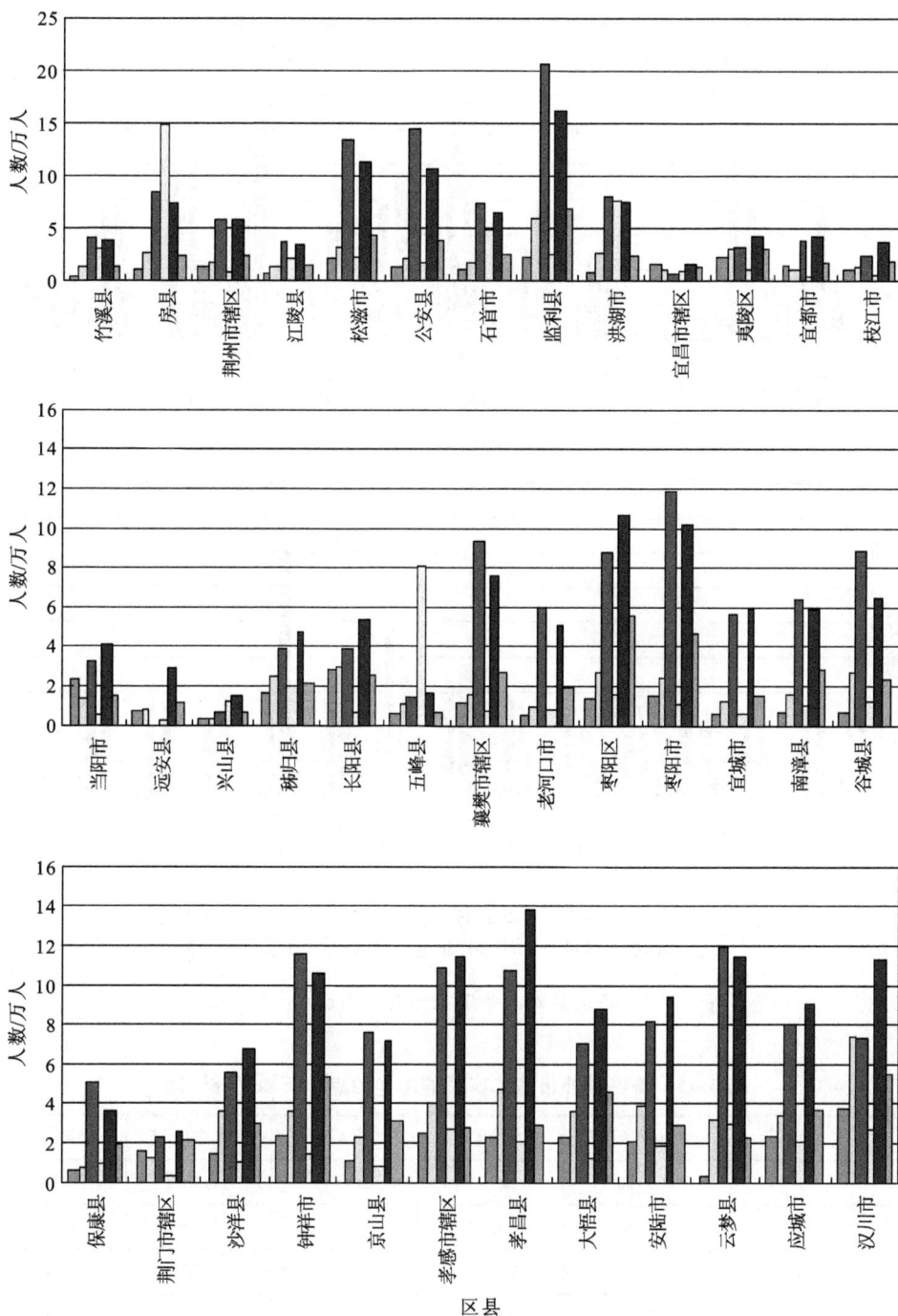

图 3.10 各区县外出务工农民的工作地点分析(续)

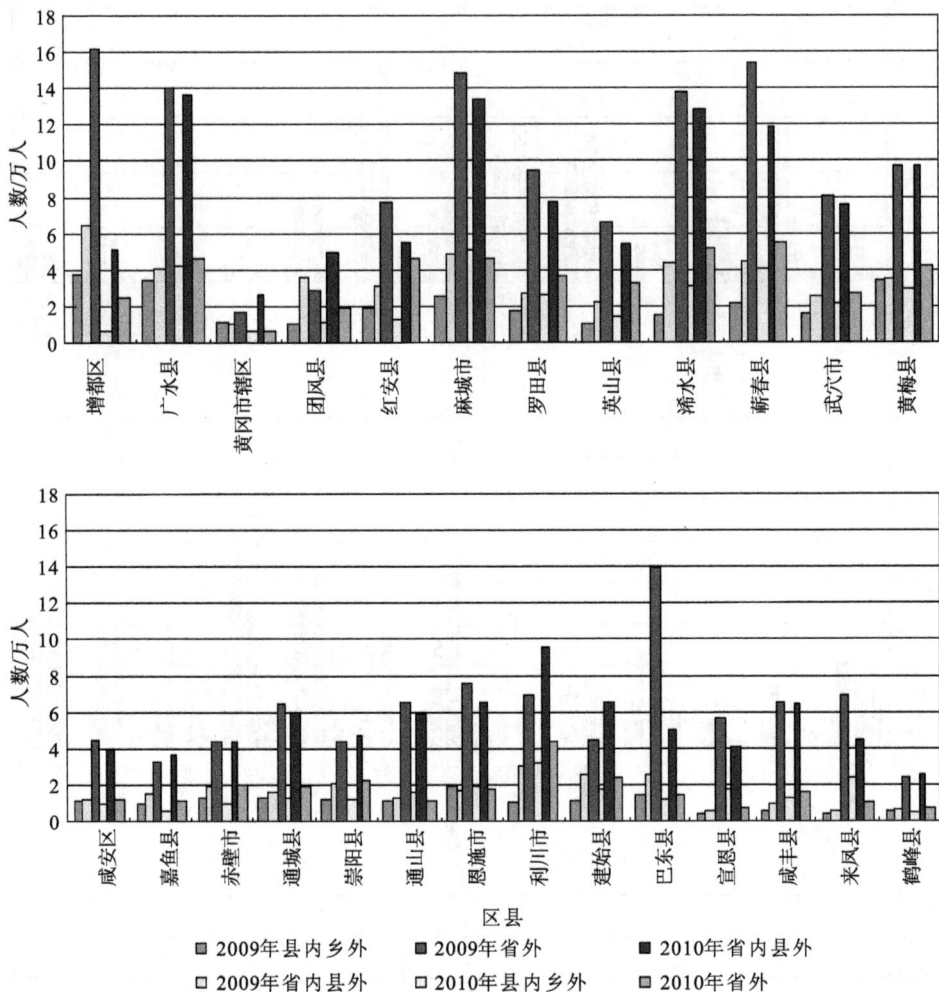

图 3.10　各区县外出务工农民的工作地点分析(续)

表 3.15　各区县外出务工农民的工作地点分析描述统计量

年份	全距/万人	极小值/万人	极大值/万人	均值/万人	标准差/万人	变异系数
A_1	17.79	0.28	18.07	1.75	2.07	1.18
A_2	20.98	0.25	21.23	2.74	2.59	0.95
A_3	20.22	0.35	20.57	7.2	4.57	0.64
A_4	14.72	0.1	14.82	1.98	2.09	1.06

续表

年份	全距/万人	极小值/万人	极大值/万人	均值/万人	标准差/万人	变异系数
A_5	19.23	0.59	19.82	6.96	3.98	0.57
A_6	6.59	0.27	6.86	2.63	1.44	0.55
A_7	4.27	0.47	4.74	1.84	0.97	0.53
A_8	21.45	0.33	21.78	3.02	2.68	0.89
A_9	21.38	0.33	21.71	6.85	4.34	0.63

注：A_1 代表 2008 年县内乡外劳动力数量，A_2 代表 2008 年省内县外劳动力数量，A_3 代表 2008 年省外劳动力数量，A_4 代表 2009 年县内乡外劳动力数量，A_5 代表 2009 年省内县外劳动力数量，A_6 代表 2009 年省外劳动力数量，A_7 代表 2010 年县内乡外劳动力数量，A_8 代表 2010 年省内县外劳动力数量，A_9 代表 2010 年省外劳动力数量。

2. 各区县外出务工农民的持续工作时间分析

图 3.11 显示，2008 年三类持续工作时间所对应的外出劳动力数量的最大值分别在广水市（3 万人）、武汉市辖区（9.02 万人）、监利县（21.35 万人）；2009 年对应的最大值分别在麻城市（3.23 万人）、咸安区（7 万人）、阳新县（21.82 万人）；2010 年对应的最大值分别在麻城市（3.42 万人）、孝昌县（6.48 万人）、阳新县（23.13 万人）。2008 年三类持续工作时间所对应的外出劳动力数量的最小值分别在竹溪县（0.02 万人）、竹溪县（0.08 万人）、黄石市辖区（0.69 万人）；2009 年对应的最小值分别在黄石市辖区（0.08 万人）、黄石市辖区（0.18 万人）、黄石市辖区（0.7 万人）；2010 年对应的最小值分别在十堰市辖区（0.12 万人）、黄石市辖区（0.26 万人）、黄石市辖区（0.7 万人）。2008 年持续工作时间达到 6 个月以上所对应的外出劳动力人数超过 15 万人的有监利县（21.35 万人）、阳新县（20.86 万人）、曾都区（20.27 万人）、江夏区（16.75 万人）、蕲春县（15.66 万人）、麻城市（15.53 万人）、公安县（15.17 万人）。2009 年、2010 年两个年度工作时间达到 6 个月以上所对应的外出劳动力人数均超过 15 万人的有阳新县（21.82 万人、23.13 万人）、监利县（21.69 万人、20.46 万人）、黄陂区（18.76 万人）、蕲春县（16.25 万人、15.86 万人）、麻城市（15.68 万人、15.45 万人），从计算得到变异系数表可看出其差异不大（表 3.16）。

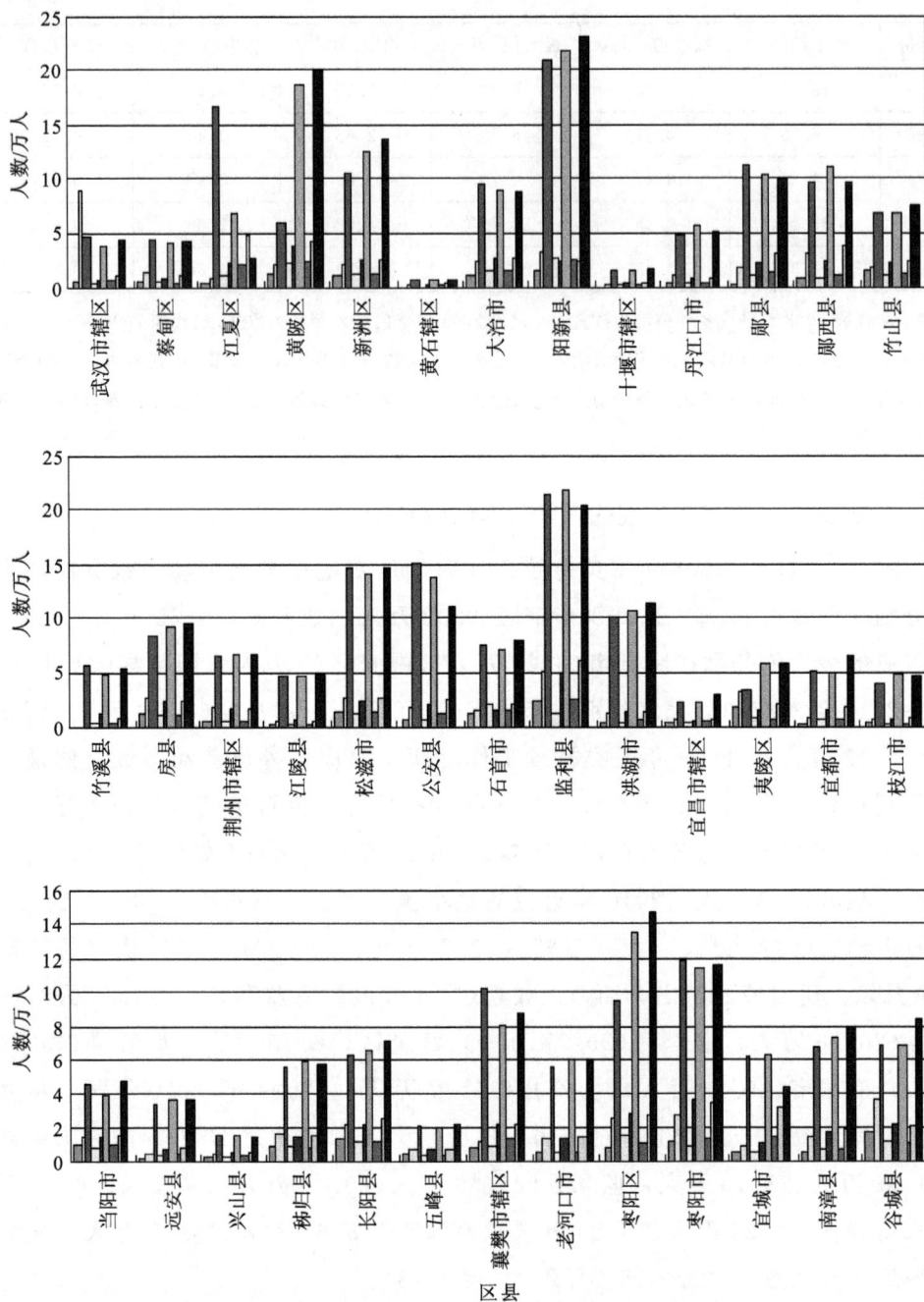

图 3.11　各区县外出务工农民的持续工作时间分析

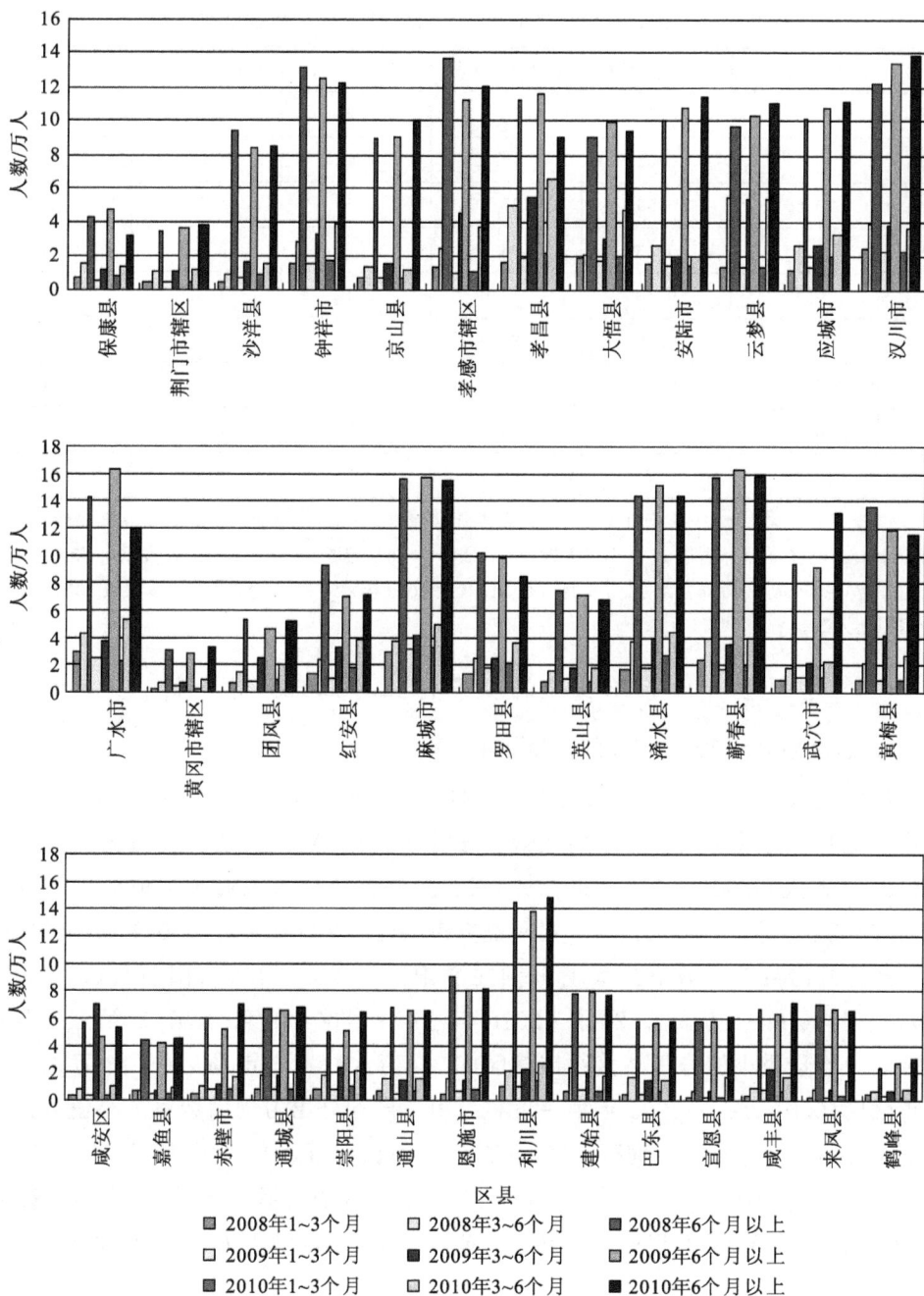

图 3.11　各区县外出务工农民的持续工作时间分析(续)

表 3.16　各区县外出务工农民的持续工作时间分析描述统计量

年份	全距/万人	极小值/万人	极大值/万人	均值/万人	标准差/万人	变异系数
A_1	2.98	0.02	3	0.93	0.65	0.70
A_2	8.94	0.08	9.02	2.02	1.46	0.72
A_3	20.66	0.69	21.35	8.35	4.58	0.55
A_4	3.15	0.08	3.23	0.94	0.64	0.67
A_5	6.82	0.18	7.00	2.12	1.33	0.63
A_6	21.12	0.70	21.82	8.23	4.53	0.55
A_7	3.30	0.12	3.42	1.08	0.71	0.66
A_8	6.22	0.26	6.48	2.31	1.41	0.61
A_9	22.43	0.70	23.13	8.34	4.50	0.54

注：A_1 代表 2008 年持续 1～3 个月人数，A_2 代表持续 2008 年 3～6 个月人数，A_3 代表 2008 年持续 6 个月以上人数，A_4 代表 2009 年持续 1～3 个月人数，A_5 代表 2009 年持续 3～6 个月人数，A_6 代表 2009 年持续 6 个月以上人数，A_7 代表 2010 年持续 1～3 个月人数，A_8 代表 2010 年持续 3～6 个月人数，A_9 代表 2010 年持续 6 个月以上人数。

（四）各区县外出务工农民的从事行业与社会保障分析

1. 各区县外出务工农民的从事行业分析

数据显示，2008～2010 年 77 个县区的外出劳动力中，2008 年第一、第二、第三产业外出劳动力数量最大值分别在蕲春县（1.91 万人）、阳新县（18.85 万人）、监利县（16.42 万人）；2009 年第一、第二、第三产业外出劳动力数量最大值分别在罗田县（1.98 万人）、阳新县（20.67 万人）、襄樊市辖区（31.5 万人）；2010 年第一、第二、第三产业外出劳动力数量最大值分别在襄阳区[①]（4.01 万人）、阳新县（21.85 万人）、监利县（16.54 万人）。2008～2010 年三年中，2008 年第一、第二、第三产业外出劳动力数量最小值分别在黄石市辖区（0.07 万人）、黄石市辖区（1.18 万人）、黄石市辖区（0.61 万人）；2009 年第一、第二、第三产业外出劳动力数量最小值分别在十堰市辖区（0.04 万人）、黄石市辖区第二产业（0.5 万人）、黄石市辖区第三产业（0.38 万人）；2010 年第一、第二、第三产业外出劳动力数量最小值分别在鹤峰县（0.02 万人）、黄石市辖区（0.5 万人）、黄石市辖区（0.43 万人）。具体如图 3.12、表 3.17 所示。

---

① 襄阳区已于 2010 年更名为襄州区，本书采用的是 2010 年更名前的数据，故仍使用襄阳区。

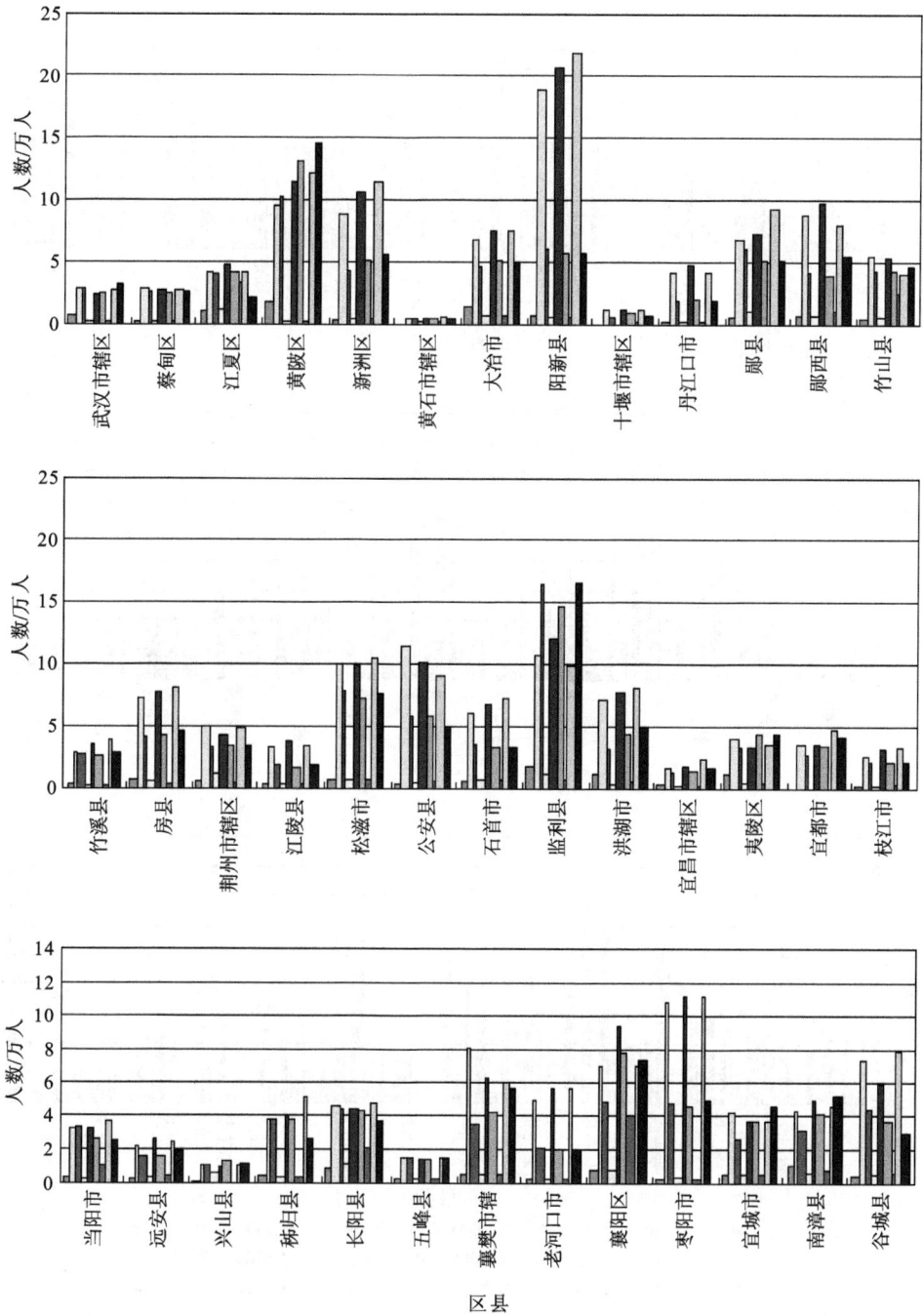

图 3.12　各区县外出务工农民的从事行业分析

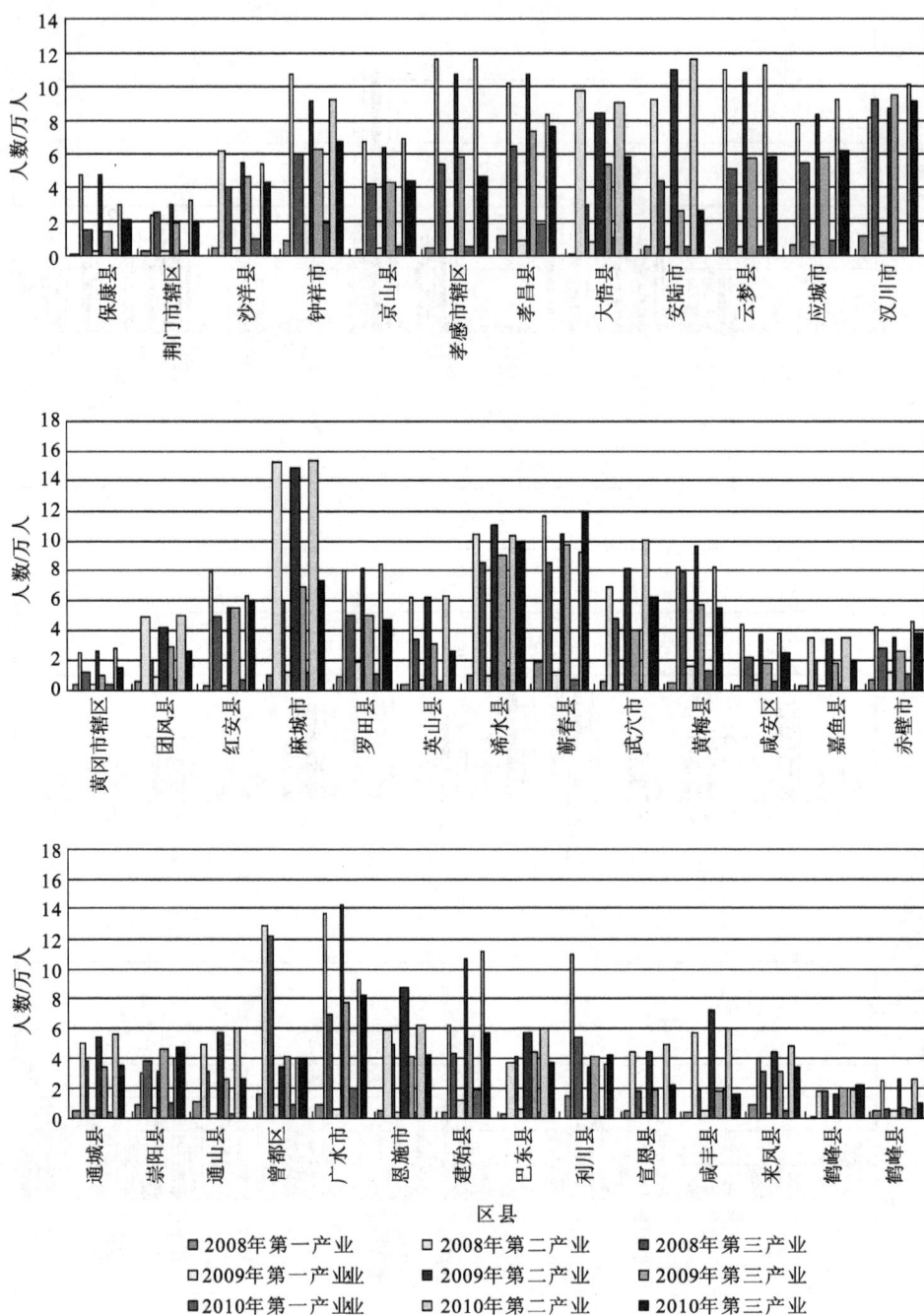

图 3.12 各区县外出务工农民的从事行业分析(续)

表 3.17　各区县外出务工农民的从事行业分析描述统计量

年份	全距/万人	极小值/万人	极大值/万人	均值/万人	标准差/万人	变异系数
A_1	1.88	0.03	1.91	0.61	0.42	0.70
A_2	18.39	0.46	18.85	6.41	3.62	0.56
A_3	16.05	0.37	16.42	4.23	2.64	0.62
A_4	1.94	0.04	1.98	0.60	0.42	0.71
A_5	20.17	0.50	20.67	6.44	3.72	0.58
A_6	31.12	0.38	31.50	4.62	4.04	0.87
A_7	3.99	0.02	4.01	0.76	0.74	0.97
A_8	21.29	0.56	21.85	6.49	3.63	0.56
A_9	16.11	0.43	16.54	4.47	2.84	0.63

注：A_1 代表 2008 年外出务工农民从事第一产业人数，A_2 代表 2008 年外出务工农民从事第二产业人数，A_3 代表 2008 年外出务工农民从事第三产业人数，A_4 代表 2009 年外出务工农民从事第一产业人数，A_5 代表 2009 年外出务工农民从事第二产业人数，A_6 代表 2009 年外出务工农民从事第三产业人数，A_7 代表 2010 年外出务工农民从事第一产业人数，A_8 代表 2010 年外出务工农民从事第二产业人数，A_9 代表 2010 年外出务工农民从事第三产业人数

2. 各区县外出务工农民的社会保障分析

表 3.18～表 3.20 分别显示 2008～2010 年 77 个县区的外出劳动力中，2008 年与雇主签订劳动合同人数占外出从业人员人数比例、参加养老保险人数、参加医疗保险人数、参与失业保险人数、参加生育保险人数、参加工伤保险人数最大值分别在荆门市辖区、黄陂区、黄陂区、枣阳市、黄陂区、黄陂区，统计数据显示为 64%、19.88 万人、19.26 万人、1.76 万人、5.64 万人、8.54 万人，2008 年与雇主签订劳动合同人数占外出从业人员人数比例、参加养老保险人数、参加医疗保险人数、参与失业保险人数、参加生育保险人数、参加工伤保险人数最小值分别在阳新县、建始县、竹溪县、宣恩县、兴山县、竹溪县，统计数据分别显示为 2%、0.06 万人、0.09 万人、0.01 万人、0.01 万人、0.08 万人。2009 年与雇主签订劳动合同人数占外出从业人员人数比例、参加养老保险人数、参加医疗保险人数、参与失业保险人数、参加生育保险人数、参加工伤保险人数最大值分别为大悟县（70%）、应城市（7.04 万人）、监利县（20.59 万人）、黄陂区（2.97 万人）、蕲春县（0.97 万人）、新洲区（5.94 万人）。2009 年与雇主签订劳动合同人数占外出从业人员人数比例、参加养老保险人数、参加医疗保险人数、参与失业保险人数、参加生育保险人数、参加工伤保险人数最小值分别为阳新（0.02 万人）、黄石市辖区（0.12 万人）、阳新县（0.19 万人）、保康县等（0.01 万人）、保康县等（0.01 万人）、黄石市辖区（0.1 万人）。2010

年与雇主签订劳动合同人数占外出从业人员人数比例、参加养老保险人数、参加医疗保险人数、参与失业保险人数、参加生育保险人数、参加工伤保险人数最大值分别为赤壁市 79％、应城市 6.02 万人、黄陂区 19.82 万人、洪湖市 13.61 万人、宜昌市辖区 1.14 万人、新洲区 6.3 万人。2009 年与雇主签订劳动合同人数占外出从业人员人数比例、参加养老保险人数、参加医疗保险人数、参与失业保险人数、参加生育保险人数、参加工伤保险人数最小值分别为阳新县 2％、巴东县 0.17 万人、远安县 0.15 万人、兴山县 0.02 万人、黄石市辖区 0.07 万人。

表 3.18　2008 年各区县外出务工农民的社会保障分析描述统计量

年份	全距/万人	极小值/万人	极大值/万人	均值/万人	标准差/万人	变异系数
A_1	0.62	0.02	0.64	0.30	0.11	0.38
A_2	19.82	0.06	19.88	1.36	2.33	1.72
A_3	19.17	0.09	19.26	3.47	3.40	0.98
A_4	1.75	0.01	1.76	0.32	0.37	1.15
A_5	5.63	0.01	5.64	0.26	0.68	2.62
A_6	8.46	0.08	8.54	1.45	1.41	0.98

注：A_1 代表 2008 年与雇主签订劳动合同人数占外出从业人员人数比例，A_2 代表 2008 年参加养老保险人数，A_3 代表 2008 年参加医疗保险人数，A_4 代表 2008 年参与失业保险人数，A_5 代表 2008 年参加生育保险人数，A_6 代表 2008 年参加工伤保险人数。

表 3.19　2009 年各区县外出务工农民的社会保障分析描述统计量

年份	全距/万人	极小值/万人	极大值/万人	均值/万人	标准差/万人	变异系数
A_1	2.31	0.02	2.33	0.35	0.26	0.73
A_2	6.92	0.12	7.04	1.44	1.12	0.78
A_3	20.40	0.19	20.59	4.22	3.94	0.93
A_4	2.96	0.01	2.97	0.39	0.54	1.37
A_5	0.96	0.01	0.97	0.20	0.20	1.00
A_6	5.84	0.10	5.94	1.43	1.18	0.82

注：A_1 代表 2009 年与雇主签订劳动合同人数占外出从业人员人数比例，A_2 代表 2009 年参加养老保险人数，A_3 代表 2009 年参加医疗保险人数，A_4 代表 2009 年参与失业保险人数，A_5 代表 2009 年参加生育保险人数，A_6 代表 2009 年参加工伤保险人数。

表 3.20　2010 年各区县外出务工农民的社会保障分析描述统计量

年份	全距/万人	极小值/万人	极大值/万人	均值/万人	标准差/万人	变异系数
A_1	0.77	0.02	0.79	0.33	0.13	0.40
A_2	5.85	0.17	6.02	1.85	1.20	0.65

续表

年份	全距/万人	极小值/万人	极大值/万人	均值/万人	标准差/万人	变异系数
A_3	19.67	0.15	19.82	4.48	3.79	0.85
A_4	13.59	0.02	13.61	0.69	1.64	2.37
A_5	1.12	0.02	1.14	0.24	0.25	1.07
A_6	6.23	0.07	6.30	1.57	1.22	0.78

注：A_1 代表 2010 年与雇主签订劳动合同人数占外出从业人员人数比例代表，A_2 代表 2010 年参加养老保险人数，A_3 代表 2010 年参加医疗保险人数，A_4 代表 2010 年参与失业保险人数，A_5 代表 2010 年参加生育保险人数、A_6 代表 2010 年参加工伤保险人数。

第三节 不同圈各市县层经济联系与各市州农民外出务工状况的计量分析

通过第二节的分析，对湖北省外出务工农民工的整体状况有了认识，但由于每个市州中心城市的经济社会发展禀赋不相同，对本市州的农村剩余劳动力的吸纳能力必然存在差异。一般来说，与武汉都市圈经济联系越紧密的市州其吸纳本市州农村剩余劳动力的能力越强。基于以上假设，本节通过对不同圈层各市州经济联系与农民外出务工地点、工作时间、行业的相关分析及差异分析，大致掌握不同圈层经济联系与各市州农民外出务工的关联程度。

一、不同圈层各市州经济联系与农民外出务工状况的相关分析

（一）不同圈层各市州经济联系与农民外出务工工作地点的相关分析

本部分研究基于经济联系越强的市州，其省内外出务工劳动力人数就越多，省外外出务工劳动力人数就越少，经济联系量与省内外出务工劳动力人数呈正相关，经济联系量与省外外出务工劳动力人数呈负相关的假设。对经济联系量与外出务工地点做相关性分析。将各市州的对武汉市的经济联系量（R 值）设为数据组一，将省内县外外出务工人数设为数据组二，进行相关性分析，分析结果见表 3.21。

表 3.21 经济联系量与 2008～2010 年省内县外务工人数相关性分析统计量

项目	2008 年省内县外务工人数	2009 年省内县外务工人数	2010 年省内县外务工人数
皮尔逊相关系数	0.384	0.129	0.563*
Sig. 值	0.158	0.647	0.029

注：* 代表 0.05 水平显著，** 代表 0.01 水平显著。

相关性分析结果表明,经济联系量与省内县外务工人数相关系数 2008 年为 0.384,2009 年为 0.129,2010 年陡然上升到 0.563,结果说明经济联系量与省内县外务工人数呈正相关。

(二)不同圈层各市州经济联系与农民外出务工工作时间的相关分析

从表 3.22 中不难发现,首先,各市州经济联系量与 2010 年持续工作 1～3 个月及 3～6 个月人数相关分析得出的 Sig. 值分别为 0.029、0.036,均小于 0.05,说明各市州经济联系量与 2010 年持续工作 1～3 个月及 3～6 个月人数相关性显著;其次,2008～2010 年经济联系量与持续 6 个月以上人数的相关系数波动较大,相关系数从 2008 年的 0.3 下降到 2009 年的 −0.022,再上升到 2010 年的 0.386,这很可能与 2009 年金融危机中省内外经济状况低迷有关;最后,从 2010 年开始,各市州经济联系量与 2010 年持续工作 1～3 个月及 3～6 个月人数的相关性显著,这很可能来自两方面的推力:一是随着武汉城市圈的发展演化,其自身经济的发展及对经济辐射带动的作用开始凸显出来;二是金融危机对经济社会的发展,尤其对工业的负面影响逐渐消散。

表 3.22　各市州经济联系量与农民外出务工工作时间的相关分析统计量

项目	2008 年			2009 年			2010 年		
	1～3 个月	3～6 个月	6 月以上	1～3 个月	3～6 个月	6 个月以上	1～3 个月	3～6 个月	6 个月以上
皮尔逊相关系数	0.322	0.305	0.303	0.202	0.137	−0.020	0.564	0.544*	0.386
Sig. 值	0.242	0.269	0.272	0.47	0.625	0.938	0.029	0.036	0.155

注:* 代表 0.05 水平显著,** 代表 0.01 水平显著。

(三)不同圈层各市州经济联系与农民外出务工行业的相关分析

为便于观测分析指标的变化趋势,将 2008～2010 年各市州经济联系与农民外出务工行业的相关分析的结果进行汇总,得出表 3.23。

表 3.23　各市州经济联系与农民外出务工行业的相关分析统计量

项目	2008 年			2009 年			2010 年		
	第一产业	第二产业	第三产业	第一产业	第二产业	第三产业	第一产业	第二产业	第三产业
皮尔逊相关系数	0.001	0.183	0.053	−0.009	0.084	0.048	0.205	0.513	0.362
Sig. 值	0.999	0.515	0.850	0.974	0.766	0.865	0.464	0.051	0.185

注:* 代表 0.05 水平显著,** 代表 0.01 水平显著。

从表 3.26 中可以分析得出以下结论:首先,Sig. 值均大于 0.05,表明各市州经济联系与农民外出务工各行业人数相关性总体上不显著;其次,各市州经济联系与从事第二产业农民外出务工人数的相关系数先由 2008 年的 0.183 下降到 2009 年的 0.084,再上升到 2010 年的 0.513,这跟武汉城市圈的辐射效应的发挥及 2009 年省内外经济低迷有较大关系;最后,各市州经济联系与从事第三产业农民外出务工人数的相关系数从 2008 年的 0.053、2009 年的 0.048 大幅上升到 2010 年的 0.362,这与国家及湖北省加大经济结构调整步伐,努力改变长期以来主要依靠第二产业为主带动经济增长的局面,以第二产业、第三产业为主共同带动经济增长的发展规划有关。

二、不同圈层各区县农民外出务工状况的差异分析

(一)不同圈层各区县农民外出务工地点的方差分析

本部分研究基于经济联系强度越大的城市,就近吸纳外出务工劳动力的能力越强,该地区外出务工劳动力人数越多,外出务工劳动力省外就业的人口比例越小的假设。由于 2008～2010 年竞争腹地、边缘腹地均只有一个,分别为十堰市、恩施州,为保证差异分析结果的准确性,从紧密腹地和次紧密腹地各抽取 8 个典型县区,与十堰市、恩施州所管辖的县市组成分析样本,确保各组数据的均匀性。在竞争腹地区域中选取大冶市、阳新县、大悟县、云梦县、广水市、红安县、英山县、武穴市为样本,在次紧密腹地区域选取松滋市、公安县、兴山县、秭归县、南漳县、谷城县、沙洋县、京山县为样本。将样本区县的经济联系隶属度作为控制变量,并将省内县外外出务工人数设为观测变量,进行单因素方差分析,分析结果如表 3.24～表 3.26 所示。

表 3.24　2008 年经济联系隶属度与省内县外外出务工人数方差分析统计量

经济联系隶属度	平方和	自由度	均方	F 值	Sig. 值
组间	10.722	3	3.574	3.541	0.028
组内	27.252	27	1.009		
总和	37.974	30			

表 3.25　2009 年经济联系隶属度与省内县外外出务工人数方差分析统计量

经济联系隶属度	平方和	自由度	均方	F 值	Sig. 值
组间	97.666	3	32.555	2.860	0.055
组内	307.368	27	11.384		
总和	405.034	30			

表 3.26　2010 年经济联系隶属度与省内县外出务工人数方差分析统计量

经济联系隶属度	平方和	自由度	均方	F 值	Sig. 值
组间	14.755	3	4.918	3.149	0.041
组内	42.173	27	1.562		
总和	56.929	30			

2008 年经济联系隶属度与外出务工地点差异分析结果显示，Sig. 值为 0.028，小于 0.05，说明组别差异性显著，类似的结果也出现在 2010 年经济联系隶属度与外出务工地点差异分析中，其 Sig. 值为 0.041，说明组别差异性显著。这在一定程度上验证了本小节研究的假设：经济联系隶属度越紧密的城市，就近吸纳外出务工劳动力的能力越强，该地区外出务工劳动力省外就业的人口比例就越小。值得注意的是，2009 年经济联系隶属度与外出务工地点差异分析结果显示，Sig. 值为 0.055，稍大于 0.05，表明组别差异性不显著，这种结果可能跟 2009 年金融危机对湖北省经济发展的影响有关。首先，金融危机使湖北省外贸出口放缓，虽然湖北省是一个内生性经济很强的省份，对外依赖程度较低，但是金融危机对湖北省出口企业和部分产品也造成了严重影响。其次，传统工业受负面影响。受金融危机的影响，湖北省的钢铁、有色、建材、化工等行业纷纷减产甚至停产。这些行业的萧条又对其他相关行业的发展产生了不利影响。由于金融危机的冲击，湖北省内的一些外贸企业和汽车、化工、建筑等规模以上企业经营生产陷入困境，这直接导致这些企业大幅度裁员，而农民工将首当其冲受到伤害，不得不返乡（杨延昭，2009）。

（二）不同圈层各区县农民外出务工工作时间的方差分析

为便于观测分析指标的变化趋势，将 2008～2010 年不同圈层各区县农民外出务工工作时间的方差分析结果进行汇总，得出表 3.27。

表 3.27　不同圈层各区县与农民外出务工工作时间方差分析综合描述

方差分析	2008 年			2009 年			2010 年		
	1～3 个月	3～6 个月	6 月以上	1～3 个月	3～6 个月	6 月以上	1～3 个月	3～6 个月	6 月以上
Sig. 值	0.00500	0.02900	0.15900	0.00013	0.00100	0.13900	0.00025	0.00200	0.13700

从表 3.30 不同圈层各区县与农民外出务工工作时间方差分析综合描述中可看到：首先，不同圈层各区县与 1～3 个月人数方差分析、不同圈层各区县与 3～6 个月人数方差分析的 Sig. 值均小于 0.05，表明差异显著，经济隶属度越紧密的区县就近吸纳从事 1～6 个月工作的外出务工农民能力越强。其次，不同圈层各区县

与 6 个月以上人数方差分析 Sig. 值 2008～2010 年分别为 0.159、0.139、0.137,均大于 0.05,表明差异不显著,经济隶属度越大的区县就近吸纳从事 6 个月以上工作的外出务工农民能力并不强。

(三)不同圈层各区县农民外出务工行业的方差分析

为便于观测分析指标的变化趋势,将 2008～2010 年不同圈层各区县农民外出务工行业的方差分析结果进行汇总,得出表 3.28。

表 3.28　2008～2010 年不同圈层各区县与各行业农民外出务工人数的方差分析统计量

方差分析	2008 年			2009 年			2010 年		
	第一产业	第二产业	第三产业	第一产业	第二产业	第三产业	第一产业	第二产业	第三产业
Sig. 值	0.999	0.044	0.096	0.644	0.028	0.044	0.578	0.063	0.063

从表 3.31 中可以看出:首先,2008～2010 年不同圈层各区县与第一产业农民外出务工人数的方差分析结果的 Sig. 值分别为 0.999、0.644、0.578,均大于 0.05,说明不同圈层各区县对于第一产业农民外出务工人数没有显著差异。其次,2008～2010 年不同圈层各区县与第二产业农民外出务工人数的方差分析结果的 Sig. 值分别为 0.044、0.028、0.063,均小于 0.05,说明不同圈层各区县对于第二产业农民外出务工人数具有显著差异。这在一定程度上支持了本小节研究的假设,即各区县经济联系隶属度越精密,从事第二产业的农民外出务工人数就越多。最后,2008～2010 年不同圈层各区县对于第三产业农民外出务工人数的方差分析结果的 Sig. 值分别为 0.096、0.044、0.063。仅 2009 年不同圈层各区县与第三产业农民外出务工人数方差分析结果的 Sig. 值为 0.044,小于 0.05,说明 2009 年不同圈层各区县对于第三产业农民外出务工人数差异显著,这种结果很可能与 2009 年金融危机对省内外工业造成冲击,而跟旅游等相关服务业行业规模不断扩大、服务能力逐步提高有密切关系。

在空间作用理论与经济联系隶属度模型的基础上,据区域经济学对经济联系腹地空间划分标准,将湖北省各市州按照经济隶属度的大小划分为紧密腹地、次紧密腹地、竞争腹地、边缘腹地四个空间层次。2008 年属于紧密腹地的市为孝感市、黄石市、仙桃市、黄冈市、鄂州市;属于次紧密腹地的市为咸宁市、潜江市、天门市、荆州市、随州市、襄樊市、宜昌市、荆门市;属于竞争腹地的市为十堰市;属于边缘腹地的为恩施州。

2008～2010 年黄冈市外出劳动力总量均为最多,除鄂州市、潜江市、仙桃市、天门市几个县级市以外,黄石市外出劳动力总量也低于各年度的平均水平。武汉市、黄石市、十堰市、宜昌市、襄樊市、荆门市、孝感市、黄冈市 2009～2010 年外出劳动力总量均呈正向增长。2009 年、2010 年 21～49 岁外出劳动力数量均超过 40 万人的主要是黄冈市、孝感市、荆州市、襄樊市、恩施州、十堰市、武汉市七个市州。鄂州市、潜江市、仙桃市、天门市、黄石市这五个市 2009 年、2010 年 21～49 岁外出劳动力人数低于各年度的平均水平。2010 年初中以上外出劳动力人数相对较多的前三名分别为黄冈市、孝感市和荆州市。从 16 个市州 2008～2010 年外出劳动力文化程度状况的纵向变化来看,大部分地区外出劳动力中高中及以上文化程度总量呈正向增长。2010 年省外劳动力数量占总量比例低于 50% 的有武汉市、宜昌市、鄂州市。2010 年省外劳动力数量占总量比例高于 60% 的有黄石市、荆州市、襄樊市、荆门市、黄冈市、咸宁市、恩施州、天门市。较之 2008 年,2009 年和 2010 年持续工作 6 个月以上的外出劳动力数量有所下降;持续工作 3～6 个月的外出劳动力数量有所上升。可以看到,第二产业、第三产业集聚的转移劳动力数量占大多数。16 个市州 2008～2010 年外出劳动力三类产业数量差异性较大。

各市州经济联系量与 2010 年持续工作 1～3 个月及 3～6 个月人数相关性显著,经济联系量与持续 6 个月以上人数的相关性逐渐增强。各市州经济联系与农民外出务工各行业人数相关性总体上不显著,各市州经济联系与从事第三产业农民外出务工人数的相关性逐渐增大。经济联系隶属度越紧密的城市,就近吸纳外出务工劳动力的能力越强,该地区外出务工劳动力省外就业的人口比例就越小。不同圈层各区县与 1～3 个月人数、3～6 个月人数差异显著,经济隶属度越紧密的区县就近吸纳从事 1 个月至 6 个月工作的外出务工农民能力越强。经济隶属度越大的区县就近吸纳从事 6 个月以上工作的外出务工农民能力并不强。不同圈层各区县与第一产业农民外出务工人数并没有显著差异。不同圈层各区县与第二产业农民外出务工人数并具有显著差异。

第四章

湖北省外出务工农民技能培训需求的计量分析

通过第三章相关分析和方差分析，发现不同圈层各市州和各区县经济联系与农民外出务工所在地点人数、农民外出务工各类持续时间人数、农民外出务工所在行业人数存在或大或小的相关性和差异性。本章的研究主要基于以下假设：年龄在 21～49 岁外出务工人人数越多，培训需求越旺盛；从事第二和第三产业外出务工人数越多，培训需求越旺盛；省内县外及省外外出务工人数越多，培训需求越旺盛；外出务工农民受教育程度越低，培训需求越旺盛。在以上假设的基础上，粗略计算出外出务工农民技能培训需求，并对各市州及各区县的外出务工农民职业技能培训需求差异性的总体状况进行分析。在以上研究基础上，本章还进一步深入研究不同圈层各市州及各区县经济联系与外出务工农民培训需求是否存在相关性和差异性及存在多大的相关性和差异性，以便根据各市州及各区县不同的技能培训需求提出具有针对性的建议。

第一节　湖北省各市县外出务工农民培训需求差异性的总体分析

如前所述，各市州和区县外出务工农民培训需求存在差异，在深入研究不同圈层各市州和区县外出务工农民培训需求差异和供需匹配度之前，需要先了解不同圈层各市州和区县外出务工农民培训需求之间的总体差异。以下通过求 Z 分数的方法，从市州和区县两个层面对外出务工农民职业技能培训需求差异性的总体状况进行分析。

一、各市州外出务工农民职业技能培训需求差异性的总体状况分析

Z 分数(Z-score)也叫标准分数(stardard score),是一个分数与平均数的差再除以标准差的过程。用公式表示为 $Z=(x-\mu)/\sigma$,其中 x 为某一具体分数,μ 为平均数,σ 为标准差。

本节用 Z 分数来计量各市州转移就业农民的培训需求均衡发展的程度。其中转移就业农民的文化程度 Z 分数、转移就业农民的工作地点、转移就业农民的从事行业的计算公式分别如下所示:

转移就业农民的文化程度 Z 分数

＝转移就业农民的文化程度 Z 分数(总分数)

＝Z-score$(X_1)\times 0.4+Z$-score$(X_2)\times 0.3+Z$-score$(X_3)\times 0.3$

式中,X_1 为小学及以下人数,X_2 为初中人数,X_3 为表高中及以上人数。

转移就业农民的工作地点 Z 分数

＝转移就业农民的工作地点的 Z 分数(总分数)

＝Z-score$(X_1)\times 0.25+Z$-score$(X_2)\times 0.35+Z$-score$(X_3)\times 0.4$

式中,X_1 为县内乡外人数,X_2 为省内县外人数,X_3 为省外人数。

转移就业农民的从事行业 Z 分数

＝Z-score$(X_1)\times 0.3+Z$-score$(X_2)\times 0.35+Z$-score$(X_3)\times 0.35$

式中,X_1 为第一产业,X_2 为第二产业,X_3 为第三产业。

转移就业农民的年龄 Z 分数

＝转移就业农民的年龄的 Z 分数(总分数)

＝Z-score$(X_1)\times 0.4+Z$-score$(X_2)\times 0.5+Z$-score$(X_3)\times 0.1$

式中,X_1 为 20 岁及以下人数,X_2 为 21～49 岁人数,X_3 为 50 岁及以上人数。

表 4.1～表 4.3 的计算结果表明:从 2008 年培训需求差异的总体情况来看(见表 4.1 中 2008 年培训需求 Z 分数总计),2008 年培训需求处在总体平均水平之上由高到低依次为孝感市、荆州市、黄冈市、咸宁市、襄樊市、恩施州、武汉市、宜昌市、十堰市;2008 年培训需求处在总体平均水平之下的市州由高到低依次为随州市、荆门市、黄石市、天门市、仙桃市、潜江市、鄂州市。

从 2009 年培训需求差异的总体情况来看(见表 4.2 中 2009 年培训需求 Z 分数总计),2009 年培训需求处在总体平均水平之上的市州由高到低依次为咸宁市、孝感市、荆州市、襄樊市、恩施州、武汉市、十堰市、黄冈市、宜昌市;2009 年培训需求处在总体平均水平之下的市州由高到低依次为随州市、荆门市、黄石市、天门市、

仙桃市、潜江市、鄂州市。

从 2010 年培训需求差异的总体情况来看(见表 4.3 中 2010 年培训需求 Z 分数总计),2010 年培训需求处在总体平均水平之上的市州由高到低依次为咸宁市、孝感市、荆州市、襄樊市、恩施州、十堰市、黄冈市、武汉市、宜昌市、随州市;2010 年培训需求处在总体平均水平之下的市州由高到低依次为荆门市、黄石市、天门市、仙桃市、潜江市、鄂州市。

表 4.1 2008 年各市州农民职业技能培训需求均衡发展 Z 分数表

标准分数	Z_1	Z_1	Z_3	Z_4	Z_5
武汉市	−0.01	0.03	0.55	0.13	0.07
黄石市	−0.47	−0.52	−0.38	−0.47	−0.47
十堰市	0.18	0.22	−1.22	0.13	0.05
荆州市	1.21	1.16	0.91	1.25	1.17
宜昌市	0.01	0.04	0.34	0.14	0.06
襄樊市	0.72	0.54	0.47	0.64	0.63
鄂州市	−1.16	−1.10	−0.87	−1.18	−1.11
荆门市	−0.34	−0.39	−0.20	−0.39	−0.34
孝感市	1.49	1.33	1.52	1.24	1.42
黄冈市	2.33	−0.23	−0.12	−0.25	1.06
咸宁市	−0.28	2.39	2.10	2.28	1.02
随州市	−0.23	−0.28	−0.17	−0.10	−0.23
恩施州	0.49	0.58	0.33	0.55	0.51
仙桃市	−0.73	−0.69	−0.54	−0.83	−0.71
天门市	−0.68	−0.67	−0.64	−0.63	−0.66
潜江市	−1.01	−1.01	−0.82	−1.03	−1.00

注:由于 2008 年转移就业农民的年龄数据缺省,本表没有计算 2008 年转移就业农民的年龄 Z 分数。Z_5(2008 年培训需求 Z 分数总计)$=Z_1$(2008 年外出劳动力总量 Z 分数)$\times 0.5 + Z_1$(2008 年转移就业农民的文化程度)Z 分数 $\times 0.3 + Z_3$(2008 年转移就业农民的工作地点 Z 分数)$\times 0.1 + Z_4$(2008 年转移就业农民的从事行业 Z 分数)$\times 0.1$。

表 4.2 2009 年各市州农民职业技能培训需求均衡发展 Z 分数表

标准分数	Z_1	Z_2	Z_3	Z_4	Z_5	Z_6
武汉市	0.11	0.08	0.07	0.53	0.01	0.81
黄石市	−0.43	−0.35	−0.40	−0.46	−0.41	−0.99

标准分数	Z_1	Z_2	Z_3	Z_4	Z_5	Z_6
十堰市	0.22	0.40	0.18	0.16	0.22	0.77
荆州市	1.13	0.32	1.09	0.80	0.96	2.73
宜昌市	0.02	−0.30	−0.02	0.27	0.06	0.49
襄樊市	0.79	0.24	0.82	0.67	0.11	1.53
鄂州市	−1.15	−0.96	−1.12	−1.00	−0.98	−2.67
荆门市	−0.34	−0.28	−0.34	−0.32	−0.15	−0.54
孝感市	1.56	1.43	1.53	1.52	1.26	4.20
黄冈市	2.28	−0.19	−0.35	−0.37	−0.21	0.68
咸宁市	−0.32	2.46	2.33	2.03	2.16	4.95
随州市	−0.33	−0.20	−0.28	−0.34	−0.07	−0.44
恩施州	0.44	0.61	0.42	0.26	0.41	1.24
仙桃市	−0.78	−0.62	−0.77	−0.68	−0.66	−1.73
天门市	−0.67	−0.54	−0.69	−0.74	−0.62	−1.68
潜江市	−1.02	−0.82	−0.99	−0.93	−0.85	−2.35

注：Z_6（2009 年培训需求 Z 分数总计）＝Z_1（2009 年外出劳动力总量 Z 分数）×0.5＋Z_2（2009 年转移就业农民的文化程度 Z 分数）×0.15＋Z_3（2009 年转移就业农民的年龄 Z 分数）×1.5＋Z_4（2009 年转移就业农民的工作地点 Z 分数）×0.1＋Z_5（2009 年转移就业农民的从事行业 Z 分数）×0.1。

表 4.3　2010 年各市州农民职业技能培训需求均衡发展 Z 分数表

标准分数	Z_1	Z_2	Z_3	Z_4	Z_5	Z_6
武汉市	0.15	2.83	0.06	1.44	0.18	0.87
黄石市	−0.43	1.96	−0.39	−0.61	−0.58	−0.28
十堰市	0.22	5.07	0.22	0.16	0.20	1.28
荆州市	1.08	6.65	1.11	0.49	1.05	2.95
宜昌市	0.10	2.95	0.13	0.72	0.21	0.87
襄樊市	0.80	3.74	0.90	0.51	0.95	2.16
鄂州市	−1.15	−0.09	−1.20	−0.92	−1.16	−1.84
荆门市	−0.34	1.36	−0.27	−0.38	−0.25	−0.15
孝感市	1.51	6.92	1.53	1.70	1.29	3.78
黄冈市	2.28	2.24	−0.37	−0.37	−0.21	1.20

续表

标准分数	Z_1	Z_2	Z_3	Z_4	Z_5	Z_6
咸宁市	-0.23	11.64	2.17	1.82	2.18	4.35
随州市	-0.36	2.82	-0.25	-0.35	-0.18	0.09
恩施州	0.45	5.35	0.48	-0.08	0.47	1.70
仙桃市	-0.76	0.90	-0.75	-0.68	-0.77	-0.99
天门市	-0.68	1.12	-0.67	-0.90	-0.75	-0.86
潜江市	-1.16	0.34	-1.20	-1.11	-1.16	-1.80

注：Z_6（2009 年培训需求 Z 分数总计）＝Z_1（2009 年外出劳动力总量 Z 分数）×0.5＋Z_2（2009 年转移就业农民的文化程度 Z 分数）×0.15＋Z_3（2009 年转移就业农民的年龄 Z 分数）×1.5＋Z_4（2009 年转移就业农民的工作地点 Z 分数）×0.1＋Z_5（2009 年转移就业农民的从事行业 Z 分数）×0.1。

二、各区县外出务工农民职业技能培训需求差异性的总体状况分析

本节用 Z 分数来计量各区县转移就业农民的培训需求均衡发展的程度，选取的县区共 77 个。表 4.4 的计算结果表明：在 77 个县区中，2008 年培训需求处在总体平均水平之上的县区共 34 个，由高到低排在前十位的依次为监利县、曾都区、阳新县、麻城市、黄陂区、广水市、蕲春县、浠水县、松滋市、孝感市；2008 年培训需求处在总体平均水平之下的县区共 45 个，由高到低排在前十位的依次为通城县、利川市、京山县、石首市、襄樊市辖区、竹山县、长阳县、沙洋县、英山县、武汉市辖区。

表 4.4　2008 年各区县农民职业技能培训需求均衡发展 Z 分数表

标准分数	Z_1	Z_2	Z_3	Z_4	Z_5
武汉市辖区	-0.76	-0.57	5.27	-0.44	-0.07
蔡甸区	-0.89	-0.80	-0.44	-0.85	-0.81
江夏区	-0.31	-0.19	-0.51	0.05	-0.26
黄陂区	1.70	1.44	-0.15	1.87	1.46
新洲区	0.39	0.15	0.32	0.04	0.28
黄石市辖区	-1.66	-1.48	-1.09	-1.46	-1.53
大冶市	0.31	0.04	0.20	0.66	0.25
阳新县	2.34	1.68	1.26	1.50	1.95
十堰市辖区	-1.50	-1.32	-0.97	-1.33	-1.38

标准分数	Z_1	Z_2	Z_3	Z_4	Z_5
丹江口市	−0.80	−0.81	−0.54	−0.83	−0.78
郧县	0.34	0.03	0.18	0.24	0.22
郧西县	0.42	0.61	0.17	0.32	0.44
竹山县	−0.15	−0.01	−0.17	−0.17	−0.11
竹溪县	−0.87	−0.66	−0.62	−0.78	−0.77
房县	0.18	0.43	0.03	0.21	0.24
荆州市辖区	−0.37	−0.44	−0.30	−0.28	−0.38
江陵县	−0.92	−0.90	−0.64	−0.81	−0.88
松滋市	1.22	1.03	0.65	0.95	1.08
公安县	1.06	0.65	0.48	0.47	0.82
石首市	−0.14	−0.13	−0.19	−0.11	−0.14
监利县	2.88	3.10	1.67	2.81	2.82
洪湖市	0.06	0.06	−0.04	0.37	0.08
宜昌市辖区	−1.29	−1.17	−0.81	−1.07	−1.18
夷陵区	−0.44	−0.43	−0.25	0.05	−0.37
宜都市	−0.79	−0.67	−0.55	−0.46	−0.70
枝江市	−1.02	−0.97	−0.67	−0.91	−0.96
当阳市	−0.67	−0.65	−0.44	−0.62	−0.64
远安县	−1.15	−1.05	−0.37	−1.00	−1.03
兴山县	−1.44	−1.30	−1.05	−1.25	−1.34
秭归县	−0.50	−0.36	−0.32	−0.41	−0.43
长阳县	−0.21	0.04	−0.09	0.03	−0.10
五峰县	−1.30	−1.08	−0.85	−1.11	−1.17
襄樊市辖区	0.18	−0.32	−0.02	0.07	0.00
老河口市	−0.61	−0.66	−0.49	−0.64	−0.61
枣阳区	0.27	−0.02	0.09	0.29	0.17
枣阳市	0.77	0.45	0.35	0.26	0.58
宜城市	−0.58	−0.69	−0.45	−0.40	−0.58
南漳县	−0.39	−0.38	−0.35	0.02	−0.34

标准分数	Z_1	Z_2	Z_3	Z_4	Z_5
谷城县	0.17	0.54	0.02	0.03	0.25
保康县	−0.76	−0.48	−0.58	−0.82	−0.66
荆门市辖区	−0.98	−0.85	−0.63	−0.84	−0.89
沙洋县	−0.07	−0.13	−0.04	−0.12	−0.09
钟祥市	1.05	0.72	0.58	0.82	0.88
京山县	−0.02	−0.18	−0.09	−0.14	−0.09
孝感市辖区	1.02	0.81	0.59	0.51	0.87
孝昌县	1.10	0.79	0.65	1.09	0.96
大悟县	0.29	0.22	0.17	−0.18	0.21
安陆市	0.50	0.48	0.30	0.25	0.45
云梦县	0.87	0.61	0.31	0.44	0.69
应城市	0.45	0.42	0.24	0.32	0.41
汉川市	1.21	1.09	0.90	1.22	1.14
增都区	2.51	2.04	1.55	2.34	2.25
广水市	1.69	1.66	0.98	1.20	1.56
黄冈市辖区	−1.16	−0.99	−0.75	−0.95	−1.05
团风县	−0.59	−0.41	−0.33	−0.44	−0.49
红安县	0.33	0.55	0.13	0.01	0.34
麻城市	1.81	1.55	1.06	1.35	1.61
罗田县	0.48	0.62	0.22	0.48	0.50
英山县	−0.18	−0.04	−0.18	−0.28	−0.15
浠水县	1.42	1.33	0.78	1.19	1.31
蕲春县	1.78	1.83	1.01	2.01	1.74
武穴市	0.20	0.31	0.05	0.11	0.21
黄梅县	0.91	0.71	0.54	0.63	0.79
咸安区	−0.69	−0.58	−0.50	−0.70	−0.64
嘉鱼县	−0.86	−0.83	−0.58	−0.76	−0.81
赤壁市	−0.57	−0.46	−0.39	−0.28	−0.49

标准分数	Z_1	Z_2	Z_3	Z_4	Z_5
通城县	−0.27	−0.26	−0.25	−0.22	−0.26
崇阳县	−0.56	−0.50	−0.38	−0.21	−0.49
通山县	−0.34	−0.33	−0.30	0.04	−0.29
恩施州	0.02	0.12	−0.07	−0.07	0.03
利川市	−0.02	0.12	−0.06	1.23	0.14
建始县	−0.49	−0.47	−0.33	−0.17	−0.44
巴东县	1.10	1.15	0.53	−0.49	0.90
宣恩县	−0.71	−0.48	−0.56	−0.56	−0.61
咸丰县	−0.49	−0.47	−0.42	−0.50	−0.48
来凤县	−0.52	−0.19	−0.46	−0.18	−0.38
鹤峰县	−1.21	−1.10	−0.82	−1.06	−1.12

注：由于 2008 年转移就业农民的年龄数据缺省，本表没有计算 2008 年转移就业农民的年龄 Z 分数。Z_5（2008 年培训需求 Z 分数总计）＝Z_1（2008 年外出劳动力总量 Z 分数）×0.5＋Z_1（2008 年转移就业农民的文化程度）Z 分数×0.3＋Z_3（2008 年转移就业农民的工作地点 Z 分数）×0.1＋Z_4（2008 年转移就业农民的从事行业 Z 分数）×0.1。

从 2009 年培训需求差异的总体情况来看（见表 4.5 中 2009 年培训需求 Z 分数总计），在 77 个县区中，2009 年培训需求处在总体平均水平之上的县区共 37 个，由高到低排在前十位的依次为麻城市、监利县、阳新县、广水市、浠水县、蕲春县、黄陂区、新洲区、孝感市辖区、应城市；2009 年培训需求处在总体平均水平之下的县区共 42 个，由高到低排在前十位的依次为竹山县、宜城市、崇阳县、江夏区、恩施州、五峰县、英山县、荆州市辖区、通山县、咸丰县。

表 4.5 **2009 年各区县农民职业技能培训需求均衡发展 Z 分数表**

标准分数	Z_1	Z_2	Z_3	Z_4	Z_5	Z_6
武汉市辖区	−1.00	−0.77	−1.04	−0.78	−0.86	−0.94
蔡甸区	−0.90	−0.72	−0.86	−0.74	−0.79	−0.84
江夏区	−0.15	−0.09	−0.18	0.03	0.25	−0.09
黄陂区	2.21	1.04	2.01	1.10	0.88	1.76
新洲区	0.84	0.49	0.70	0.71	0.30	0.70
黄石市辖区	−1.62	−1.32	−1.31	−1.41	−1.27	−1.47

标准分数	Z_1	Z_2	Z_3	Z_4	Z_5	Z_6
大冶市	0.37	0.23	0.42	0.30	0.27	0.34
阳新县	2.58	1.47	2.51	1.57	1.45	2.19
十堰市辖区	−1.46	−1.20	−1.46	−1.29	−1.20	−1.38
丹江口市	−0.68	−0.65	−0.72	−0.65	−0.71	−0.68
郧县	0.41	0.18	0.37	0.18	0.48	0.35
郧西县	0.55	0.43	0.34	0.52	0.38	0.48
竹山县	−0.15	−0.38	−0.25	−0.40	−0.16	−0.22
竹溪县	−0.75	−0.34	−0.77	−0.54	−0.78	−0.67
房县	0.26	2.44	0.23	1.50	0.11	0.69
荆州市辖区	−0.35	−0.38	−0.46	−0.31	0.06	−0.33
江陵县	−0.89	−0.50	−0.79	−0.63	−0.71	−0.77
松滋市	1.10	0.75	0.93	0.92	0.68	0.96
公安县	0.56	0.45	0.84	0.59	0.33	0.57
石首市	−0.05	0.51	−0.03	0.30	0.00	0.07
监利县	2.72	1.67	2.64	2.04	1.81	2.39
洪湖市	0.24	1.10	0.15	0.68	−0.09	0.37
宜昌市辖区	−1.26	−0.29	−1.28	−0.96	−1.04	−1.07
夷陵区	−0.47	−0.29	−0.48	−0.24	−0.45	−0.42
宜都市	−0.64	−0.73	−0.69	−0.69	−0.35	−0.64
枝江市	−0.87	−0.71	−0.90	−0.68	−0.77	−0.82
当阳市	−0.79	−0.73	−0.83	−0.72	−0.73	−0.77
远安县	−1.04	−0.93	−1.05	−0.94	−0.78	−0.99
兴山县	−1.40	−0.96	−1.38	−1.10	−0.78	−1.24
秭归县	−0.46	−0.25	−0.55	−0.30	−0.48	−0.43
长阳县	−0.17	−0.37	−0.22	−0.29	0.19	−0.18
五峰县	−1.29	0.38	−1.28	−0.25	−1.03	−0.91
襄樊市辖区	0.01	−0.17	0.01	−0.06	2.25	0.20
老河口市	−0.51	−0.50	−0.45	−0.48	−0.35	−0.48
枣阳区	1.10	0.82	1.01	1.10	0.15	0.95

续表

标准分数	Z_1	Z_2	Z_3	Z_4	Z_5	Z_6
枣阳市	0.80	0.50	0.86	0.74	0.50	0.73
宜城市	−0.49	−0.58	−0.45	−0.56	−0.30	−0.48
南漳县	−0.20	−0.22	−0.18	−0.13	−0.16	−0.19
谷城县	−0.13	−0.21	−0.15	−0.17	−0.09	−0.15
保康县	−0.73	−0.59	−0.76	−0.59	−0.65	−0.69
荆门市辖区	−0.95	−0.73	−0.98	−0.68	−0.80	−0.88
沙洋县	−0.05	−0.13	0.01	−0.03	−0.15	−0.06
钟祥市	1.03	0.74	0.96	1.01	1.39	1.01
京山县	0.02	−0.09	−0.08	0.03	−0.15	−0.03
孝感市辖区	0.95	0.50	0.74	0.53	0.32	0.75
孝昌县	1.27	0.61	1.16	0.71	0.80	1.05
大悟县	0.58	0.41	0.66	0.62	0.39	0.55
安陆市	0.52	0.23	0.56	0.30	0.24	0.43
云梦县	0.98	0.45	0.83	0.41	0.48	0.77
应城市	0.61	0.40	0.60	0.49	0.40	0.54
汉川市	1.37	1.06	1.36	1.26	1.15	1.29
增都区	−0.45	−0.42	−0.52	−0.34	−0.13	−0.41
广水市	1.88	1.38	1.71	1.44	1.03	1.65
黄冈市辖区	−1.14	−0.97	−1.14	−1.06	−0.81	−1.07
团风县	−0.49	−0.46	−0.59	−0.46	−0.14	−0.46
红安县	0.07	0.18	0.50	0.35	−0.19	0.15
麻城市	1.95	1.50	2.11	1.49	1.44	1.81
罗田县	0.52	0.43	0.48	0.47	1.20	0.56
英山县	−0.15	−0.08	−0.20	−0.01	−0.05	−0.12
浠水县	1.63	1.20	1.87	1.36	1.10	1.52
蕲春县	1.69	1.37	1.55	1.48	1.31	1.56
武穴市	0.25	0.12	0.13	0.13	−0.06	0.17
黄梅县	0.96	0.73	0.74	0.81	1.12	0.89
咸安区	−0.78	−0.70	−0.76	−0.74	−0.43	−0.72

标准分数	Z_1	Z_2	Z_3	Z_4	Z_5	Z_6
嘉鱼县	−0.89	−0.81	−0.83	−0.84	−0.74	−0.85
赤壁市	−0.60	−0.52	−0.47	−0.52	0.01	−0.50
通城县	−0.29	−0.34	−0.26	−0.35	−0.26	−0.29
崇阳县	−0.43	−0.36	−0.50	−0.35	−0.22	−0.40
通山县	−0.38	−0.45	−0.36	−0.53	−0.46	−0.41
恩施州	−0.11	−0.20	−0.14	−0.24	0.07	−0.12
利川市	1.00	0.81	1.03	0.88	−0.55	0.81
建始县	−0.04	−0.10	−0.05	−0.10	0.91	0.04
巴东县	−0.53	−0.53	−0.55	−0.57	−0.10	−0.49
宣恩县	−1.66	−0.62	−0.74	−0.76	−0.58	−1.17
咸丰县	−0.26	−0.36	−0.31	−0.38	−0.25	−0.29
来凤县	−0.50	−0.43	−0.55	−0.59	−0.52	−0.51
鹤峰县	−1.16	−1.00	−1.20	−1.07	−0.97	−1.12

注：Z_6(2009 年培训需求 Z 分数总计)＝Z_1(2009 年外出劳动力总量 Z 分数)×0.5＋Z_2(2009 年转移就业农民的文化程度 Z 分数)×0.15＋Z_3(2009 年转移就业农民的年龄 Z 分数)×1.5＋Z_4(2009 转移就业农民的工作地点 Z 分数)×0.1＋Z_5(2009 转移就业农民的从事行业 Z 分数)×0.1。

从 2010 年培训需求差异的总体情况来看(见表 4.6 中 2010 年培训需求 Z 分数总计)，在 77 个县区中，2010 年培训需求处在总体平均水平之上的县区共 33 个，由高到低排在前十位的依次为监利县、阳新县、浠水县、麻城市、黄陂区、蕲春县、广水市、安陆市、应城市、利川市；2010 年培训需求处在总体平均水平之下的县区共 46 个，由高到低排在前十位的依次为襄樊市辖区、房县、谷城县、沙洋县、大冶市、石首市、汉川市、崇阳县、南漳县、英山县。

在 77 个县区中，2008～2010 年连续三年培训需求均排在前十位的县市有监利县、阳新县、浠水县、蕲春县、黄陂区、广水市。

表 4.6 2010 年各区县农民职业技能培训需求均衡发展 Z 分数表

标准分数	Z_1	Z_2	Z_3	Z_4	Z_5	Z_6
武汉市辖区	−0.88	−0.66	−0.84	−0.26	−0.73	−0.76
蔡甸区	−0.97	−0.83	−0.87	−0.60	−0.81	−0.88
江夏区	−0.32	−0.21	0.41	0.07	0.54	−0.07

续表

标准分数	Z_1	Z_2	Z_3	Z_4	Z_5	Z_6
黄陂区	2.46	0.95	2.09	2.11	1.53	2.05
新洲区	0.94	0.59	0.73	0.93	0.48	0.81
黄石市辖区	−1.68	−1.51	−1.54	−1.28	−1.29	−1.55
大冶市	0.26	0.15	0.29	0.39	0.18	0.25
阳新县	2.67	1.99	2.43	1.66	1.58	2.32
十堰市辖区	−1.53	−1.36	−1.42	−1.07	−1.19	−1.41
丹江口市	−0.86	−0.83	−0.82	−0.60	−0.78	−0.82
郧县	0.45	0.45	0.32	0.45	0.06	0.39
郧西县	0.48	0.39	0.19	0.22	0.39	0.39
竹山县	−0.09	0.15	−0.15	−0.12	0.48	−0.01
竹溪县	−0.77	−0.55	−0.73	−0.71	−0.70	−0.72
房县	0.22	0.48	0.15	0.04	0.01	0.21
荆州市辖区	−0.44	−0.52	−0.47	−0.28	−0.36	−0.43
江陵县	−0.97	−0.87	−0.84	−0.81	−0.79	−0.90
松滋市	1.13	0.93	0.95	0.74	0.74	1.00
公安县	0.50	0.62	0.60	0.26	0.27	0.49
石首市	−0.03	0.06	−0.04	−0.04	−0.05	−0.02
监利县	2.82	2.94	2.66	1.81	1.78	2.61
洪湖市	0.33	0.40	0.26	0.10	0.14	0.29
宜昌市辖区	−1.20	−1.07	−1.13	−0.70	−0.96	−1.09
夷陵区	−0.51	−0.32	−0.47	−0.10	−0.40	−0.42
宜都市	−0.43	−0.45	−0.48	−0.17	−0.19	−0.39
枝江市	−0.95	−0.95	−0.90	−0.68	−0.78	−0.90
当阳市	−0.69	−0.73	−0.67	−0.43	−0.38	−0.64
远安县	−1.10	−1.03	−1.03	−0.80	−0.83	−1.02
兴山县	−1.50	−1.38	−1.36	−1.15	−0.91	−1.37
秭归县	−0.56	−0.50	−0.58	−0.29	−0.51	−0.52
长阳县	−0.14	0.07	−0.18	0.12	0.34	−0.04
五峰县	−1.35	−1.17	−1.23	−1.05	−1.06	−1.25
襄樊市辖区	0.10	−0.13	0.04	0.53	0.02	0.09
老河口市	−0.59	−0.64	−0.49	−0.62	−0.59	−0.59

续表

标准分数	Z_1	Z_2	Z_3	Z_4	Z_5	Z_6
枣阳区	1.09	0.73	0.97	0.81	1.75	1.06
枣阳市	0.77	0.43	0.78	0.49	0.32	0.65
宜城市	−0.44	−0.54	−0.39	−0.30	−0.33	−0.42
南漳县	−0.17	−0.18	−0.18	−0.29	−0.07	−0.18
谷城县	−0.01	−0.09	−0.11	−0.15	−0.07	−0.06
保康县	−1.00	−0.85	−0.95	−0.84	−0.80	−0.94
荆门市辖区	−0.99	−0.86	−0.91	−0.71	−0.82	−0.91
沙洋县	−0.12	−0.14	−0.20	−0.13	0.01	−0.12
钟祥市	1.02	0.81	0.94	0.74	1.05	0.95
京山县	0.05	−0.02	−0.09	−0.08	−0.04	0.00
孝感市辖区	0.85	0.73	0.60	0.68	0.45	0.74
孝昌县	0.98	0.40	0.90	0.72	1.01	0.86
大悟县	0.71	0.48	1.10	0.69	0.55	0.71
安陆市	0.52	0.59	0.48	0.39	0.20	0.48
云梦县	0.98	0.82	0.76	0.55	0.55	0.84
应城市	1.30	0.74	0.60	0.68	0.54	0.97
汉川市	−0.43	1.19	0.99	1.25	0.80	0.32
增都区	0.81	−0.40	−0.45	−0.34	−0.22	0.22
广水市	1.30	1.39	1.20	1.09	1.29	1.28
黄冈市辖区	−1.11	−0.94	−1.05	−0.76	−0.86	−1.02
团风县	−0.53	−0.42	−0.56	−0.36	−0.38	−0.49
红安县	0.21	0.68	0.68	0.60	0.14	0.38
麻城市	1.98	2.15	1.94	1.40	1.40	1.88
罗田县	0.42	0.60	0.36	0.28	0.36	0.42
英山县	−0.31	−0.16	−0.31	−0.36	−0.26	−0.29
浠水县	1.62	1.54	1.70	1.11	1.33	1.54
蕲春县	1.66	1.77	1.43	1.08	1.18	1.54
武穴市	0.81	0.53	0.50	0.36	0.40	0.64
黄梅县	0.58	0.73	0.42	0.47	0.55	0.57
咸安区	−0.76	−0.63	−0.62	−0.61	−0.56	−0.69
嘉鱼县	−0.90	−0.86	−0.82	−0.69	−0.71	−0.84

标准分数	Z_1	Z_2	Z_3	Z_4	Z_5	Z_6
赤壁市	-0.33	-0.31	-0.28	-0.27	-0.11	-0.29
通城县	-0.33	-0.31	-0.25	-0.31	-0.33	-0.31
崇阳县	-0.32	-0.19	-0.32	-0.21	-0.11	-0.27
通山县	-0.43	-0.37	-0.39	-0.41	-0.46	-0.42
恩施州	-0.13	0.00	-0.14	-0.11	-0.20	-0.12
利川市	1.18	1.17	1.16	0.65	-0.54	0.95
建始县	-0.23	-0.44	-0.21	-0.24	1.11	-0.13
巴东县	-0.58	-0.48	-0.55	-0.47	-0.28	-0.52
宣恩县	-0.71	-0.50	-0.69	-0.71	-0.41	-0.65
咸丰县	-0.33	-0.37	-0.34	-0.38	0.11	-0.30
来凤县	-0.48	-0.20	-0.48	-0.56	-0.39	-0.44
鹤峰县	-1.20	-1.07	-1.13	-0.96	-1.00	-1.12

注：Z_6(2009 年培训需求 Z 分数总计)＝Z_1(2009 年外出劳动力总量 Z 分数)×0.5＋Z_2(2009 年转移就业农民的文化程度 Z 分数)×0.15＋Z_3(2009 年转移就业农民的年龄 Z 分数)×1.5＋Z_4(2009 年转移就业农民的工作地点 Z 分数)×0.1＋Z_5(2009 年转移就业农民的从事行业 Z 分数)×0.1。

第二节　不同圈层各市县外出务工农民培训需求的计量分析

以上采用加权 Z 分数评价法对各市州和各市县外出务工农民培训需求差异的总体状况进行分析，优点在于可将分析的结果量化到每一个市州和区县，但由于总的 Z 分数通过赋予权重后相加获得，其结果的准确性必然受到影响，同时也难以从经济圈层的角度了解各市县外出务工农民培训需求的差异，因此，本节运用 SPSS 软件对不同圈层各市县外出务工农民培训需求进行差异分析，从城市圈视阈去分析各市县外出务工农民培训需求差异。

一、不同圈层各市州经济联系与外出务工农民培训需求的相关分析

基于经济联系量越大的市州，就近吸纳转移就业劳动力的能力越强，该地区对

转移就业劳动力职业技能培训需求越大,两者呈正相关的假设,将 15 个市州按武汉市对外经济联系量腹地空间划分为紧密腹地、次紧密腹地、竞争腹地、边缘腹地四组,并作为控制变量,将各市州转移就业劳动力职业技能培训需求 Z 分数作为观测变量,进行相关性分析,分析结果如表 4.7 所示。

表 4.7　不同圈层各市州经济联系量与外出务工农民培训需求的相关分析结果

项目	2008 年经济联系量与培训需求	2009 年经济联系量与培训需求	2010 年经济联系量与培训需求
皮尔逊相关系数	0.066	0.088	0.387
Sig. 值	0.815	0.755	0.155

不同圈层各市州经济联系量与外出务工农民培训需求的相关分析结果显示,2008～2010 年相关系数分别为 0.066,0.088,0.387,2008～2010 年相关分析得出的 Sig. 值分别为 0.815,0.755,0.155,均大于 0.05,尽管从总体上来看,2008～2010 年不同圈层各市州经济联系量与外出务工农民培训需求相关并不显著,尤其是 2008 年与 2009 年相关系数仅为 0.066,0.088,但 2008～2010 年不同圈层各市州经济联系量与外出务工农民培训需求相关性仍呈逐渐上升的趋势,而且 2010 年不同圈层各市州经济联系量与外出务工农民培训需求相关系数大幅增加到 0.387。这主要得益于武汉城市圈一体化建设加快,其自身经济快速发展的同时,经济的辐射和带动的作用也开始凸现。

二、不同圈层各区县经济联系与外出务工农民培训需求的相关分析

同样基于经济联系隶属度越大的区县,就近吸纳转移就业劳动力的能力越强,该地区对转移就业劳动力职业技能培训需求越大,两者呈正相关的假设,将不同圈层各区县按经济联系隶属度分为紧密腹地、次紧密腹地、竞争腹地、边缘腹地区域,并以此作为控制变量,将转移就业劳动力职业技能培训需求 Z 分数作为观测变量,进行相关性分析,分析结果如表 4.8 所示。

表 4.8　经济联系隶属度与培训需求 Z 分数的相关分析结果

项目	2008 年经济联系紧密程度与培训需求	2009 年经济联系紧密程度与培训需求	2010 年经济联系紧密程度与培训需求
皮尔逊相关系数	0.336**	0.278*	0.336**
Sig. 值	0.004	0.018	0.004

注:* 代表 0.05 水平显著,** 代表 0.01 水平显著。

从以上经济联系隶属度与培训需求 Z 分数相关性分析描述中可以看到,2008

年经济联系紧密程度与培训需求相关分析结果显示皮尔逊相关系数为 0.336，Sig. 值为 0.004，小于 0.01，2009 年经济联系紧密程度与培训需求相关分析结果显示皮尔逊相关系数为 0.278，Sig. 值为 0.018，小于 0.01，表现出 2009 年经济联系紧密程度与培训需求相关性显著相关，2010 年经济联系紧密程度与培训需求相关分析结果显示皮尔逊相关系数为 0.336，Sig. 值为 0.004，小于 0.01，说明 2008 年、2009 年、2010 年经济联系紧密程度与培训需求表现出很显著的相关性，支持了本节的假设，即地区经济联系紧密度越大，其培训需求越旺盛。2008 年、2010 年经济联系紧密程度与培训需求相关性比 2009 年显著，这种结果与 2009 年金融危机影响下国内及省内经济陷入低迷有关。

三、不同圈层各区县外出务工农民培训需求的方差分析

基于经济联系强度越大的城市，就近吸纳转移就业劳动力的能力越强，该地区对转移就业劳动力职业技能培训需求越大的假设，在对经济联系隶属度进行分类的基础上，将 15 个市州划分为紧密腹地、次紧密腹地、竞争腹地、边缘腹地四组，并作为控制变量。由于竞争腹地、边缘腹地均只有一个地市，分别为十堰市、恩施州，为保证差异分析结果的准确性，本小节拟从紧密腹地和次紧密腹地各抽取 8 个典型县区，与十堰市、恩施州所管辖的县市组成样本数量，确保各组数据的均匀性。在竞争腹地区域中选取大冶市、阳新县、大悟县、云梦县、广水市、红安县、英山县、武穴市为样本县，在次紧密腹地区域选取松滋市、公安县、兴山县、秭归县、南漳县、谷城县、沙洋县、京山县为样本县。并将转移就业劳动力职业技能培训需求 Z 分数作为观测变量，进行单因素方差分析分析，分析结果如表 4.9 所示。

表 4.9 各区县经济联系隶属度与培训需求 Z 分数差异分析综合描述

项目	2008 年经济联系紧密程度与培训需求	2009 年经济联系紧密程度与培训需求	2010 年经济联系紧密程度与培训需求
Sig. 值	0.050	0.029	0.016

从各区县经济联系隶属度与培训需求 Z 分数差异分析综合描述中可以看到，2008～2010 年经济联系紧密程度与培训需求差异分析结果 Sig. 值依次为 0.050、0.029、0.016，均等于或小于 0.05，说明 2008～2010 年各区县经济联系隶属度与培训需求 Z 分数差异显著，支持了本研究的假设，即地区经济联系紧密度越大，其培训需求越旺盛。

第三节　不同圈层外出务工农民培训
需求差异的深度分析

对各市县外出务工农民培训需求差异性进行总体分析后发现,2008 年、2009 年、2010 年培训需求在各市州中均处于平均水平之上的有孝感市、荆州市、黄冈市、咸宁市、襄樊市、宜昌市、十堰市、恩施州。培训需求均处于平均水平之下的有荆门市、黄石市、天门市、仙桃市、潜江市、鄂州市。在 77 个县区中,2008～2010 年连续三年培训需求均排在前十位的县市有监利县、阳新县、浠水县、蕲春县、黄陂区、广水市,这与经济联系紧密度有较强关联,下面从各市州的经济联系紧密度的角度剖析上述研究发现。

一、紧密腹地区域培训需求分析

2010 年按经济联系隶属度划分,属于紧密腹地的地区有孝感市、黄石市、黄冈市、咸宁市。四个地区的中心城市均属于武汉"1+8"城市圈范围城市(指以武汉为圆心,包括黄石市、鄂州市、黄冈市、孝感市、咸宁市、仙桃市、天门市、潜江市周边 8 个城市所组成的城市圈)。武汉城市圈拥有良好的自然条件、相对较好的资源条件、优越的交通通信区位、比较雄厚的产业基础、智力密集的科教和人才资源五大优势。在湖北省中部崛起的经济发展战略中,武汉城市圈在发挥着经济辐射和带动作用的同时,也具有很大的人口流、物流、信息流、资金流、技术流等经济社会要素流聚集功能,其吸纳转移就业劳动力的能力随着城市化和工业化步伐加快、自身发展阶段的不断演化而逐渐增强。抓住内需拉动与东部产业梯度转移,统筹区域发展与促进中部崛起的宏观政策,湖北省建设武汉城市圈战略决策与政策倾斜,三峡工程、南水北调中线工程等重大基础设施建设等大发展机遇,是武汉城市圈城市面临的主要任务。

孝感市 2010 年全市实现地区生产总值 800.67 亿元,2011 年全市实现地区生产总值 958.16 亿元,按可比价计算,比上年增长 14.1%,虽然其经济仍处于工业化初级阶段,但经济发展迅速。其优势是紧邻经济圈核心城市武汉市,近年来,积极承接武汉市纺织服装企业外迁、建设面向武汉的包装配套基地,建设武汉汽车产业的零配件生产基地,其作为武汉市产品协作基地和科技成果应用基地能得到不断快速发展的动力。此外,孝感矿产资源丰富,是化工原料与建筑材料生产的理想位置。孝感经济发展中存在的问题主要表现在:经济总量仍然偏小,工业支撑作用还不够强,经济发展质量有待进一步提高。2010 年以后,孝感市转移就业劳动力职业技能培训需求将主要体现在汽车零配件、纺织、包装、原材料加工等方面。

黄石市 2010 年全市生产总值达到 690.12 亿元,同比增长 15.7%,经济增长速度十分显著。黄石市境内矿产资源非常丰富,已探明矿产 4 大类 78 种,具有品种齐全、矿产集中、易采易选、共生矿产可综合开发利用等特点。因此,黄石经济发展的特点在于:属于老工业基地,轻重工业兼备、以重工业为主,冶金、机械、化工、建材等传统产业规模较大。2010 年后,黄石市转移就业劳动力职业技能培训需求将主要体现在冶金、机械、化工、建材产业等方面。

黄冈市 2009 年全市完成生产总值 700.3 亿元,2010 年全市生产总值达到862.30 亿元,同比增长 23.13%,经济发展速度惊人。黄冈市五大支柱产业为食品饮料、纺织服装、医药化工、建筑建材、机械电子。2009 年后,黄冈市转移就业劳动力职业技能培训需求将主要体现在食品饮料、纺织服装、医药化工、建筑建材、机械电子产业。

咸宁市 2011 年全市地区生产总值 652.10 亿元,按可比价计算,比上年增长15.8%。产业结构由 2010 年的 19.44:5.7:34.9 发展到 2011 年的 18.2:47.4:34.4,工业化进程进一步加快,从产业结构中不难看到,咸宁市第三产业在产业结构中所占比例较大,这源于咸宁的生态优势相当突出,促使咸宁的旅游业、房地产业和观光农业快速发展。咸宁市大兴"工业兴市"战略,着力发展新型工业产业,加快工业结构优化升级,工业生产水平快速聚集,积极培育生物医药、现代装备制造、新能源、新材料等新兴产业。今后,咸宁市转移就业劳动力职业技能培训需求将主要体现在第三产业服务、新型工业产业等方面。

二、次紧密腹地区域培训需求分析

2010 年按经济联系隶属度划分,属于次紧密腹地的地区有鄂州市、仙桃市、荆州市、襄樊市、随州市、潜江市、荆门市、宜昌市、天门市。

鄂州市 2011 年实现生产总值 490.89 亿元,按可比价格计算,比上年增长16.0%,鄂州市紧邻大型城市武汉,属于武汉"1+8"城市圈范围城市,且本身具有优越的条件和扎实的基础,属于老工业基地,同时也是武汉的加工园,鄂州作为城市圈沿江复合走廊的大城市,以冶金、装备制造、建材、医药、能源作为五大支柱产业,旅游业、高新技术产业发展步伐也不断加快。2009 年后,鄂州市转移就业劳动力职业技能培训需求将主要体现在冶金、装备制造、建材、医药、能源、高新技术产业等方面。

国民经济和社会发展统计分析显示,荆州市 2010 年全市生产总值 837.10 亿元,按可比价格计算比上年增长 13.2%。全市工业化程度继续提高,三次产业内部结构不断优化,第二、第三产业继续成为全市经济增长的主要力量。其中,第一产业完成增加值 231.07 亿元,增长 4.3%;第二产业完成增加值 325.33 亿元,增长 21.3%;第三产业完成增加值 280.70 亿元,增长 10.6%。三次产业结构为 27.6∶38.9∶33.5。荆州市经济发展特点是:轻工业增长快于重工业。2010 年轻工业完成增加值 118.9 亿元,比上年增长 31.2%;重工业完成增加值 145.6 亿元,增长 18.3%。荆州市经济发展的劣势在于:第一工业经济发展基础薄弱,总量偏低,支撑作用不强,制约了全市的发展速度;第二能源、资金等要素紧张制约经济增长。2010 年后,荆州市转移就业劳动力职业技能培训需求将主要体现在饮料、纺织、化工、塑料制品业等轻工业方面。

襄樊市 2010 年全市实现地区生产总值 1538.3 亿元,比上年增长 16.2%。分产业看,第一产业增加值 234.7 亿元,同比增长 5.3%;第二产业增加值 798.2 亿元,同比增长 20.9%;第三产业增加值 505.4 亿元,同比增长 14.6%。三次产业结构由上年的 16.7∶47.9∶35.4 调整为 15.2∶51.9∶32.9。襄樊市经济基础雄厚,是全国 36 个工业明星城市之一。近年襄樊市汽车产业、食品、纺织、医药化工、电子信息五个产业发展速度最快,2010 年产值分别达到 1074.26 亿元、416.66 亿元、233.79 亿元、167.3 亿元、162.21 亿元,分别增长 52.4%、64.0%、68.4%、36.2%和 95.1%。2010 年后,襄樊转移就业劳动力职业技能培训需求将主要体现在汽车产业、食品、纺织、医药化工、电子信息和冶金建材等方面。

随州市 2009 年全市实现生产总值 344.14 亿元,2010 年全市生产总值达到 401.66 亿元,按可比价格计算,比上年增长 15.2%,2010 年随州市第一产业完成增加值 86.57 亿元,增长 5.1%;第二产业完成增加值 181.66 亿元,增长 21.8%;第三产业完成增加值 133.43 亿元,增长 12.5%。三次产业结构由 2009 年的 21.8∶43.7∶34.5 调整为 2010 年的 21.6∶45.2∶33.2。随州市经济和社会发展中还存在经济总量仍然偏小,综合竞争实力有待进一步增强;"一业独大"的工业经济格局仍然没有根本改变,产业结构有待进一步优化。近几年随州市逐渐形成了专用汽车及零部件、风机制造、农产品加工为主导的地方工业体系。2010 年后,随州市转移就业劳动力职业技能培训需求将主要体现在专用汽车及零部件、风机制造、农产品加工等方面。

荆门市 2011 年全年地区生产总值 942.59 亿元,比上年增长 15.6%。其中,第一、第二、第三产业分别实现增加值 166.53 亿元、494.40 亿元、281.66 亿元,分别增长 4.5％、20.3％、15.5％。三次产业结构为 17.7：52.4：29.9。荆门是一座新兴的现代化工业城市,已形成以多家大中型企业为骨干,以石油化工、机械电子、食品、建材为支柱的跨越 32 个行业门类的工业体系。2010 年,大力实施工业"3＋4 计划",大力发展石化、磷化、食品、建材、机电、轻纺、新能源等产业。2010 年以后,荆门市转移就业劳动力职业技能培训需求将主要体现在石化、磷化、食品、建材、机电、轻纺、新能源产业方面。

宜昌市 2009 年全年生产总值 1245.61 亿元,2010 年全市生产总值达到 1547.32 亿元,2010 年比 2009 年增长 24.2％,经济发展速度迅猛。宜昌市是湖北省重点支持发展的省域副中心城市。宜昌是世界水电之都,已建成长江葛洲坝、清江隔河岩和高坝洲三座大中型水电站,三峡水电站建成后,水电装机总容量达 2900 万千瓦,年发电总量达 1300 亿千瓦时,目前为止宜昌是世界最大的水电能源基地。宜昌独特的地理位置和丰富的水电资源,决定了宜昌工业发展的重点是载电体工业,即以市场为导向,立足宜昌水电能源优势,依靠科技进步和技术创新,发展以高耗能、大耗水、环保型为特征的载电体工业。形成以输配电、电子元器件、磷化工、有机化工、生物及医药、新型建材等为支柱产业的载电体工业体系。此外,宜昌也是闻名遐迩的旅游胜地。长江三峡与三峡工程交相辉映,巴楚文化和土家风情水乳交融。随着三峡工程蓄水通航发电,宜昌独特的大坝景观、峡江风光、民俗风情、历史文化等复合资源优势日益凸现。宜昌已经成为三峡区域旅游的增长极。2010 年后,宜昌市转移就业劳动力职业技能培训需求将主要体现在输配电、电子元器件、磷化工、有机化工、生物及医药、新型建材、旅游服务等方面。

仙桃市、天门市、潜江市 2009 年地区生产总值分别为 242.55 亿元、186.86 亿元、234.01 亿元,2010 年三市地区生产总值分别为 290.97 亿元、219.48 亿元、290.67 亿元,增长幅度分别为 19.6％、17.5％、24.2％,均保持较高的经济发展速度。仙桃市、天门市、潜江市三个县级市均属于武汉"1＋8"城市圈内城市,依靠经济、地理等良好的外部环境,加上较为有效的政策措施,三个县级市经济社会发展规模水平和拥有资源水平等方面均处于全省较高的水平。仙桃的轻纺工业在全省具有一定的影响力,可以与武汉的服装业形成一条龙生产,而且其劳动力资源丰富且廉价,2008～2010 年省内劳动力转移人数基本持平。潜江的化工业相当发达。天门是全国著名的棉花之乡,长期供应武汉市场的棉花需要,而且拥有大面积的商品蔬菜基地。仙桃市、天门市、潜江市转移就业劳动力职业技能培训需求将主要体现在纺织业、化工业、棉花蔬菜生产及配套产业等方面。

三、竞争腹地区域培训需求分析

2010 年按经济联系隶属度划分,属于次紧密腹地的地区为十堰市。2010 年十堰市地区生产总值为 736.78 亿元。2011 年,十堰市实现生产总值 851.3 亿元,按可比价格计算,2011 年生产总值比 2010 年增长 11.0%。十堰市是一个典型的工矿型专业城市,汽车产业占据主导地位。作为汽车工业要参与国际、国内的劳动地域分工,参与国际经济大循环。汽车工业在十堰市又形成了一个相对独立的经济区,地方和周边县市要参与汽车产业内部的分工协作,在主导产业的拉动下,促进区域经济的发展。十堰市地处武当山,自然景观独特,旅游资源丰富。2011 年,十堰市转移就业劳动力职业技能培训需求将主要体现在汽车制造、旅游及配套产业等方面。

四、边缘腹地区域培训需求分析

2010 年按经济联系隶属度划分,属于边缘腹地的地区为恩施州。2011 年全州生产总值 418.19 亿元,比上年增长 13.4%。其中,第一产业增加值 118.25 亿元,增长 4.5%;第二产业增加值 133.17 亿元,增长 21.2%,其中工业增加值 110.85 亿元,增长 19.1%;第三产业增加值 166.77 亿元,增长 14.6%。产业结构调整成效明显。三次产业构成由 2010 年的 30.7:28.7:40.6 调整为 2011 年的 28.3:31.8:39.9。从恩施州的工业产值及产业结构不难看出,恩施州工业较其他市州落后,以旅游业为主的第三产业对经济发展贡献率较大。2011 年,恩施州转移就业劳动力职业技能培训需求将分别主要体现在特色农产品加工、旅游及配套服务等方面。

五、不同区域层次与转移就业劳动力职业技能培训需求的联系

此外,2010 年转移就业劳动力职业技能培训需求 Z 分数从高到低处于前六位的城市分别为孝感市、荆州市、黄冈市、咸宁市、襄樊市、恩施州。这表明,孝感市、咸宁市既是对外经济联系紧密腹地,又是转移就业劳动力职业技能培训需求最旺盛的地区,该结果支持了本小节基于经济联系强度越大的城市和地区,就近吸纳转移就业劳动力的能力越强,该地区对转移就业劳动力职业技能培训需求越大的假设。其次,恩施州、十堰市虽然处于对外经济联系边缘腹地和竞争腹地,但是其转移就业劳动力职业技能培训需求十分旺盛。最后,荆州市、襄樊市虽然处于对外经济联系次紧密腹地,但由于两地工业基础良好,经济实力较强,其省内劳动力转移人数仍呈逐年增长的趋势,2009 年、2010 年增长分别为 3.25%、15.41%。因此,两地转移就业劳动力职业技能培训需求也较为旺盛。

通过对不同圈层各市州、各区县经济联系与外出务工农民培训需求的相关性和差异性分析及不同圈层外出务工农民培训需求差异的深度分析得出以下研究发现。

第一，通过对不同圈层各市州经济联系与外出务工农民培训需求的相关分析发现，2008～2010年不同圈层各市州经济联系量与外出务工农民培训需求总体上相关并不显著，但2008～2010年不同圈层各市州经济联系量与外出务工农民培训需求相关性呈逐渐上升的趋势，尤其是2010年不同圈层各市州经济联系量与外出务工农民培训需求相关度增长幅度加大，这主要源于武汉城市圈一体化建设加快，其经济发展的辐射和带动的作用开始凸现。

第二，通过对不同圈层各区县经济联系与外出务工农民培训需求的相关分析发现，2008～2010年不同圈层各区县经济联系紧密程度与培训需求表现出很显著的相关性，支持了本章的假设，即各市州经济联系经济联系紧密度越大，其培训需求越旺盛。2008年、2010年经济联系类别与培训需求相关性比2009年显著，这种结果与2009年金融危机影响下国内及省内经济陷入低迷有关。

第三，通过不同圈层各区县外出务工农民培训需求的方差分析发现，2008～2010年不同圈层各区县经济联系紧密程度与培训需求差异显著，从一个侧面支持了本研究的假设，即地区经济联系紧密度越大，其培训需求越旺盛。

第四，通过紧密腹地区域培训需求进行分析发现，2010年按经济联系隶属度划分属于紧密腹地的地区的孝感市、黄石市、黄冈市、咸宁市中，孝感市转移就业劳动力职业技能培训需求将主要体现在汽车零配件、纺织、包装、原材料加工等方面；黄石市转移就业劳动力职业技能培训需求将主要体现在冶金、机械、化工、建材产业等方面；黄冈市转移就业劳动力职业技能培训需求将主要体现在食品饮料、纺织服装、医药化工、建筑建材、机械电子产业；咸宁市转移就业劳动力职业技能培训需求将主要体现在第三产业服务、新型工业产业等方面。

第五，通过对次紧密腹地区域培训需求进行分析发现，2010年按经济联系隶属度划分属于次紧密腹地的地区的鄂州市、仙桃市、荆州市、襄樊市、随州市、潜江市、荆门市、宜昌市、天门市中，鄂州市转移就业劳动力职业技能培训需求将主要体现在冶金、装备制造、建材、医药、能源、高新技术产业等方面；荆州市转移就业劳动力职业技能培训需求将主要体现在饮料、纺织、化工、塑料制品业等轻工业方面；襄樊市转移就业劳动力职业技能培训需求将主要体现在汽车产业、食品、纺织、医药化工、电子信息和冶金建材等方面；随州市转移就业劳动力职业技能培训需求将主要体现在专用汽车及零部件、风机制造、农产品加工等方面；荆门市转移就业劳动力职业技能培训需求将主要体现在石化、磷化、食品、建材、机电、轻纺、新能源产业方面;宜昌市转移就业劳动力职业技能培训需求将主要体现在输配电、电子元器件、磷化工、有机化工、生物及医药、新型建材、旅游服务等方面;仙桃市、天门市、潜江市转移就业劳动力职业技能培训需求将分别主要体现在纺织业、化工业、棉花蔬菜生产及配套产业等方面。

第六,通过对竞争腹地区域培训需求进行分析发现,2010年按经济联系隶属度划分属于次紧密腹地地区的十堰市转移就业劳动力职业技能培训需求将分别主要体现在汽车制造、旅游及配套产业等方面。

第七,通过对边缘腹地区域培训需求进行分析发现,2010年按经济联系隶属度划分属于边缘腹地地区的恩施州转移就业劳动力职业技能培训需求将分别主要体现在特色农产品加工、旅游及配套服务等方面。

第五章

湖北省外出务工农民
技能培训供给的计量分析

对湖北省外出务工农民技能培训供给总体状况和均衡状况的分析,是进一步研究湖北省各市州及区县外出务工农民技能培训的供给能否满足需求及其满足程度的基础,也是确定未能满足外出务工农民技能培训需求市州和区县的前提。因此,本章的研究主要围绕湖北省各市州及各区县外出务工农民技能培训供给展开,研究内容主要包括:湖北省外出务工农民技能培训供给的总体状况分析,外出务工农民技能培训供给的差异分析,不同圈层各市州及各区县外出务工农民技能培训供给的计量分析。

第一节 湖北省外出务工农民技能培训
供给的总体状况分析

囿于数据的获取,本章外出务工农民技能培训供给的总体状况分析对象主要包括各市州及各区县参加过职业技能培训的人数、参加过政府举办的技能培训的人数、政府的努力程度等方面,其中政府努力程度用政府组织的阳光工程完成程度来定量表示。本章数据来自 2010 年湖北省农村统计年鉴,并运用 SPSS 软件获得各市州及区县参加过职业技能培训的人数、参加过政府举办的技能培训的人数、政府的努力程度的全距、极小值、极大值、均值、标准差及变异系数,以期对各市州和区县外出务工农民技能培训供给的总体状况有总体把握。

一、各市州外出务工农民职业技能培训供给的总体状况分析

表 5.1 数据显示,2010 年各市州外出劳动力参加过职业技能培训、参加过政府举办的技能培训、持有职业技术资格证书数量的极大值分别为 42.26 万人、16.

74 万人、22.11 万人；极小值分别为 2.83 万人、0.63 万人、0.45 万人。极差分别为 39.43 万人、16.11 万人、21.66 万人，均值分别为 16.72 万人、6.59 万人、7.10 万人。从图 5.1 可以看出，16 个市州（含武汉市一个副省级市）中，2010 年参加过职业技能培训的外出劳动力人数，从高到低排列依次为黄冈市、孝感市、武汉市、十堰市、恩施州、襄樊市、荆州市、宜昌市、荆门市、随州市、咸宁市、仙桃市、黄石市、鄂州市、天门市、潜江市；2010 年外出劳动力参加过政府举办的技能培训劳动力人数从高到低排列依次为黄冈市、孝感市、十堰市、武汉市、荆州市、宜昌市、襄樊市、恩施州、荆门市、咸宁市、随州市、黄石市、鄂州市、天门市、仙桃市、潜江市；2010 年外出劳动力持有职业技术资格证书人数从高到低排列依次为黄冈市、孝感市、襄樊市、十堰市、荆州市、宜昌市、武汉市、恩施州、随州市、荆门市、咸宁市、天门市、仙桃市、黄石市、鄂州市、潜江市。

表 5.1　2010 年各市州转移就业农民职业技能培训供给总体状况描述统计量

年份	全距/万人	极大值/万人	极小值/万人	均值/万人	标准差/万人	变异系数
B_1	39.43	42.26	2.83	16.72	11.47	0.69
B_2	16.11	16.74	0.63	6.59	4.96	0.75
B_3	21.66	22.11	0.45	7.10	5.56	0.78

注：B_1 为 2010 年参加过职业技能培训人数，B_2 为 2010 年参加过政府举办的技能培训人数，B_3 为 2010 年持有职业技术资格证书人数。

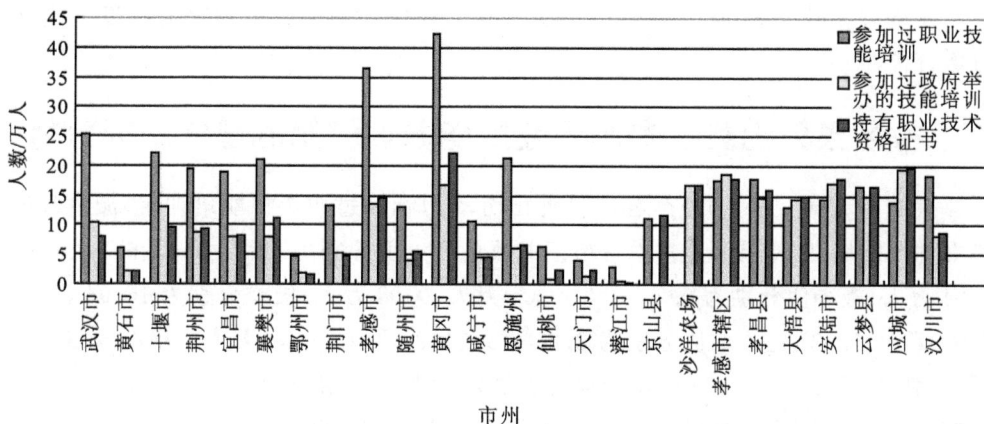

图 5.1　2010 年各市州转移就业农民职业技能培训供给总体状况分析

表 5.2 数据显示，第一期到第十期阳光工程培训项目各市州努力程度状况，即计划培训人数与实际培训人数之比，第一期极大值为 98%，极小值为 0，平均完成程度为 60%；第二期极大值为 98%，极小值为 8%，平均完成程度为 67%；第三期

最大值为 106％,极小值为 45％,平均完成程度为 80％;第四期极大值为 57％,极小值为 0,平均完成程度为 95％;第五期极大值为 34％,极小值为 0,平均完成程度为 11％;第六期极大值为 85％,极小值为 41％,平均完成程度为 61％;第七期极大值为 85％,极小值为 43％,平均完成程度为 64％;第八期极大值为 90％,极小值为 57％,平均完成程度为 70％;第九期极大值为 100％,极小值为 63％,平均完成程度为 94％;第十期极大值为 100％,极小值为 73％,平均完成程度为 96％。

表 5.2 2010 年各市州阳光工程努力程度描述统计量

项目	全距/万人	极大值/万人	极小值/万人	均值/万人	标准差/万人	变异系数
第一期	0.98	0.98	0.00	0.60	0.29	0.49
第二期	0.90	0.98	0.08	0.67	0.28	0.42
第三期	0.60	1.06	0.45	0.80	0.22	0.28
第四期	0.55	1.12	0.57	0.95	0.11	0.12
第五期	0.34	0.34	0.00	0.11	0.09	0.82
第六期	0.44	0.85	0.41	0.61	0.11	0.18
第七期	0.42	0.85	0.43	0.64	0.11	0.18
第八期	0.33	0.90	0.57	0.70	0.09	0.13
第九期	0.37	1.00	0.63	0.94	0.10	0.11
第十期	0.27	1.00	0.73	0.96	0.09	0.09

从变异系数来看,第一期到第十期阳光工程培训项目各市州努力程度的变异系数逐渐减小。

二、各区县外出务工农民职业技能培训供给的总体状况分析

表 5.3 数据显示,2010 年各区县外出劳动力参加过职业技能培训,参加过政府举办的技能培训,持有职业技术资格证书数量极大值分别为 16.14 万人、5.14 万人、8.01 万人;极小值分别为 0.20 万人、0.05 万人、0.08 万人;极差分别为 15.94 万人、5.09 万人、7.93 万人,均值分别为 3.20 万人、1.29 万人、1.37 万人。从图 5.2 可以看出,就 77 个县区 2010 年外出劳动力参加过职业技能培训劳动力人数从高到低排列前十位依次分别为黄陂区(16.14 万人)、红安县(10.96 万人)、云梦县(8.43 万人)、咸丰县(8.23 万人)、麻城市(7.12 万人)、房县(6.41 万人)、广水市(6.11 万人)、松滋市(6.03 万人)、孝昌县(6.01 万人)、郧西县(5.89 万人);2010 年外出劳动力参加过政府举办的技能培训劳动力人数从高到低排列前十位依次分别为黄陂区(5.14 万人)、郧西县(4.14 万人)、红安县(3.59 万人)、房县(3.47 万人)、孝昌县

(2.86万人)、大悟县(2.76万人)、枣阳市(2.7万人)、监利县(2.69万人)、汉川市(2.63万人)、钟祥市(1.98万人);2010年外出劳动力持有职业技术资格证书人数从高到低排列前十位依次分别为麻城市(8.01万人)、枣阳市(3.12万人)、郧西县(3.06万人)、云梦县(2.91万人)、汉川市(2.58万人)、新洲区(2.57万人)、松滋市(2.39万人)、江夏区(2.36万人)、郧县(2.1万人)、监利县(2.08万人)。

表5.3 各县区转移就业农民的年龄状况分析描述统计量

年份	全距/万人	极大值/万人	极小值/万人	均值/万人	标准差/万人	变异系数
B_1	15.94	16.14	0.20	3.20	2.52	0.79
B_2	5.09	5.14	0.05	1.29	1.00	0.77
B_3	7.93	8.01	0.08	1.37	1.06	0.78

注:B_1为2010年参加过职业技能培训人数,B_2为2010年参加过政府举办的技能培训人数,B_3为2010年持有职业技术资格证书人数。

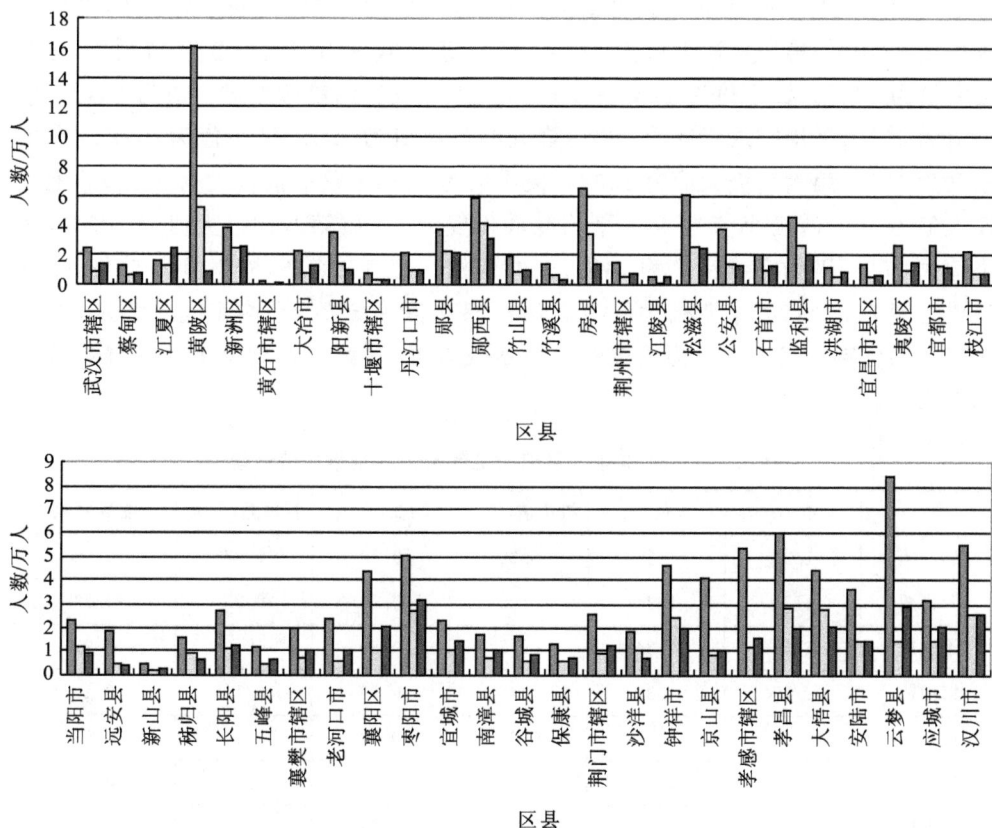

图5.2 2010年各区县转移就业农民职业技能培训的总体状况分析

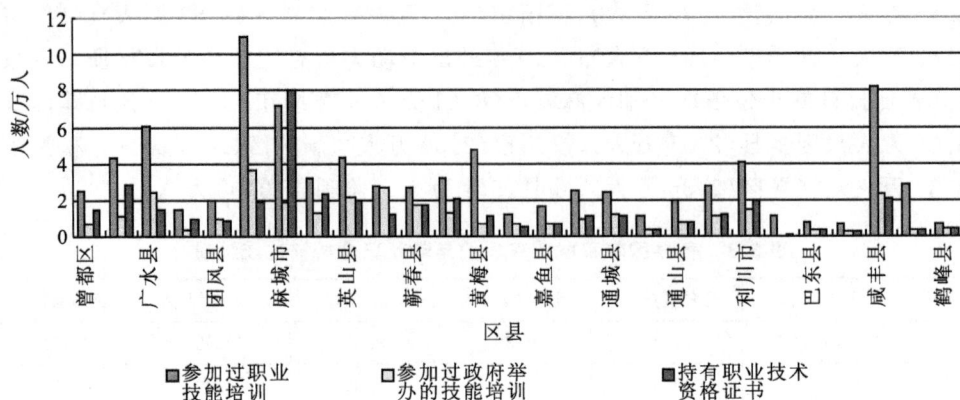

图 5.2　2010 年各区县转移就业农民职业技能培训的总体状况分析(续)

表 5.4 数据显示,第一期到第十期阳光工程培训项目各市州努力程度状况,即计划培训人数与实际培训人数之比:第一期极大值为 1.32%,极小值为 0,平均完成程度为 70%;第二期极大值为 134%,极小值为 0,平均完成程度为 77%;第三期极大值为 134%,极小值为 17%,平均完成程度为 89%;第四期极大值为 134%,极小值为 45%,平均完成程度为 98%;第五期极大值为 68%,极小值为 0,平均完成程度为 10%;第六期极大值为 100%,极小值为 4%,平均完成程度为 64%;第七期极大值为 100%,极小值为 4%,平均完成程度为 67%;第八期极大值为 100%,极小值为 17%,平均完成程度为 74%;第九期极大值为 100%,极小值为 64%,平均完成程度为 97%;第十期极大值为 100%,极小值为 83%,平均完成程度为 99%。从各区县各期阳光工程努力程度的变异系数来看,从第一期到第十期变异系数波动较大。

表 5.4　2010 年各区县阳光工程努力程度描述统计量

项目	全距/万人	极大值/万人	极小值/万人	均值/万人	标准差/万人	变异系数
第一期	1.32	1.32	0.00	0.70	0.27	0.38
第二期	1.34	1.34	0.00	0.77	0.25	0.32
第三期	1.17	1.34	0.17	0.89	0.19	0.21
第四期	0.89	1.34	0.45	0.98	0.11	0.11
第五期	0.68	0.68	0.00	0.10	0.16	1.53
第六期	0.96	1.00	0.04	0.64	0.24	0.38
第七期	0.96	1.00	0.04	0.67	0.24	0.36

项目	全距/万人	极大值/万人	极小值/万人	均值/万人	标准差/万人	变异系数
第八期	0.83	1.00	0.17	0.74	0.21	0.29
第九期	0.36	1.00	0.64	0.97	0.06	0.07
第十期	0.17	1.00	0.83	0.99	0.02	0.02

第二节　湖北省外出务工农民技能培训供给的差异分析

本书中采取的外出务工农民技能培训供给评价指标主要包括参加过职业技能培训人数、参加过职业技能培训人数占外出劳动力总量比重、参加过政府举办的技能培训人数、参加过政府举办的技能培训人数占外出劳动力总量比重、持有职业技术资格证书人数、持有职业技术资格证书人数占外出劳动力总量比重及政府的努力程度。由于人数与百分比无法直接进行运算,必须对各指标进行标准化处理,求得各指标的 Z 分数,再进行运算。

一、各市州外出务工农民技能培训供给的差异分析

本章用 Z 分数来计量 2010 年各市州转移就业农民的培训供给均衡发展的程度。

从 2010 年培训供给差异的总体情况来看(见表 5.5 中 2010 年培训供给 Z 分数总计),2010 年培训供给处在总体平均水平之上的由高到低依次为武汉市、黄冈市、孝感市、十堰市、宜昌市、襄樊市、荆州市;2010 年培训供给处在总体平均水平之下的市州由高到低依次为恩施州、荆门市、咸宁市、鄂州市、随州市、仙桃市、黄石市、天门市、潜江市。

表 5.5　2010 年各市州农民职业技能培训供给均衡发展 Z 分数表

地区	Z_1	Z_2	Z_3	Z_4	Z_5	Z_6	Z_7
武汉市	0.81	0.65	0.81	0.62	0.22	0.05	3.15
黄石市	−0.82	−0.83	−0.81	−0.81	−0.77	−0.69	−4.74
十堰市	0.54	0.28	1.32	1.05	0.48	0.25	3.92
荆州市	0.31	−0.54	0.56	−0.29	0.43	−0.30	0.17
宜昌市	0.27	0.12	0.37	0.22	0.26	0.15	1.40

续表

地区	Z_1	Z_2	Z_3	Z_4	Z_5	Z_6	Z_7
襄樊市	0.43	−0.31	0.31	−0.33	0.81	0.08	0.99
鄂州市	−0.92	0.38	−0.88	0.17	−0.91	−0.10	−2.26
荆门市	−0.21	0.05	−0.18	0.06	−0.31	−0.11	−0.70
孝感市	1.76	0.17	1.49	0.06	1.40	0.07	4.95
随州市	−0.24	−1.17	−0.40	−1.10	−0.17	−0.87	−3.94
黄冈市	2.25	3.40	2.09	2.95	2.73	3.64	17.05
咸宁市	−0.41	−0.23	−0.32	−0.12	−0.38	−0.18	−1.65
恩施州	0.45	−0.04	−0.01	−0.41	−0.01	−0.34	−0.36
仙桃市	−0.80	−0.40	−1.03	−1.02	−0.76	−0.38	−4.39
天门市	−0.99	−0.94	−1.01	−1.01	−0.73	−0.42	−5.11
潜江市	−1.10	−0.44	−1.11	−0.86	−1.11	−0.93	−5.54

注:Z_1 为 2010 年参加过职业技能培训人数 Z 分数,Z_2 为 2010 年参加过职业技能培训人数占 2010 年外出劳动力总量比重 Z 分数,Z_3 为 2010 年参加过政府举办的技能培训人数 Z 分数,Z_4 为 2010 年参加过政府举办的技能培训人数占 2010 年外出劳动力总量比重 Z 分数,Z_5 为持有职业技术资格证书人数 Z 分数,Z_6 为持有职业技术资格证书人数占 2010 年外出劳动力总量比重 Z 分数,Z_7 为 2010 年培训供给 Z 分数总计。$Z_7 = Z_1 + Z_2 + Z_3 + Z_4 + Z_5 + Z_6$。

从 2010 年各市州阳光工程努力程度的总体情况来看(见表 5.6 中 2010 年培训供给 Z 分数总计),2010 年各市州阳光工程努力程度处在总体平均水平之上的由高到低依次为荆门市、荆州市、咸宁市;其他市州均处于平均水平之下,由高到低依次为恩施州、宜昌市、十堰市、黄冈市、黄石市、孝感市、襄樊市、随州市、仙桃市、鄂州市、天门市、潜江市。

表 5.6 2010 年各市州阳光工程努力程度 Z 分数

地区	Z_1	Z_2	Z_3	Z_4	Z_5	Z_6	Z_7	Z_8	Z_9	Z_{10}	Z_{11}
黄石市	0.3	0.21	−1.59	−0.45	0.08	0	0.02	−0.34	0.57	0.41	−0.79
十堰市	0.33	0.38	−0.99	0.45	−0.41	0.07	−0.12	−0.03	0.41	0.41	0.5
宜昌市	0.16	0.52	−0.41	0.18	−0.55	0.28	0.45	0.37	0	0.12	1.12
襄樊市	−0.2	−0.21	−1.29	−0.27	−0.41	−0.49	−0.47	−0.29	0.38	0.41	−2.84
鄂州市	1.19	1.01	0.74	0.27	−0.97	−0.91	−1.1	−0.55	−2.04	−2.82	−5.18
荆门市	0.96	0.9	0.85	0.45	1	1.54	1.36	1.54	0.57	0.41	9.58

地区	Z_1	Z_2	Z_3	Z_4	Z_5	Z_6	Z_7	Z_8	Z_9	Z_{10}	Z_{11}
孝感市	−0.2	−0.14	0.74	0.09	−0.34	−0.91	−0.68	−1.01	−0.06	0.21	−2.3
荆州市	0.39	0.35	0.85	0.62	−0.48	0.7	1.08	1.16	0.46	0.41	5.54
黄冈市	−0.03	−0.07	0.85	−0.18	−0.62	−0.21	−0.26	−0.46	−0.1	0.3	−0.78
咸宁市	0.43	0.56	1.1	0.36	0.15	0.56	0.66	0.42	0.27	0.31	4.82
随州市	−0.27	−0.35	0.85	−0.62	−0.62	−1.19	−1.24	−1.34	0.57	0.24	−3.8
恩施州	0.13	0.49	0.95	0.36	−0.2	−0.14	−0.33	−0.31	−0.01	0.24	1.18
仙桃市	−1.95	−2.12	−0.55	−0.09	1.42	−0.56	−0.4	−0.55	0.57	0.41	−3.82
潜江市	−2.05	−1.91	−0.8	0.09	−0.97	−1.54	−1.59	−1.21	−3.03	−2.47	−15.48
天门市	−1.49	−1.63	−1.39	−3.39	−0.27	0	−0.19	−0.41	0.57	0.41	−7.79

注：$Z_{11}=Z_1+Z_2+Z_3+Z_4+Z_5+Z_6+Z_7+Z_8+Z_9+Z_{10}$，$Z_1 \sim Z_{10}$ 分别代表第一期到第十期各市州阳光工程努力程度 Z 分数。

二、各区县外出务工农民技能培训供给的差异分析

本章用 Z 分数来计量 2010 年各县区转移就业农民的培训供给均衡发展的程度。计算结果表明：从各县区 2010 年培训供给差异的总体情况来看，2010 年培训供给处在总体平均水平之上的由高到低前十位依次为武汉市辖区、红安县、麻城市、咸丰县、郧西县、黄陂区、房县、英山县、枣阳市、云梦县；2010 年培训供给处在总体平均水平之下的县区由低到高前十位依次为建始县、宣恩县、巴东县、崇阳县、江陵县、黄石市辖区、洪湖市、谷城县、来凤县、新山县。在 79 个县区中，2010 年培训供给处在总体平均水平之上的县区有 33 个，2010 年培训供给处在总体平均水平之下的县区为 44 个，大部分县区培训供给处在总体平均水平之下，体现出培训供给总体上不均衡性（表 5.7）。

表 5.7　2010 年各县区农民职业技能培训供给均衡发展 Z 分数表

地区	Z_1	Z_2	Z_3	Z_4
武汉市辖区	−0.31	−0.41	−0.03	2.36
蔡甸区	−0.74	−0.60	−0.56	−1.64
江夏区	−0.57	−0.05	0.93	2.27
黄陂区	5.14	3.86	−0.48	10.74
新洲区	0.24	1.10	1.13	3.17

地区	Z_1	Z_2	Z_3	Z_4
黄石市辖区	−1.17	−1.23	−1.18	−5.76
大冶市	−0.34	−0.57	−0.13	−3.29
阳新县	0.16	0.07	−0.35	−3.51
十堰市辖区	−0.95	−0.87	−0.92	0.68
丹江口市	−0.39	−0.25	−0.28	1.57
郧县	0.19	1.04	0.69	3.18
郧西县	1.08	2.86	1.59	11.05
竹山县	−0.51	−0.38	−0.34	−2.95
竹溪县	−0.71	−0.67	−0.90	−4.13
房县	1.29	2.19	−0.01	7.49
荆州市辖区	−0.67	−0.72	−0.57	−4.10
江陵县	−1.07	−1.12	−0.81	−6.23
松滋市	1.14	1.31	0.96	4.48
公安县	0.19	0.12	−0.14	−0.80
石首市	−0.44	−0.22	−0.06	−1.85
监利县	0.57	1.41	0.67	0.69
洪湖市	−0.78	−0.71	−0.49	−5.48
宜昌市县区	−0.72	−0.77	−0.74	−1.34
夷陵区	−0.21	−0.22	0.15	1.41
宜都市	−0.18	0.04	−0.19	0.77
枝江市	−0.35	−0.56	−0.53	0.19
当阳市	−0.34	−0.06	−0.41	0.78
远安县	−0.53	−0.78	−0.89	−2.02
新山县	−1.05	−1.10	−1.08	−4.35
秭归县	−0.63	−0.31	−0.68	−2.68
长阳县	−0.19	−0.14	−0.07	−0.52
五峰县	−0.80	−0.81	−0.72	0.23
襄樊市辖区	−0.46	−0.58	−0.31	−3.49
老河口市	−0.32	−0.74	−0.29	−1.63

续表

地区	Z_1	Z_2	Z_3	Z_4
襄阳区	0.46	−0.22	0.66	−0.40
枣阳市	0.76	1.42	1.65	6.37
宜城市	−0.35	−0.28	0.02	0.03
南漳县	−0.56	−0.54	−0.34	−3.17
谷城县	−0.58	−0.75	−0.50	−4.57
保康县	−0.71	−0.75	−0.61	−1.95
荆门市辖区	−0.21	−0.35	−0.12	3.84
沙洋县	−0.54	−0.25	−0.63	−3.30
钟祥市	0.61	1.18	0.58	2.67
京山县	0.37	−0.38	−0.35	−0.98
孝感市辖区	0.86	−0.08	0.22	0.34
孝昌县	1.13	1.58	0.59	4.51
大悟县	0.50	1.48	0.63	3.92
安陆市	0.19	0.16	0.03	−0.50
云梦县	2.09	0.13	1.45	5.34
应城市	0.00	0.16	0.63	−0.10
汉川市	0.94	1.35	1.14	4.05
曾都区	−0.25	−0.59	0.10	−0.24
广水市	1.17	1.18	0.07	2.22
黄冈市辖区	−0.69	−0.95	−0.39	−1.12
团风县	−0.49	−0.31	−0.49	−1.71
红安县	3.09	2.31	0.51	13.52
麻城市	1.57	0.58	6.24	11.88
罗田县	−0.01	0.06	0.89	0.95
英山县	0.44	0.92	0.55	6.59
浠水县	−0.18	1.33	−0.10	−0.85
蕲春县	−0.22	0.52	0.33	−1.62
武穴市	0.02	0.04	0.65	−0.35
黄梅县	0.63	−0.58	−0.26	−1.80

地区	Z_1	Z_2	Z_3	Z_4
咸安区	−0.75	−0.64	−0.80	−3.84
嘉鱼县	−0.62	−0.64	−0.65	−2.05
赤壁市	−0.24	−0.30	−0.26	−1.12
通城县	−0.29	−0.07	−0.21	−0.34
崇阳县	−0.82	−0.99	−0.95	−6.63
通山县	−0.48	−0.46	−0.59	−2.89
恩施州	−0.17	−0.21	−0.15	−0.99
利川市	0.37	0.18	0.60	0.12
建始县	−0.81	−1.23	−1.21	−8.16
巴东县	−0.95	−0.96	−0.98	−6.67
宣恩县	−1.01	−1.09	−1.07	−7.36
咸丰县	2.01	1.03	0.64	11.69
来凤县	−0.13	−0.92	−1.00	−4.36
鹤峰县	−0.97	−0.88	−0.88	−3.93

注：Z_4（2010 年培训供给 Z 分数总计）＝Z_1（2010 年参加过职业技能培训人数 Z 分数）＋Z_2（2010 年参加过政府举办的技能培训人数 Z 分数）＋Z_3（2010 年持有职业技术资格证书人数）。

从各区县 2010 年阳光工程努力程度的总体情况来看，2010 年努力程度处在总体平均水平上的由高到低前十位依次为新洲区、钟祥市、通山县、汉南区、来凤县、松滋市、茅箭区、秭归县、巴东县、郧西县；2010 年努力程度处于总体平均水平之下的县区由低到高前十位依次为夷陵区，黄梅县、蕲春县、樊城区、孝南区、汉川市、广水市、应城市、枝江市、保康县（表 5.8）。在 77 个县区中，2010 年努力程度在总体平均水平之上的县区有 40 个，努力程度处在总体平均水平之下的县区为 37 个，总体处于均衡。

表 5.8　各区县阳光工程努力程度 Z 值

地区	Z_1	Z_2	Z_3	Z_4	Z_5	Z_6	Z_7	Z_8	Z_9	Z_{10}	Z_{11}
东西湖区	0.08	−0.22	−0.91	−1.11	0.23	−1.33	−0.43	−0.82	−1.08	0.22	−5.37
汉南区	−0.86	−0.95	−1.88	−0.09	−0.66	1.00	1.35	1.21	0.46	0.22	−0.20
蔡甸区	0.95	1.32	1.14	1.12	2.83	0.75	1.35	0.55	0.46	0.22	10.69
江夏区	1.10	0.87	0.55	2.79	0.11	−0.37	−0.3	0.03	0.46	0.22	5.46

续表

地区	Z_1	Z_2	Z_3	Z_4	Z_5	Z_6	Z_7	Z_8	Z_9	Z_{10}	Z_{11}
黄陂区	0.72	0.30	0.60	0.84	0.36	−0.08	−0.22	−0.44	−0.93	0.22	1.37
新洲区	2.33	2.29	2.43	3.35	−0.15	1.50	1.35		0.46	0.22	13.78
阳新县	0.23	−0.06	0.55	0.38	−0.4	−0.5	−0.64	−0.91	0.46	0.22	−0.67
大冶市	1.13	0.91	0.60	0.19	1.31	0.55	0.4	0.13	0.46	0.22	5.90
茅箭区	1.13	0.91	0.60	0.19	0.42	1.50	1.35	1.21	0.46	0.22	7.99
张湾区	1.13	0.91	0.60	0.19	−0.66	−0.5	−0.64	1.21	0.46	0.22	2.92
郧县	0.46	0.71	0.60	0.19	−0.66	−0.75	−0.8	−1	0.15	0.22	−0.88
郧西县	1.13	0.91	0.60	0.19	2.33	0.84	0.69	0.69	−0.46	0.22	7.14
竹山县	0.16	−0.14	0.60	0.19	−0.66	−0.25	−0.39	−0.77	0.46	0.22	−0.58
竹溪县	0.38	0.43	0.44	0.19	−0.66	0.71	0.57	0.32	0.46	0.22	3.06
房县	−0.44	−0.1	0.60	0.19	−0.34	0.46	0.32	0.5	0.46	0.22	1.87
丹江口市	−1.01	−1.2	−0.86	0.19	−0.66	−0.91	−1.05	−1.05	0.46	0.22	−5.87
武当山特区	1.13	0.91	0.60	0.19	−0.66	−0.54	−0.68	1.21	0.46	0.22	2.84
伍家岗区	−1.46	0.55	0.12	0.19	−0.66	1.05	1.35	1.21	0.46	0.22	3.03
点军区	1.13	0.91	0.60	0.19	−0.66	0.63	1.35	1.21	0.46	0.22	6.04
猇亭区	1.13	0.91	0.60	0.19	−0.66	1.00	1.35	1.21	0.46	0.22	6.41
夷陵区	−0.44	−0.30	−0.26	0.19	−0.66	−1.08	−0.68	−1.10	−5.09	−6.70	−16.12
远安县	−0.93	−1.32	0.60	0.19	0.61	1.50	1.35	1.21	0.46	0.22	3.89
兴山县	0.53	0.26	−0.05	0.19	−0.66	0.84	0.69	0.46	0.46	0.22	2.94
秭归县	1.13	0.91	0.60	0.19	1.31	1.21	1.06	0.88	0.46	0.22	7.97
长阳县	0.57	0.47	0.60	0.19	0.11	−0.29	−0.05	0.22	0.46	0.22	2.50
五峰县	−0.14	0.75	0.60	0.19	−0.66	0.75	0.61	1.12	0.46	0.22	3.90
宜都市	−0.22	0.91	0.60	0.19	−0.66	0.04	−0.1	−0.44	0.46	0.22	1.00
当阳市	0.8	0.55	0.12	0.19	0.17	−0.12	−0.05	−0.39	0.46	0.22	1.95
枝江市	−1.53	−1.16	0.60	0.19	−0.66	−1.37	−1.22	−1.00	−1.08	0.22	−7.01
襄城区	1.13	0.91	0.60	0.19	−0.02	−0.83	−0.97	1.21	0.46	0.22	2.90
樊城区	−2.62	−3.14	0.60	0.19	−0.66	−2.21	−2.33	−2.47	0.46	0.22	−11.96
襄阳区	−0.29	0.02	0.60	0.19	0.8	0.09	−0.05	0.13	0.46	0.22	2.17

地区	Z_1	Z_2	Z_3	Z_4	Z_5	Z_6	Z_7	Z_8	Z_9	Z_{10}	Z_{11}
南漳县	−1.23	−1.48	−2.58	0.10	−0.66	−1.96	−2.09	−2.7	−2.62	0.22	−15.00
谷城县	−0.82	−0.18	−0.05	0.19	0.49	−0.83	−0.97	−0.67	0.46	0.22	−2.16
保康县	−0.63	−0.99	−1.93	−1.57	0.04	−0.58	−0.72	−0.77	0.46	0.22	−6.47
老河口市	−1.12	−1.32	−2.37	−4.92	−0.66	1.34	1.35	1.21	0.46	0.22	−5.81
枣阳市	0.57	0.30	0.66	0.28	−0.66	0.46	0.36	0.50	0.46	0.22	3.15
宜城市	−0.59	−0.95	0.22	0.19	−0.66	0.17	0.73	0.55	0.46	0.22	0.34
京山县	0.91	0.67	0.28	0.19	−0.66	0.04	−0.01	0.27	0.46	0.22	2.37
沙洋县	−0.14	0.30	−0.21	0.19	−0.4	0.34	0.19	0.13	0.46	0.22	1.08
钟祥市	1.13	0.91	0.60	0.19	3.66	1.50	1.35	1.21	0.46	0.22	11.23
孝南区	−1.08	−0.99	−1.77	−2.78	−0.66	−1.21	−1.34	−0.96	0.46	0.22	−10.11
孝昌县	1.13	0.91	0.60	0.19	−0.34	−0.08	0.03	−0.3	0.46	0.22	2.82
大悟县	−0.71	−0.59	0.60	0.19	−0.66	0.17	0.57	0.32	−2.47	0.22	−2.36
云梦县	0.72	0.47	0.01	−0.09	0.17	−0.16	−0.1	−0.44	0.15	−0.59	0.14
应城市	−1.19	−0.47	−0.37	0.19	1.50	−0.54	−0.68	−1.1	−2.01	−3.44	−8.11
安陆市	−0.26	−0.59	0.60	0.19	−0.27	−0.58	−0.59	−0.39	0.46	0.22	−1.21
汉川市	−1.72	−1.97	−0.42	0.19	−0.66	−2.21	−1.59	−1.90	0.46	0.22	−9.6
荆州区	−0.97	−0.26	0.60	0.19	1.31	1.5	1.35	1.21	0.46	0.22	5.61
公安县	0.98	0.75	0.60	0.19	−0.40	0.46	0.48	0.50	0.46	0.22	4.24
监利县	−0.52	−0.87	0.98	0.84	−0.66	0.42	1.35	0.88	0.46	0.22	3.10
江陵县	−0.74	−1.11	−2.10	0.19	−0.66	−0.96	−0.97	0.27	−1.85	0.22	−7.71
石首市	1.13	0.91	0.60	0.19	−0.66	0.84	1.02	1.21	0.46	0.22	5.92
洪湖市	0.01	−0.30	−1.02	0.19	−0.08	−0.79	−0.51	−0.91	0.46	0.22	−2.73
松滋市	1.13	0.91	0.60	0.19	1.18	1.50	1.35	1.21	0.46	0.22	8.75
黄州区	0.65	0.39	−0.10	−1.02	−0.21	−0.79	−0.93	−1.38	0.46	0.22	−2.71
团风县	−0.52	−0.22	−0.37	0.19	−0.40	−0.54	−0.68	−0.39		0.22	−2.71
红安县	−1.27	−1.40	−0.80	0.19	−0.40	0.34	0.19	−0.11	−3.08	0.22	−6.12
罗田县	−0.22	0.26	0.28	−0.37	−0.46	0.55	0.4	0.13	0.46	0.22	1.25
英山县	0.95	0.91	0.60	0.19	−0.53	−0.96	−0.76	−0.30	0.46	0.22	0.78
浠水县	0.53	0.26	−0.26	−0.27	0.93	0.59	0.57	0.32	−0.77	−3.04	−1.14

续表

地区	Z_1	Z_2	Z_3	Z_4	Z_5	Z_6	Z_7	Z_8	Z_9	Z_{10}	Z_{11}
蕲春县	−1.83	−2.29	−2.42	−2.88	−0.66	−1.12	−1.13	−0.82	−0.16	0.22	−13.09
黄梅县	−1.98	−2.45	−3.88	−0.27	−0.66	−1.54	−1.67	−2.23		0.22	−14.46
麻城市	0.12	−0.18	−0.86	0.10		0.21	0.07	−0.25	−1.24	0.22	−1.81
武穴市	0.61	0.51	0.06	−0.74	−0.66	1.50	1.35	1.21	0.46	0.22	4.52
咸安区	−1.38	−1.16	0.6	0.19	1.18	0.92	0.77	0.55	0.46	0.22	2.35
嘉鱼县	−0.07	0.18	−0.37	0.19	−0.66	−0.12	0.03	0.03	0.46	0.22	−0.11
通城县	0.38	0.10	−0.15	−0.65	−0.66	−0.25	−0.39	−0.77	0.46	0.22	−1.71
崇阳县	−0.11	0.91	0.60	0.19	−0.21	−0.25	0.40	0.46	0.46	0.22	2.67
通山县	1.13	0.91	0.60	0.19	3.28	1.50	1.35	1.21	0.46	0.22	10.85
赤壁市	1.10	0.87	0.55	0.10	−0.40	0.17	0.03	−0.3	−0.62	0.22	1.72
曾都区	−1.57	−2.01	−1.34	0.19	−0.66	−1.04	−1.17	−0.39	0.46	0.22	−7.31
广水市	−1.12	−1.52	−1.45	−3.34	0.68	−0.66	−0.80	−1.24	0.46	0.22	−8.77
恩施州	−0.33	−0.18	−0.48	−0.37	−0.66	−1.04	−1.17		−0.62	0.22	−4.63
利川市	−1.87	−0.18	0.44	0.19	−0.66	−0.46	−0.59		−1.54	−3.44	−8.11
建始县	−0.67	−1.03	−1.02	−0.55	0.42	−0.83	−0.97	−1.43	−2.16	0.22	−8.02
巴东县	0.57	0.91	0.60	0.19	0.74	1.50	1.35	1.21	0.46	0.22	7.75
宣恩县	−0.03	0.22	0.33	0.19	−0.66	−0.12	−0.26	−0.63	−0.16	0.22	−0.9
咸丰县	−0.26	−0.14	−0.8	0.19	−0.66	0.88	0.73	0.50	0.46	0.22	1.12
来凤县	1.13	0.91	0.60	0.19	2.96	1.50	1.35	1.21	0.46	0.22	10.53
鹤峰县	0.95	0.91	0.60	0.19	−0.66	−2.50	−2.62	−1.15		0.22	−4.06

注：$Z_{11} = Z_1 + Z_2 + Z_3 + Z_4 + Z_5 + Z_6 + Z_7 + Z_8 + Z_9 + Z_{10}$，$Z_1 \sim Z_{10}$ 分别代表第一期到第十期各市州阳光工程努力程度 Z 分数。

第三节　不同圈层各市县外出务工农民技能培训供给的计量分析

本节运用 SPSS 软件对相关数据进行差异分析和相关分析，差异分析主要包括不同圈层各市县外出务工农民技能培训供给的差异分析、不同圈层各区县农民工培训供给的方差分析、不同圈层各区县农民工培训供需匹配度的方差分析，相关分析主要包括不同圈层各市州经济联系与培训供需匹配度的相关分析、不同圈层各区县经济联系与外出务工农民培训供给的相关分析、不同圈层各区县经济联系与培训供需匹配度的相关分析。以上研究是本章的重点和落脚点,尤其是通过不同圈层各市州及各区县经济联系与培训供需匹配度的相关分析可以为不同经济联系的地区具有针对性的外出务工农民技能培训供给提供理论依据。

一、不同圈层各市州经济联系与外出务工农民培训供给的相关分析

经济联系量与参加过政府举办的技能培训人数相关性分析基于以下基本假设:经济联系量越大的城市,其转移就业劳动力职业技能培训供给强度越大,参加过政府举办的技能培训人数越多。因此,将 2010 年经济联系量作为组一,分别将 2010 年参与过政府举办的技能培训人数、2010 年参加过政府举办的技能培训人数、持有职业技术资格证书人数作为组二,对各组数据进行相关性分析,分析结果见表 5.9。

表 5.9　经济联系量与职业技能培训供给相关分析

项目	A_1	A_2	A_3
皮尔逊相关系数	0.479	0.398	0.440
Sig. 值	0.071	0.142	0.101

注:A_1 代表经济联系量与参与过政府举办的技能培训人数相关分析,A_2 代表经济联系量与参加过政府举办的技能培训人数相关分析,A_3 代表经济联系量与持有职业技术资格证书人数相关分析。

从表 5.9 中可以看到,经济联系量与 2010 年参与过政府举办的技能培训人数、2010 年参加过政府举办的技能培训人数、持有职业技术资格证书人数之间的相关系数均为正值,分别为 0.479、0.398、0.44,说明数据之间存在一定的正相关,但由于 Sig. 值分别为 0.071、0.142、0.101,均大于 0.05,反映出数据之间的相关性并不显著。

二、不同圈层各区县农民工培训供给的方差分析

由于 2008～2010 年中竞争腹地、边缘腹地均只有一个,分别为十堰市、恩施州,为保证差异分析结果的准确性,本研究从紧密腹地和次紧密腹地各抽取 8 个典型县区,与十堰市、恩施州所管辖的县市组成分析样本,确保各组数据的均匀性。在竞争腹地区域中选取大冶市、阳新县、大悟县、云梦县、广水市、红安县、英山县、武穴市为样本县,在次紧密腹地区域选取松滋市、公安县、兴山县、秭归县、南漳县、

谷城县、沙洋县、京山县为样本县。以将 2010 年参与过技能培训人数、2010 年参加过政府举办的技能培训人数、持有职业技术资格证书人数分别作为观测变量,将不同圈层各区县经济联系类别(紧密、次紧密、竞争、边缘腹地)作为控制变量,进行方差分析,得出以下分析结果,具体见表 5.10～表 5.12。

表 5.10 2010 年不同圈层各区县参与技能培训人数方差分析统计量

项目	平方和	自由度	均方差	F 值	Sig. 值
组间	41.667	3	13.889	2.335	0.096
组内	160.569	27	5.947		
总计	202.236	30			

表 5.11 2010 年不同圈层各区县参加过政府举办的技能培训人数方差分析统计量

项目	平方和	自由度	均方差	F 值	Sig. 值
组间	8.196	3	2.732	2.685	0.067
组内	27.471	27	1.017		
总计	35.667	30			

表 5.12 2010 年不同圈层各区县持有职业技术资格证书人数方差分析统计量

项目	平方和	自由度	均方差	F 值	Sig. 值
组间	4.557	3	1.519	2.655	0.069
组内	15.449	27	0.572		
总计	20.006	30			

从以上 2010 年不同圈层各区县与职业技能培训供给方差分析可看到,经济联系隶属度与参与过技能培训人数、参加过政府举办的技能培训人数、持有职业技术资格证书人数进行差异分析后得到的 Sig. 值分别为 0.096、0.067、0.069,均大于 0.05,表明经济联系隶属度与参与过政府办的技能培训人数、参加过政府举办的技能培训人数、持有职业技术资格证书人数之间没有显著差异。

三、不同圈层各区县经济联系与外出务工农民培训供给的相关分析

经济联系量与参加过政府举办的技能培训人数相关性分析基于以下基本假设:经济联系量越大的城市,其转移就业劳动力职业技能培训供给强度越大,参加过政府举办的技能培训人数越多。将 2010 年经济联系隶属度(紧密、次紧密、竞争、边缘腹地)作为组一,将 2010 年培训供给人数作为组二,对两组数据进行相关

性分析,分析结果如表 5.13。

表 5.13　各区县经济联系隶属度与职业技能培训供需匹配度相关分析统计量

项目	A_1	A_2	A_3
皮尔逊相关系数	0.171	0.141	0.232*
Sig. 值	0.151	0.238	0.050

注:A_1 代表经济联系量与参加过职业技能培训人数相关分析,A_2 代表经济联系量与参加过政府举办的技能培训人数相关分析,A_3 代表经济联系量与持有职业技术资格证书人数相关分析。

从以上各区县经济联系隶属度与职业技能培训供需匹配度的相关分析可看到相关分析后的结果:相关系数分别为 0.171、0.141、0.232,Sig. 值分别为 0.151、0.238、0.050,说明经济联系隶属度与参加过职业技能培训人数、参加过政府举办的技能培训人数不存在显著相关,经济联系隶属度与持有职业技术资格证书人数存在显著的正相关性,经济联系隶属度紧密的区县持有职业技术资格证书人数较多。

通过本章研究,主要得出以下发现。

第一,通过对湖北省外出务工农民技能培训供给总体状况分析发现,在市州层级,2010 年参加职业技能培训的外出务工人员人数,从高到低排列依次为黄冈市、孝感市、武汉市、十堰市、恩施州,不仅有对外经济联系紧密度大处于紧密腹地的地区,也有对外经济联系紧密度小处于竞争腹地、边缘腹地的地区。在区县层级,2010 年培训供给处在总体平均水平之下的县区为 46 个,大部分县区培训供给处在总体平均水平之下,体现出培训供给总体上不均衡性。

第二,各市州外出务工农民技能培训供需匹配度处于前三位的分别是随州市(65.63%)、武汉市(38.60%)、鄂州市(34.27%)。供需匹配度处于后三位的分别是天门市(12.44%)、黄石市(14.23%)、荆州市(19.09%)。各区县外出务工农民技能培训供需匹配度处于前三位的分别是咸丰县(86.18%)、红安县(85.16%)、黄陂区(60.16%)。供需匹配度处于后三位的区县分别是孝感市辖区(4.48%)、曾都区(5.63%)、江陵县(8.27%)。

第三,第一期到第十期阳光工程培训项目各市州平均努力程度大体上在 60% 以上,但是各市州平均努力程度的波动性较大,最高的第十期培训达到 96%,最小为第五期培训 11%。类似的情况出现在各区县第一期到第十期阳光工程培训项目中。

第四,各市州 2010 年经济联系量与职业技能培训供给存在弱相关或中等程度相关。各市州 2010 年经济联系隶属度与职业技能培训供给大体上存在正弱相关。各市州经济联系隶属度与参与过政府举办的技能培训人数、参加过政府举办的技能培训人数、持有职业技术资格证书人数之间没有显著差异。

　　第五,各区县经济联系隶属度与参加过职业技能培训人数占外出劳动力总量比重之间差异性不显著,经济联系隶属度与参加过政府举办的技能培训人数占外出劳动力总量比重差异显著,也就是说,政府在提供职业技能培训过程中,对不同经济隶属度的县区提供的培训在人数上有显著差异,经济隶属度越紧密的区县获得培训的人数越多。各区县经济联系隶属度与参加过职业技能培训人数、参加过政府举办的技能培训人数不存在显著相关,经济联系隶属度与持有职业技术资格证书人数存在显著的正相关性,经济联系隶属度紧密的区县持有职业技术资格证书人数较多。各区县经济联系量与职业技能培训供需匹配的相关性不稳定,不存在显著相关。

第六章

湖北省外出务工农民
技能培训供需均衡分析

本章基于供需分析框架,从同一市县的外出务工农民技能培训供需均衡和不同市县的外出务工农民技能培训供需匹配度的角度比较分析两个层面,分别对湖北省各地外出务工农民技能培训供需均衡水平进行评价。

第一节 湖北省各市州外出务工农民技能
培训供需匹配现状分析

各市州外出务工农民技能培训供需匹配度主要体现在参加过职业技能培训人数占外出劳动力总量的比例,比例越大,说明各市州外出务工农民技能培训供需匹配度越好。2010年各市州外出务工农民技能培训供需匹配度见表6.1,从表6.1中可以看到,供需匹配度处于前三位的分别是随州市(65.63%)、武汉市(38.60%)、鄂州市(34.27%),供需匹配度处于后三位的分别是天门市(12.44%)、黄石市(14.23%)、荆州市(19.09%)。

表 6.1 2010年各市州外出务工农民技能培训供需匹配度分析 单位:%

地区	C_1	C_2	C_3
武汉市	0.39	0.16	0.12
黄石市	0.14	0.05	0.05
十堰市	0.33	0.19	0.14
荆州市	0.19	0.09	0.09
宜昌市	0.30	0.13	0.13
襄樊市	0.23	0.09	0.12

地区	C_1	C_2	C_3
鄂州市	0.34	0.12	0.11
荆门市	0.29	0.12	0.11
孝感市	0.31	0.12	0.12
随州市	0.66	0.09	0.13
黄冈市	0.28	0.11	0.15
咸宁市	0.22	0.09	0.09
恩施州	0.27	0.08	0.09
仙桃市	0.21	0.03	0.08
天门市	0.12	0.03	0.08
潜江市	0.21	0.05	0.03

注：C_1 代表参加过职业技能培训人数占外出劳动力总量比，C_2 代表参加过政府举办的技能培训人数占外出劳动力总量比，C_3 代表持有职业技术资格证书人数占外出劳动力总量比。

以 2010 年的外出劳动力总量和参加过职业技能培训人数平均水平为参照(图 6.1)，把各个市州外出务工农民职业技能培训的发展水平划分为两种基本类型。

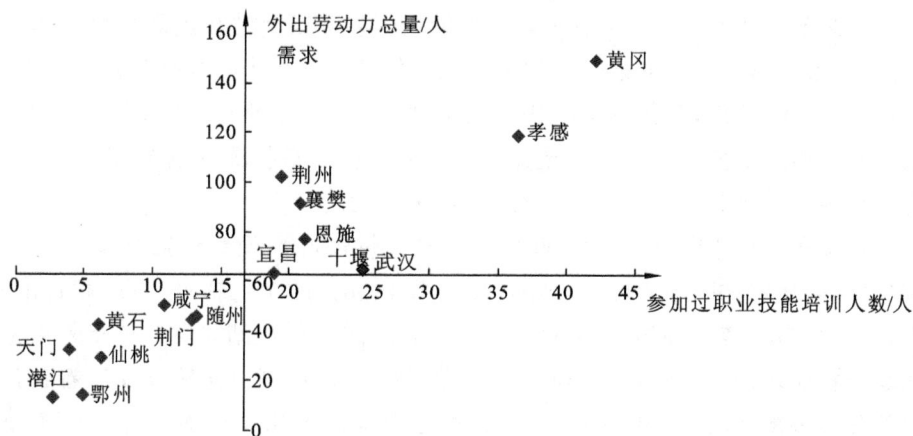

图 6.1　2010 年各市州外出务工农民技能培训供需情况散点图

(1)供需双维较高型，指外出务工农民职业技能培训的供给强度和需求强度均高于全省平均水平的 8 个市州，即黄冈市、孝感市、十堰市、武汉市、宜昌市、襄樊市、恩施州、荆州市，其外出务工农民职业技能培训的供给和需求都处于相对较高的水平。

（2）供需双维较低型，指外出务工农民职业技能培训的供给强度和需求强度均低于全省平均水平的 8 个市，即荆门市、随州市、仙桃市、黄石市、天门市、潜江市、咸宁市、鄂州市。

从供需匹配度和供需均衡两方面来看，湖北省各市州外出务工农民职业技能培训状况主要呈现出以下几个特点。

（1）总体上看，湖北省各市州外出务工农民职业技能培训处于供需匹配度低和非供需均衡的状态。如果以供给占需求 30％作为现阶段可接受的供需匹配度界限，则仅有 5 个市处于可接受的供需匹配度状态，分别是随州市、武汉市、鄂州市、十堰市、孝感市，仅占湖北省 16 个市州小部分（31％），有 8 个市州（50％）的外出务工农民职业技能培训供需匹配度处于湖北省平均水平之下，反映出湖北省外出务工农民职业技能培训总体上处于低水平发展阶段。另外，从供需均衡来看，以 45°对角线作为供需均衡标准，从湖北省各市州外出务工农民职业技能培训供需均衡分布状况示意图（图 6.1）也可以比较直观地发现湖北省各市州外出务工农民职业技能培训的供需强度分布在 45°对角线附近的较少，湖北省各市州外出务工农民职业技能培训的供需强度指数偏离 45°对角线幅度较大，这反映出湖北省各市州外出务工农民职业技能培训的供需强度相对不均衡。

（2）少部分市州外出务工农民职业技能培训供需匹配度和供需均衡水平均相对较高，具备了率先发展的条件。供需匹配度较高的 5 个市，即随州市、武汉市、鄂州市、十堰市、孝感市，其供需均衡状态也相对较好的有孝感市、随州市、鄂州市，从湖北省各市州外出务工农民职业技能培训供需均衡分布状况示意图（图 6.1）也可以比较直观地看到其供需强度分布在 45°对角线附近。

（3）部分市州外出务工农民职业技能培训供需匹配度和供需均衡水平均过低，需要加大扶持和引导力度。供需匹配度低于 20％的市包括荆州市、黄石市、天门市，其供需匹配度分别为 19.09％、14.23％、12.44％，从湖北省各市州外出务工农民职业技能培训供需均衡分布状况示意图（图 6.1）也可以比较直观地看到其供需强度分布偏离 45°对角线较大。因此，这三个地区迫切需要加大外出务工农民职业技能培训的供给力度和调节供需均衡度。

第二节　湖北省各区县外出务工农民技能培训供需匹配现状分析

各区县外出务工农民技能培训供需匹配度主要体现在参加过职业技能培训人

数占外出劳动力总量的比重,比重越大,说明各市州外出务工农民技能培训供需匹配度越好。各区县外出务工农民技能培训供需匹配度见表6.2,从表6.2中可以看到,2010年参加过职业技能培训人数占外出劳动力总量比重最高的五个区县,从高到低依次为咸丰县(86.18%)、红安县(85.16%)、黄陂区(60.16%)、房县(49.46%)、荆门市辖区(49.46%);比重最低的五个区县,从高到低依次为建始县(11.96%)、巴东县(9.56%)、洪湖市(8.6%)、宣恩县(8.56%)、江陵县(8.27%)。2010年参加过政府举办的技能培训人数占外出劳动力总量比重最高的五个区县,从高到低依次为红安县(27.89%)、郧西县(28.47%)、房县(26.77%)、咸丰县(24.19%)、英山县(22.80%);比重最低的五个区县,从高到低依次为洪湖市(4.19%)、崇阳县(3.03%)、宣恩县(2.66%)、江陵县(2.88%)、建始县(0.49)。2010年持有职业技术资格证书人数占外出劳动力总量比重最高的五个区县,从高到低依次为麻城市(33.3%)、江夏区(24.63%)、荆门市辖区(22.79%)、武汉市辖区(22.00%)、郧西县(21.05%);比重最低的五个区县,从高到低依次为黄陂区(3.00%)、来凤县(3.00%)、宣恩县(3.21%)、建始县(3.50%),参加过职业技能培训人数占外出劳动力总量比、参加过政府举办的技能培训人数占外出劳动力总量比、持有职业技术资格证书人数占外出劳动力总量比的平均值分别为0.27%、0.11%、0.12%(表6.3),反映出各区县外出务工农民技能培训供需匹配度还处在较低水平。

表6.2　各区县外出务工农民技能培训供需匹配度的均衡分析　　单位:%

地区	D_1	D_2	D_3
武汉市辖区	38.92	14.29	22.00
蔡甸区	23.24	12.25	13.87
江夏区	17.85	12.84	24.63
黄陂区	60.16	19.16	3.21
新洲区	21.60	13.67	14.76
黄石市辖区	17.70	4.42	9.73
大冶市	17.40	5.40	9.35
阳新县	12.61	4.80	3.52
十堰市辖区	36.41	19.90	18.93
丹江口市	35.00	16.61	17.26
郧县	25.31	16.13	14.60
郧西县	40.51	28.47	21.05

续表

地区	D_1	D_2	D_3
竹山县	16.98	8.17	9.17
竹溪县	20.21	9.00	6.05
房县	49.46	26.77	10.49
荆州市辖区	16.48	6.32	8.58
江陵县	8.27	2.88	8.99
松滋市	32.40	13.92	12.84
公安县	24.86	9.54	8.31
石首市	18.09	9.31	11.41
监利县	15.82	9.25	7.15
洪湖市	8.60	4.19	6.25
宜昌市县区	32.37	12.32	14.01
夷陵区	31.24	12.59	18.17
宜都市	30.45	14.83	13.03
枝江市	40.18	12.74	14.16
当阳市	31.54	16.80	12.81
远安县	38.85	10.40	8.92
兴山县	22.97	8.11	9.91
秭归县	19.21	11.95	7.88
长阳县	25.07	10.66	12.07
五峰县	36.39	14.87	18.99
襄樊市辖区	16.37	5.73	8.51
老河口市	29.91	6.84	13.43
襄阳区	23.46	5.77	11.27
枣阳市	31.03	16.52	19.09
宜城市	25.65	11.30	15.71
南漳县	16.67	7.05	9.52
谷城县	14.70	4.61	7.22
保康县	25.70	9.94	13.51
荆门市辖区	48.53	17.10	22.79

续表

地区	D_1	D_2	D_3
沙洋县	16.61	9.50	6.46
钟祥市	26.17	13.73	11.05
京山县	34.57	7.59	8.35
孝感市辖区	31.65	7.13	9.50
孝昌县	35.69	16.17	11.25
大悟县	24.93	17.29	12.78
安陆市	22.74	9.71	9.44
云梦县	56.84	7.99	16.49
应城市	17.96	8.82	12.49
汉川市	33.93	13.37	13.12
曾都区	15.27	7.77	16.55
广水市	31.11	12.53	7.33
黄冈市辖区	30.47	7.08	20.39
团风县	23.31	11.71	10.27
红安县	85.16	27.89	14.84
麻城市	29.80	7.79	33.53
罗田县	22.13	9.44	16.28
英山县	44.15	22.80	20.21
浠水县	12.48	12.07	5.83
蕲春县	11.87	8.22	7.85
武穴市	19.30	7.94	12.39
黄梅县	31.32	4.61	7.17
咸安区	18.37	9.33	7.58
嘉鱼县	26.80	10.72	11.39
赤壁市	26.87	10.33	11.49
通城县	25.50	12.70	11.96
崇阳县	11.39	3.03	3.76
通山县	21.93	9.22	8.32
恩施州	25.39	9.92	11.21
利川市	21.70	7.73	10.59

地区	D_1	D_2	D_3
建始县	10.96	0.49	0.79
巴东县	9.56	4.03	4.03
宣恩县	8.56	2.66	3.23
咸丰县	86.18	24.19	21.47
来凤县	33.10	4.20	3.50
鹤峰县	17.19	9.69	10.41

注:D_1 代表参加过职业技能培训人数占外出劳动力总量比,D_2 代表参加过政府举办的技能培训人数占外出劳动力总量比,D_3 代表持有职业技术资格证书人数占外出劳动力总量比。

表 6.3 各区县外出务工农民技能培训供需匹配度分析描述量

项目	全距	极大值	极小值	均值	标准差	变异系数
C_1	0.82	0.86	0.04	0.27	0.15	0.55
C_2	0.28	0.28	0.00	0.11	0.06	0.52
C_3	0.33	0.34	0.01	0.12	0.06	0.48

以 2010 年的外出劳动力总量和参加过职业技能培训人数平均水平为参照(图 6.2),把各区县外出务工农民职业技能培训的发展水平划分为四种基本类型。

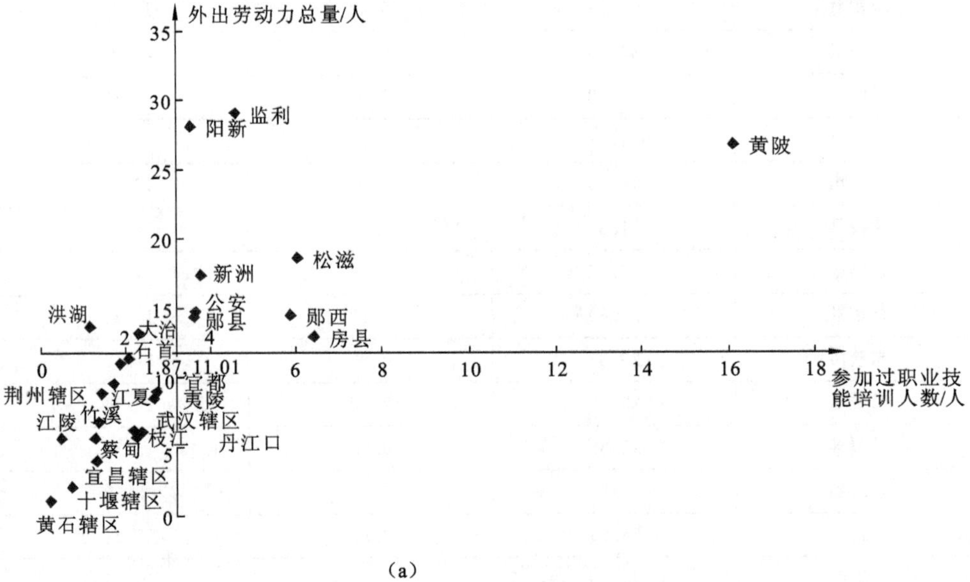

(a)

图 6.2　2010 年各区县外出务工农民技能培训供需情况散点图

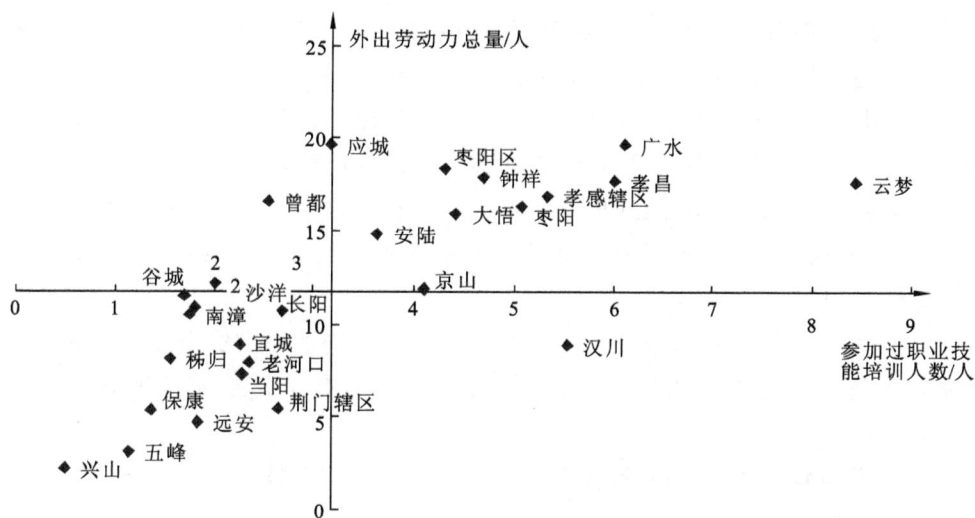

（b）

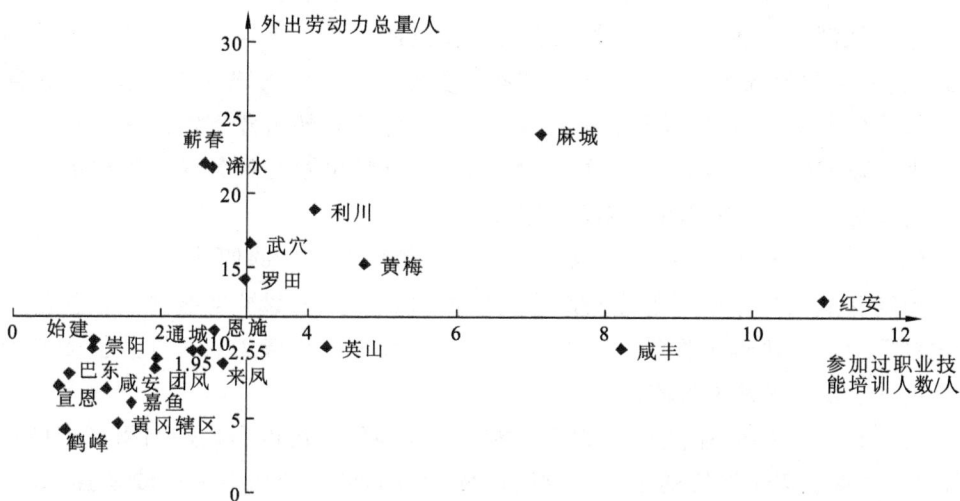

（c）

图 6.2 2010 年各区县外出务工农民技能培训供需情况散点图（续）

通过以上分析，可以将 2010 年各区县外出务工农民职业技能培训状况分为以下四种基本状态。

（1）供需双维较高型，指外出务工农民职业技能培训的供给强度和需求强度均高于全省平均水平的 24 个区县——黄陂区、监利县、阳新县、松滋市、新洲区、公安县、郧县、郧西县、房县、云梦县、广水市、孝昌县、孝感市辖区、枣阳、钟祥市、大悟县、安陆市、京山县、枣阳市、麻城市、利川市、武穴市、黄梅县、红安县,其外出务工农民职业技能培训的供给和需求都处于相对较高的水平。

(2)供需双维较低型,指外出务工农民职业技能培训的供给强度指数和需求强度指数均低于全省平均水平的 45 个区县,包括竹山、石首等区县。

(3)需求单维较高型,指外出务工农民职业技能培训的需求强度指数高于全省平均水平,而供给强度指数低于全省平均水平的,只有 5 个区县,即大冶市、洪湖市、浠水县、蕲春县、罗田县。

(4)供给单维较高型,指外出务工农民职业技能培训的供给强度指数高于全省平均水平,而需求强度指数低于全省平均水平的,只有 3 个区县,即汉川市、英山县、咸丰县。

从供需均衡角度看,湖北省各区县外出务工农民职业技能培训状况主要呈现出以下几个特点。

(1)总体上看,湖北省各区县外出务工农民职业技能培训处于非供需均衡的状态。从湖北省各区县外出务工农民职业技能培训供需均衡分布状况示意图(图 6.2)也可以比较直观地发现湖北省各区县外出务工农民职业技能培训的供需强度指数分布在 45°对角线附近的较少,湖北省各区县外出务工农民职业技能培训的供需强度指数偏离 45°对角线幅度较大,这反映出湖北省各区县外出务工农民职业技能培训的供需强度相对不均衡。

(2)供需双维较低型区县占大多数。从供需模型给出的四种基本状态看,供需双维较低型区县有 45 个区县(超过半数)的外出务工农民职业技能培训供给和需求水平均处于湖北省平均水平之下,反映出湖北省外出务工农民职业技能培训总体上处于低水平发展阶段。

(3)少部分区县外出务工农民职业技能培训供需匹配度和供需均衡水平均相对较高,具备了率先发展的条件。供需匹配度较高的 5 个区县——咸丰县、红安县、黄陂区、云梦县、房县中,其供需均衡状态也相对较好的有咸丰县、云梦县,从湖北省各市州外出务工农民职业技能培训供需均衡分布状况示意图(图 6.2)也可以比较直观地看到咸丰县、云梦县供需强度分布离 45°对角线较近。

(4)部分市州外出务工农民职业技能培训供需匹配度和供需均衡水平均过低,需要加大扶持和引导力度。供需匹配度低于 10% 的市包括巴东县、洪湖市、宣恩县、江陵县,其供需匹配度分别为 9.56%,8.60%,8.56%,8.27%,从湖北省各市州外出务工农民职业技能培训供需均衡分布状况示意图(图 6.2)可以比较直观地看到其供需强度分布偏离 45°对角线也较大。因此,这 4 个区县迫切需要加大外出务工农民职业技能培训的供给力度并调节供需均衡度。

第三节　不同圈层各市县经济联系与培训供需匹配度的相关分析

前两节分别从外出务工农民技能培训供需均衡和外出务工农民技能培训供需匹配度比较分析两个层面对湖北省各市县外出务工农民技能培训供需均衡水平进行了评价,总体上了解了湖北省各市县外出务工农民技能培训供需匹配度和均衡水平,本节基于经济联系紧密度会对外出务工农民技能培训供需匹配度产生影响的假设,探讨不同圈层各市县经济联系与外出务工农民技能培训供需匹配度的相关度。

一、不同圈层各市州经济联系与培训供需匹配度的相关分析

经济联系与培训供需匹配度相关性分析基于以下基本假设:经济联系量越大的城市,其转移就业劳动力职业技能培训供给强度越大,参加技能培训人数比例越多,供需匹配度越高。将 2010 年经济联系量作为组一,分别将 2010 年参加过职业技能培训人数占 2010 年外出劳动力总量比重、2010 年参加过政府举办的技能培训人数占 2010 年外出劳动力总量比重、持有职业技术资格证书人数占 2010 外出劳动力总量比重作为组二,对各组数据进行相关性分析,分析结果见表 6.4。

表 6.5　经济联系量与职业技能培训供需匹配的相关分析

项目	A_1	A_2	A_3
皮尔逊相关系数	0.355	0.305	0.328
Sig. 值	0.194	0.269	0.233

注:A_1 代表经济联系量与参加过职业技能培训人数占外出劳动力总量的比重相关分析,A_2 代表经济联系量与参加过政府举办的技能培训人数占外出劳动力总量的比重相关分析,A_3 代表经济联系量与持有职职业技术资格证书人数占外出劳动力总量的比重相关分析。

从表 6.4 中可以看到,经济联系量与 2010 年参加过职业技能培训人数占 2010 年外出劳动力总量比重、2010 年参加过政府举办的技能培训人数占 2010 年外出劳动力总量比重、持有职业技术资格证书人数占 2010 年外出劳动力总量比重之间的相关系数均为正值分别为 0.355、0.305、0.328,说明样本之间存在一定的

正相关,但 Sig. 值分别为 0.194、0.269、0.233,Sig. 值均大于 0.05,由此可判断各市州 2010 年经济联系量与职业技能培训供给相关性并不显著。不同圈层各市州经济联系与培训供需匹配度的相关性还可以从经济联系紧密度的角度进一步阐释,第二章已通过建立经济联系隶属度模型,将湖北省各市州分为紧密腹地、次紧密腹地、竞争腹地、边缘腹地,其中 2010 年属于紧密腹地的地区分别为孝感市、黄冈市、黄石市、咸宁市,属于次紧密腹地的地区分别为鄂州市、仙桃市、荆州市、襄樊市、随州市、潜江市、荆门市、宜昌市、天门市,属于竞争腹地的地区为十堰市,属于边缘腹地的地区为恩施州。

1. 紧密腹地区域培训匹配度分析

属于紧密腹地的孝感市、黄冈市、黄石市、咸宁市均处于武汉城市圈,借助相对较好的资源条件、优越的交通通信区位、比较雄厚的产业基础、充足的科教和人才资源、支持力度不断加大的宏观政策,处于紧密腹地区域的城市正处于经济发展的"黄金时期",经济的发展不仅需要掌握先进技术的高端职业技术人才,更需要大量将先进技术与工艺付诸产业化生产的中低端职业技术人才,而外出务工农民无疑是中低端职业技术人才的主力军,从职业技术培训匹配度的情况来看,外出务工农民职业技能培训旺盛的需求并没有足够的供给与之相匹配,孝感市、咸宁市、黄石市、黄冈市的培训供需匹配度分别为 30.70%、21.63%、14.23%、28.32%,从一个侧面反映出经济联系紧密度并没有与外出务工农民职业技能培训相匹配。

2. 次紧密腹地区域培训匹配度分析

属于次紧密腹地区域的城市较多,包括鄂州市、仙桃市、荆州市、襄樊市、随州市、潜江市、荆门市、宜昌市、天门市,次紧密腹地区域的城市根据其特点可分为以下几种:第一种属于武汉"1+8"城市圈范围城市,依靠经济、地理等良好的外部环境,加上较为有效的政策措施,使经济社会发展规模水平和拥有资源水平等方面均处于全省较高的水平,如鄂州市、仙桃市、天门市、潜江市;第二种是经济基础较为雄厚、经济规模较大、工业较发达的城市,如襄樊市、宜昌市;第三种是经济基础和规模一般,但经济发展速度较快的城市,如荆门市、荆州市;第四种是经济规模较小,但产业发展极具特色的城市,如随州市形成了专用汽车及零部件、风机制造、农产品加工为主导的地方工业体系。因此,属于次紧密腹地区域的城市大多具有较好的经济发展环境,对外出务工农民职业技能培训的需求较大,但除了随州市外出务工农民职业技能培训的供需匹配度达到 65.63%,其他各市均处于较低水平,荆州市为 19.09%,宜昌市为 29.98%,襄樊市为 22.88%,鄂州市为 34.27%,荆门市为 28.72％,仙桃市为 21.39％,天门市为 12.44％,潜江市为 20.73％。其中,天门是全国著名的棉花之乡,以第一产业为主,该地参加职业技能培训的农民较少,导致职业技能培训的供给较小,供需匹配度仅为 12.44％。

3. 竞争腹地区域培训匹配度分析

属于竞争腹地区域的城市仅有十堰市,在发展的实践过程中以汽车产业为主导产业,以旅游业为新的经济增长极,由于经济基础和发展速度一般,且与中心城市武汉相距较远,被划分为竞争腹地区域,其对外出务工农民职业技能培训的需求主要体现在汽车产业和旅游产业方面,2010 年其外出务工农民职业技能培训供需匹配度为 32.53％,虽然处于较低水平,但相比其他市州处于较高水平。

4. 边缘腹地区域培训匹配度分析

属于边缘腹地区域的城市仅有恩施州,将其划为边缘腹地区域主要源于其地理环境较为恶劣,经济基础薄弱,自身对外出务工农民的吸引力较弱,是外出务工农民流出人数较多的市州,尽管其培训供需匹配度为 27.35％,与其他市州相比供需匹配度并不低,但其外出务工农民职业技能培训的供给 70％以上来自政府以外的培训渠道。

二、不同圈层各区县经济联系与培训供需匹配度的相关分析

经济联系与培训供需匹配度相关性分析基于以下基本假设:经济联系越紧密的城市,其转移就业劳动力职业技能培训供给强度越大,参加技能培训人数比例越多,供需匹配度越高。由于缺乏各区县经济联系量数据,将各区县经济联系隶属度(紧密、次紧密、竞争、边缘腹地)作为组一,将各区县培训供需匹配度作为组二,进行相关分析,分析结果如表 6.5 所示。

表 6.5　2010 年各区县经济联系量与职业技能培训供需匹配的相关分析

项目	A_1	A_2	A_3
皮尔逊相关系数	−0.026	−0.037	0.133
Sig. 值	0.831	0.757	0.264

注:A_1 代表经济联系隶属度与参加过职业技能培训人数占外出劳动力总量的比重相关分析,A_2 代表经济联系隶属度与参加过政府举办的技能培训人数占外出劳动力总量的比重相关分析,A_3 代表经济联系隶属度与持有职业技术资格证书人数占外出劳动力总量的比重相关分析。

从以上各区县经济联系量与职业技能培训供需匹配的相关性综合分析可看到,相关系数分别为−0.026、−0.037、0.133,Sig. 值分别为 0.831、0.757、0.264,

Sig.值均大于0.05,相关分析结果说明各区县经济联系量与职业技能培训供需匹配并不存在显著相关性。不同圈层各区县经济联系与培训供需匹配度的相关性还可以从经济联系紧密度的角度进一步阐释。

1. 紧密腹地区域培训匹配度分析

属于紧密腹地的区县有25个,包括黄石市辖区、大冶市、阳新县、孝感市辖区、孝昌县、大悟县、安陆市、云梦县、应城市、汉川市、曾都区、广水市、黄冈市辖区、团风县、红安县、麻城市、罗田县、英山县、浠水县、蕲春县、武穴市、黄梅县、咸安区、嘉鱼县、赤壁市、通城县、崇阳县、通山县,各区县外出务工农民职业技能培训供需匹配度平均值为26%,最高的区县是黄冈地区的红安县,其外出务工农民职业技能培训供需匹配度达到85.16%,该县外出务工劳动力总量并不算多,为12.87万人,但其参加职业技能培训的人数达到10.96万人,其中参加政府组织的职业技能培训人数仅为3.59万人,说明大部分外出务工劳动力参加的是政府性质以外的其他社会培训。值得注意的是,红安县2010年实现地区生产总值76亿元,增长16.4%,其传统产业是农业,并以现代农业产业化功能区为平台,全力实现农业的转型升级,其传统产业逐渐建设成优势产业,农产品加工业十分发达,正规划建设19个现代农业产业化功能区。正因为该县农产品加工业发达,主动参加职业技能培训的人数多,才使其外出务工农民职业技能培训供需匹配度处于领先的地位。紧密腹地外出务工农民职业技能培训供需匹配度最低的区县是崇阳县,该县外出务工劳动力总量为9.57万人,但参加职业技能培训的劳动力仅1.09万人,外出务工农民职业技能培训供需匹配度仅为11.39%。崇阳县经济整体实力较弱,2010年全县生产总值为56.8亿元,外出务工劳动力较多,地方经济欠发达,外出务工劳动力职业技能培训力度不足是其培训供需匹配度处于低位的主要原因。

2. 次紧密腹地区域培训匹配度分析

2010年属于次紧密腹地区域的区县有29个,包括荆州市辖区、江陵县、松滋市、公安县、石首市、监利县、洪湖市、宜昌市辖区、夷陵区、宜都市、枝江市、当阳市、远安县、新山县、秭归县、长阳县、五峰县、襄樊市辖区、老河口市、襄樊市、枣阳市、宜城市、南漳县、谷城县、保康县、荆门市辖区、沙洋县、钟祥市、京山县。2010年各区县外出务工农民职业技能培训供需匹配度平均值为26%。外出务工农民职业技能培训供需匹配度最高的区县是荆门市辖区,达48.53%,该区2010年外出务工劳动力不多,仅为5.44万人,但参加培训人数达2.64万人。紧密腹地外出务工农民职业技能培训供需匹配度最低的区县是江陵县,仅为8.27%,2010年江陵县外出务工劳动力为 5.56 万人,但参加培训人数仅为 0.46 万人。江陵县经济欠发达,2010 年全县生产总值仅 34.35 亿元,该县经济不发达,外出务工劳动力职业技能培训供给能力不足是其培训供需匹配度处于低位的主要原因。

3. 竞争腹地区域培训匹配度分析

2010 年属于竞争腹地区域的区县有 7 个,包括十堰市辖区、丹江口市、郧县、郧西县、竹山县、竹溪县、房县。外出务工农民职业技能培训供需匹配度最高的区县是房县,达 49.46%,该县 2010 年外出务工劳动力为 12.96 万人,参加培训人数达 6.41 万人。2010 年,该县实现生产总值 42 亿元,工业经济增势强劲,2010 年实现工业总产值 25.4 亿元,增长 46.6%,迅猛增长的工业经济是其外出务工农民职业技能培训供需匹配度较高的重要原因。紧密腹地外出务工农民职业技能培训供需匹配度最低的区县是竹山县,仅为 16.98%,该县 2010 年外出务工劳动力 11.01 万人,但参加培训人数仅为 1.87 万人。竹山县经济较为落后,2010 年全县生产总值为 35 亿元,三次产业结构调整为 29∶39∶32,农业在产业结构中所占比例较高,外出务工劳动力职业技能培训力度不足是其培训供需匹配度处于低位的主要原因。

4. 边缘腹地区域培训匹配度分析

2010 年属于边缘腹地区域的区县有 8 个,包括恩施州、利川市、建始县、巴东县、宣恩县、咸丰县、来凤县、鹤峰县。外出务工农民职业技能培训供需匹配度最高的区县是咸丰县,达 86.18%,该县 2010 年外出务工劳动力为 9.55 万人,但参加培训人数达 8.23 万人,其中参加政府组织的培训仅为 2.31 万人,说明大部分外出务工劳动力参加的是政府性质以外的其他社会培训。与黄冈市红安县相似的是,咸丰县大力发展茶叶等特色农产业,咸丰县成功创建了"国家有机农业(茶叶)示范基地"和"全国绿色食品原料(茶叶)供应基地"。此外,咸丰县旅游资源较为丰富,是一个朝阳产业,正因为咸丰县农产品加工业和旅游业较为发达,主动参加职业技能培训的人数多,才使其外出务工农民职业技能培训供需匹配度处于领先的地位。边缘腹地区域外出务工农民职业技能培训供需匹配度最低的区县是宣恩县,为 8.56%,该县 2010 年外出务工劳动力为 7.13 万人,但参加培训人数仅为 0.61 万人。水电、农产品加工、矿产资源开发是该县的三大支柱工业。其中,水电产业是第一大支柱产业,宣恩县经济落后,2009 年全县生产总值仅为 24.4 亿元,特殊的工业结构及经济不发达是其外出务工农民职业技能培训供需匹配度处于低水平的重要原因。

从总体上看,湖北省各市州及各区县外出务工农民职业技能培训处于非供需均衡的状态,各市州外出务工农民职业技能培训的供需均衡总体上还处于低水平状态,供需水平低于湖北省平均水平的市州占大多数,少部分市州和区县外出务工农民职业技能培训供需均衡水平相对较高,具备了率先发展的条件;部分市州和区县供需严重失衡,供给强度明显弱于需求强度,需要加大供给力度,在市州一级有黄石市、随州市、天门市,在区县一级有黄石市辖区、谷城县、江陵县、洪湖市、阳新县、巴东县、崇阳县、宣恩县、建始县。部分地方供给强度超过了全省的平均水平,在市州一级有黄冈市,在区县一级有红安县、咸丰县、郧西县、黄陂区、房县、英山县、荆门市辖区、云梦县。

根据上述对湖北省各市州及各区县外出务工农民职业技能培训状况的分析,可以得到以下几点基本结论。

首先,总体上看,湖北省各市州及各区县外出务工农民职业技能培训呈现出区域不均衡发展的特征,在一定程度上制约了武汉城市圈的建设和发展。尽管在国家及湖北省促进中部崛起的宏观政策支持背景下,一方面,政府部门对外出务工农民职业技能培训更加重视,另一方面,"市场"这只无形之手在供给和拉动需求方面发挥着越来越重要的作用,但总体上看,供需仍处于不均衡的状态,不利于武汉城市圈的可持续发展。

其次,少数地区外出务工农民职业技能培训虽然处于供需均衡的状态,但这种供需水平不高(低于湖北省平均水平)的均衡状态可定义为"低水平均衡"。供需均衡的状态有可能掩盖其地区低水平发展的发生风险,为此我们建议,针对湖北省各市州及各区县外出务工农民职业技能培训区域之间供需总体不均衡、达到均衡状态的各市州及各区县均衡程度不同情况,应该加以分类指导:对于供需水平较高的地区,鼓励其先行先试,率先发展;对于供需失衡的地区,提出风险预警,要求加大其外出务工农民职业技能培训发展力度;对于低水平发展地区,应加大扶持力度,赶上湖北省平均水平。

总的来说,湖北省各市县外出务工农民职业技能培训不能无序和盲目,应根据各市县的经济发展水平和规模、产业结构确定外出务工农民职业技能培训的内容与强度,为加快推进武汉城市圈建设,提升武汉城市圈的整体竞争力提供人力、智力支撑。

第七章

湖北省外出务工农民
技能培训效率的均衡分析

目前,国内关于外出务工农民技能培训效率的评价还非常少,这种现状使得社会各界对外出务工农民技能培训推动经济社会发展作用十分模糊,如何设置客观、合理的评价指标,选择合适的分析评价模型进行有效评价,对于深入探寻外出务工农民技能培训效率的区域差异,因地制宜地制定湖北省农村职业教育均衡发展战略有着重要的理论与现实意义。本章拟运用 DEA 模型对湖北省外出务工农民技能培训效率进行综合评价。

第一节　指标选取与计量模型

本章运用 DEA 方法对湖北省外出务工农民技能培训效率进行评价,借鉴已有的相关研究,同时兼顾指标的科学性、可得性和可比性等原则,形成本章的评价指标,由于其他相关指标没有获取,本章的评价指标仍然不够全面,仅从一个侧面反映出目前湖北省外出务工农民技能培训效率状况。此外,研究中由于缺乏 2008 年、2009 年持有职业技术资格证书人数的数据,仅对 2010 年湖北省各市县外出务工农民技能培训效率进行分析,无法对湖北省各市县外出务工农民技能培训效率状况进行纵向比较。

一、指标选取

运用 DEA 方法对外出务工农民技能培训效率进行评价,首先,需确定外出务工农民技能培训的投入指标。对于外出务工农民技能培训而言,投入包括政府培训投入与社会其他方式投入。培训投入多少很大程度体现在培训人数上,而其他渠道的努力程度又难以量化,因此,仅将 2010 年参加过职业技能培训人数、2010

年参加过政府举办的技能培训人数作为对外出务工农民技能培训效率进行评价的
投入指标。其次,需确定外出务工农民技能培训的输出指标。对于外出务工农民
技能培训而言,其输出主要表现在资格证书获取、持续工作时间、经济收入等方面,
囿于能获取的数据,仅将资格证书获取人数、持续工作 6 个月以上人数、经济收入
作为外出务工农民技能培训效率评价的输出指标。本章初步选取的投入输出指标
见表 7.1。

表 7.1 外出务工农民技能培训投入输出指标

投入指标(X)	输出指标(Y)
2010 年参加过职业技能培训人数	资格证书获取人数
2010 年参加过政府举办的技能培训人数	持续工作 6 个月以上人数
	经济总收入

二、评估模型与数据说明

本章假设有 n 个 DMU,每个 DMU 都有 l 种输入和 m 种输出。在符号上,x_j
表示 DMU_j 的输入向量,y_j 表示 DMU_j 的输出向量,则评价第 k 个市州(或区县)
外出务工农民技能培训效率如下:

$$C^2R \text{ 模型:s.t.} \begin{cases} \min\theta \\ \sum_{j=1}^{n} x_j\lambda_j + s^- = \theta \cdot x_k \\ \sum_{j=1}^{n} y_j\lambda_j - s^+ = y_k \\ \lambda_j \geqslant 0, j=1,2,\cdots,n, s^+ \geqslant 0, s^- \geqslant 0 \end{cases}$$

$$C^2GS^2 \text{ 模型:s.t.} \begin{cases} \min\varphi \\ \sum_{j=1}^{n} x_j\lambda_j + s^- = \varphi \cdot x_k \\ \sum_{j=1}^{n} y_j\lambda_j - s^+ = y_k \\ \sum_{j=1}^{n} \lambda_j = 1 \\ \lambda_j \geqslant 0, j=1,2,\cdots,n, s^+ \geqslant 0, s^- \geqslant 0 \end{cases}$$

其中,C^2R 模型评估政策实施的整体效率 θ,C^2GS^2 模型评估外出务工农民技能培
训的纯技术效率 φ,根据公式整体效率=纯技术效率×规模效率,可得外出务工农

民技能培训的整体效率。

　　研究中,我们以 2010 年湖北省 16 个地市州和 77 个区县的外出务工农民技能培训数据为基础,分别对其外出务工农民技能培训效率展开分析,样本只剔除了市州级的神农架林区及区县级的龙感湖农场和随县(2009 年新设),因此,可以认为样本的选取较为全面。表 7.2 和表 7.3 是反映 2010 年湖北省 16 个市州和 77 个区县的外出务工农民技能培训状况的基础数据。

表 7.2　2010 年湖北省 16 个市州外出务工农民技能培训效率统计值

DMU	输出指标			输入指标	
	Z_1/万人	Z_2/万元	Z_3/万人	x_1/万人	x_2/万人
武汉市	7.90	57 325	45.20	25.27	10.30
黄石市	2.33	552 299	32.69	6.04	2.11
十堰市	9.40	519 099	48.95	22.10	12.88
荆州市	9.10	1 494 854	76.93	19.43	9.03
宜昌市	8.17	636 534	44.38	18.97	8.08
襄樊市	11.23	1 181 689	64.78	20.82	7.8
鄂州市	1.53	240 250	10.27	4.88	1.76
荆门市	4.91	604 323	34.41	13.23	5.32
孝感市	14.56	2 010 535	77.80	36.52	13.74
随州市	5.74	591 154	31.18	12.91	4.22
黄冈市	22.11	1 928 074	101.68	42.26	16.74
咸宁市	4.53	738 201	36.64	10.88	4.58
恩施州	6.62	718 289	59.33	21.10	6.16
仙桃市	2.41	562 267	23.43	6.29	1.01
天门市	2.56	426 884	25.24	4.04	1.12
潜江市	0.45	236 670	11.59	2.83	0.63

注:Z_1 代表 2010 年持有职业技术资格证书人数,Z_2 代表 2010 年劳务经济总收入,Z_3 代表 2010 年持续工作 6 个月以上人数,x_1 代表 2010 年参加过职业技能培训人数,x_2 代表 2010 年参加过政府举办的技能培训人数。

表 7.3　2010 年湖北省 77 个区县外出务工农民技能培训效率统计值

DMU	输出指标			输入指标	
	Z_1/万人	Z_2/万元	Z_3/万人	x_1/万人	x_2/万人
武汉市辖区	1.34	57 209	4.42	2.37	0.87

DMU	输出指标			输入指标	
	Z_1/万人	Z_2/万元	Z_3/万人	x_1/万人	x_2/万人
蔡甸区	0.77	9	4.19	1.29	0.68
江夏区	2.36	29	2.79	1.71	1.23
黄陂区	0.86	54	20.15	16.14	5.14
新洲区	2.57	24	13.65	3.76	2.38
黄石市辖区	0.11	16015	0.70	0.20	0.05
大冶市	1.23	187 129	8.86	2.29	0.71
阳新县	0.99	349 155	23.13	3.55	1.35
十堰市辖区	0.39	21 655	1.65	0.75	0.41
丹江口市	1.07	52 182	5.12	2.17	1.03
郧县	2.10	99 831	10.03	3.64	2.32
郧西县	3.06	95 957	9.70	5.89	4.14
竹山县	1.01	99 695	7.48	1.87	0.90
竹溪县	0.41	37 419	5.45	1.37	0.61
房县	1.36	112 360	9.52	6.41	3.47
荆州市辖区	0.76	129 328	6.63	1.46	0.56
江陵县	0.50	89 383	4.74	0.46	0.16
松滋市	2.39	363 180	14.63	6.03	2.59
公安县	1.22	172 950	11.03	3.65	1.40
石首市	1.30	14 290	7.98	2.06	1.06
监利县	2.08	395 914	20.46	4.60	2.69
洪湖市	0.85	194 809	11.46	1.17	0.57
宜昌市辖区	0.58	37 096	2.90	1.34	0.51
夷陵区	1.53	107 964	5.76	2.63	1.06
宜都市	1.16	117 908	6.40	2.71	1.32
枝江市	0.80	77 976	4.55	2.27	0.72
当阳市	0.93	77 225	4.69	2.29	1.22
远安县	0.42	49 079	3.57	1.83	0.49
新山县	0.22	15 466	1.45	0.51	0.18
秭归县	0.64	66 900	5.81	1.56	0.97
长阳县	1.29	75 134	7.05	2.68	1.14

续表

DMU	输出指标			输入指标	
	Z_1/万人	Z_2/万元	Z_3/万人	x_1/万人	x_2/万人
五峰县	0.60	11 786	2.20	1.15	0.47
襄樊市辖区	1.04	116 755	8.73	2.00	0.70
老河口市	1.06	126 876	6.00	2.36	0.54
襄阳区	2.07	229 244	14.64	4.31	1.06
枣阳市	3.12	247 421	11.55	5.07	2.70
宜城市	1.39	73 790	4.31	2.27	1.00
南漳县	1.00	73 500	7.95	1.75	0.74
谷城县	0.83	268 986	8.4	1.69	0.53
保康县	0.72	45 117	3.2	1.37	0.53
荆门市辖区	1.24	94 541	3.81	2.64	0.93
沙洋县	0.70	67 460	8.44	1.80	1.03
钟祥市	1.98	243 299	12.21	4.69	2.46
京山县	0.99	199 023	9.95	4.10	0.90
孝感市辖区	1.60	318 356	12.04	5.33	1.20
孝昌县	1.99	372 821	9.02	6.01	2.86
大悟县	2.04	223 626	9.33	4.41	2.76
安陆市	1.40	196 391	11.47	3.63	1.44
云梦县	2.91	219 900	11.00	8.43	1.41
应城市	2.04	303 474	11.15	3.17	1.44
汉川市	2.58	375 967	13.79	5.54	2.63
曾都区	1.47	88 215	7.18	2.54	0.69
广水市	1.44	305 339	12.00	6.11	2.46
黄冈市辖区	0.95	52 410	3.39	1.42	0.33
团风县	0.85	153 693	5.28	1.93	0.97
红安县	1.91	38 610	7.12	10.96	3.59
麻城市	8.01	101 235	15.45	7.12	1.86
罗田县	2.31	223 622	8.45	3.14	1.34
英山县	1.95	175 415	6.87	4.26	2.20

DMU	输出指标			输入指标	
	Z_1/万人	Z_2/万元	Z_3/万人	x_1/万人	x_2/万人
浠水县	1.26	296 496	14.43	2.70	2.61
蕲春县	1.72	362 334	15.86	2.60	1.80
武穴市	2.06	470 369	13.11	3.21	1.32
黄梅县	1.09	45 600	11.58	4.76	0.70
咸安区	0.52	125 603	5.36	1.26	0.64
嘉鱼县	0.68	94 702	4.51	1.60	0.64
赤壁市	1.09	153 506	6.99	2.55	0.98
通城县	1.14	158 824	6.79	2.43	1.21
崇阳县	0.36	106 027	6.42	1.09	0.29
通山县	0.74	99 539	6.57	1.95	0.82
恩施州	1.21	94 322	8.19	2.74	1.07
利川市	2.00	166 114	14.74	4.10	1.46
建始县	0.08	85 119	7.64	1.11	0.05
巴东县	0.32	143 516	5.78	0.76	0.32
宣恩县	0.23	23 894	6.18	0.61	0.19
咸丰县	2.05	110 652	7.15	8.23	2.31
来凤县	0.30	70 090	6.60	2.84	0.36
鹤峰县	0.43	24 582	3.05	0.71	0.40

注：Z_1代表 2010 年持有职业技术资格证书人数，Z_2代表 2010 年劳务经济总收入，Z_3代表 2010 年持续工作 6 个月以上人数，x_1代表 2010 年参加过职业技能培训人数，x_2代表 2010 年参加过政府举办的技能培训人数。

第二节　湖北省各市州外出务工农民技能培训效率的均衡分析

为了探索各市州外出务工农民技能培训效率的总体状况，本节针对各市州外出务工农民技能培训投入对输出的影响，分别做了 DEA 分析。表 7.4 是湖北省 16 个市州外出务工农民技能培训效率的 DEA 分析表。

首先，从总体来看，湖北省 16 个市州外出务工农民技能培训 DEA 有效地区仅有仙桃市、天门市 2 个市，DEA 有效的市仅占总体的 12.5%。因此，总体上看，湖北省 16 个市州外出务工农民技能培训效率状况需要进一步改善,同时也反映出湖北省外出务工农民技能培训效率有待提升的空间较大。其次,从湖北省 16 个市州外出务工农民技能培训投入状况来看,S_1^+ 的值在湖北省 16 个市州均为 0,说明政府和社会其他力量整体上对各市州外出务工农民技能培训投入恰当,对改善各市州外出务工农民技能发挥了积极作用。S_2^+ 的值在大部分地区不为 0,占总体的 81%,说明部分地区政府对外出务工农民技能培训投入存在冗余。最后,从湖北省 16 个市州外出务工农民技能培训产出状况来看,湖北省 16 个市州 S_3^- 的值均为 0,说明湖北省 16 个市州外出务工农民技能培训投入对持有职业技术资格证书人数的增加产生了积极影响,S_4^-、S_5^- 的值在大多数地区不为 0,反映了湖北省 16 个市州外出务工农民技能培训投入有助于劳务经济总收入的提升,也提示湖北省 16 个市州外出务工农民技能培训投入存在供给不足的问题。

表 7.4　2010 年湖北省 16 个市州外出务工农民技能培训 DEA 运算结果值汇总表

DMU	DEA 系数 θ	输入变量		输出变量			结果
		S_1^+	S_2^+	S_3^-	S_4^-	S_5^-	
武汉市	0.493	0	1.625	0	1 260 012.3	32.69	非 DEA 有效
黄石市	0.866	0	0.377	0.99	586.82	0	非 DEA 有效
十堰市	0.671	0	4.533	0	1 048 365.7	43.73	非 DEA 有效
荆州市	0.739	0	2.693	0	22 585.22	12.79	非 DEA 有效
宜昌市	0.680	0	1.917	0	725 826.27	36.17	非 DEA 有效
襄樊市	0.851	0	1.726	0	690 931.05	45.94	非 DEA 有效
鄂州市	0.495	0	0.201	0	14 879.89	4.82	非 DEA 有效
荆门市	0.586	0	0.968	0	214 427.17	14.00	非 DEA 有效
孝感市	0.629	0	2.275	0	417 367.75	65.75	非 DEA 有效
随州市	0.702	0	0.450	0	365 999.97	25.41	非 DEA 有效
黄冈市	0.826	0	4.148	0	1 758 803.1	116.31	非 DEA 有效
咸宁市	0.657	0	1.027	0	17 183.58	8.02	非 DEA 有效
恩施州	0.495	0	0.154	0	385 606.34	5.94	非 DEA 有效
仙桃市	1.000	0	0	0	0	0	DEA 有效
天门市	1.000	0	0	0	0	0	DEA 有效
潜江市	0.853	0	0	0.8	0	0.64	非 DEA 有效

第三节 湖北省各区县外出务工农民技能 培训效率的均衡分析

为了探索各区县外出务工农民技能培训效率的总体状况,本节针对各区县外出务工农民技能培训投入对输出的影响,分别做了 DEA 分析。表 7.5 是湖北省 77 个区县外出务工农民技能培训效率的 DEA 分析表。

表 7.5 2010 年湖北省 77 个区县外出务工农民技能培训效率 DEA 运算结果值汇总表

DMU	DEA 系数 θ	输入变量		输出变量			结果
		S_1^+	S_2^+	S_3^-	S_4^-	S_5^-	
武汉市辖区	0.485	0	0	0	1 249.91	0	非 DEA 有效
蔡甸区	0.492	0	0.013	0	70 652.85	0	非 DEA 有效
江夏区	1.000	0	0	0	0	0	DEA 有效
黄陂区	0.123	0	0	0.158	136 720.94	0	非 DEA 有效
新洲区	0.562	0	0.255	0	228 608.92	0	非 DEA 有效
黄石市辖区	0.658	0	0	0	0	0.288	非 DEA 有效
大冶市	0.528	0	0	0	0	1.615	非 DEA 有效
阳新县	0.632	0	0.073	1.45	87 011.41	0	非 DEA 有效
十堰市辖区	0.417	0	0	0	3 916.53	0	非 DEA 有效
丹江口市	0.41	0	0	0	30 338.35	0	非 DEA 有效
郧县	0.467	0	0.172	0	62 782.66	0	非 DEA 有效
郧西县	0.401	0	0.212	0	35 110.79	0	非 DEA 有效
竹山县	0.471	0	0.049	0	35 731.83	0	非 DEA 有效
竹溪县	0.386	0	0.052		65 352.59	0	非 DEA 有效
房县	0.183	0	0.117	0	58 103.86	0	非 DEA 有效
荆州市辖区	0.474	0	0.015	0	0	0.271	非 DEA 有效
江陵县	1.000	0	0	0	0	0	DEA 有效
松滋市	0.353	0	0.077	0	0	5.053	非 DEA 有效
公安县	0.304	0	0.022	0	33 606.46	0	非 DEA 有效
石首市	0.536	0	0.059	0	0	0.486	非 DEA 有效
监利县	0.443	0	0.483	0.135	0	0.535	非 DEA 有效

DMU	DEA 系数 θ	输入变量		输出变量			结果
		S_1^+	S_2^+	S_3^-	S_4^-	S_5^-	
洪湖市	0.951	0	0.155	0.359	21 294.2	0	非 DEA 有效
宜昌市辖区	0.376	0	0	0	9 884.52	0	非 DEA 有效
夷陵区	0.497	0	0	0	0	1.146	非 DEA 有效
宜都市	0.358	0	0	0	0	0.444	非 DEA 有效
枝江市	0.317	0	0	0	0	0.074	非 DEA 有效
当阳市	0.331	0	0.006	0	135.19	0	非 DEA 有效
远安县	0.255	0	0	0	10 361.26	0	非 DEA 有效
新山县	0.385	0	0	0	9 959.55	0	非 DEA 有效
秭归县	0.374	0	0.151	0	41 969.56	0	非 DEA 有效
长阳县	0.411	0	0	0	43 015.88	0	非 DEA 有效
五峰县	0.441	0	0	0	19 450.38	0	非 DEA 有效
襄樊市辖区	0.473	0	0	0	44 464.69	0	非 DEA 有效
老河口市	0.559	0	0	0	0	2.472	非 DEA 有效
襄阳区	0.549	0	0	0	0	0.329	非 DEA 有效
枣阳市	0.499	0	0	0	0	3.622	非 DEA 有效
宜城市	0.511	0	0	0	0	0.834	非 DEA 有效
南漳县	0.505	0	0.017	0	72 306.27	0	非 DEA 有效
谷城县	0.879	0	0	0.615	0	6.337	非 DEA 有效
保康县	0.452	0	0	0	4 487.20	0	非 DEA 有效
荆门市辖区	0.412	0	0	0	0	2.135	非 DEA 有效
沙洋县	0.455	0	0.184	0.190	91 694.54	0	非 DEA 有效
钟祥市	0.363	0	0.134	0	0	1.424	非 DEA 有效
京山县	0.357	0	0	0	0	2.404	非 DEA 有效
孝感市辖区	0.432	0	0	0	0	7.552	非 DEA 有效
孝昌县	0.319	0	0.246	0.096	0	10.750	非 DEA 有效
大悟县	0.391	0	0.267	0	0	3.461	非 DEA 有效
安陆市	0.343	0	0.002	0	15 062.16	0	非 DEA 有效
云梦县	0.531	0	0	0	0	9.582	非 DEA 有效

DMU	DEA 系数 θ	输入变量		输出变量			结果
		S_1^+	S_2^+	S_3^-	S_4^-	S_5^-	
应城市	0.571	0	0.1	0	0	5.348	非 DEA 有效
汉川市	0.412	0	0.161	0	0	6.711	非 DEA 有效
曾都区	0.56	0	0	0	18 110.5	0	非 DEA 有效
广水市	0.257	0	0.086	0.268	0	4.192	非 DEA 有效
黄冈市辖区	0.726	0	0	0	0	0.921	非 DEA 有效
团风县	0.410	0	0.122	0.01	0	2.870	非 DEA 有效
红安县	0.153	0	0	0	61 958.67	0	非 DEA 有效
麻城市	1.000	0	0	0	0	0	DEA 有效
罗田县	0.630	0	0	0	0	4.723	非 DEA 有效
英山县	0.377	0	0.01	0	0	3.577	非 DEA 有效
浠水县	0.565	0	0.944	0.399	0	1.293	非 DEA 有效
蕲春县	0.717	0	0.642	0.307	0	3.355	非 DEA 有效
武穴市	0.754	0	0.153	0.571	0	11.830	非 DEA 有效
黄梅县	0.435	0	0	0	91 670.04	0	非 DEA 有效
咸安区	0.513	0	0.103	0.183	0	1.301	非 DEA 有效
嘉鱼县	0.375	0	0	0	0	0.694	非 DEA 有效
赤壁市	0.380	0	0	0	0	1.437	非 DEA 有效
通城县	0.411	0	0.082	0	0	1.930	非 DEA 有效
崇阳县	0.627	0	0	0.174	0	0	非 DEA 有效
通山县	0.344	0	0.034	0	23 157.2	0	非 DEA 有效
恩施州	0.388	0	0	0	50 653.42	0	非 DEA 有效
利川市	0.438	0	0	0	99 198.61	0	非 DEA 有效
建始县	1.000	0	0	0	0	0	DEA 有效
巴东县	0.972	0	0.054	0.483	0	1.831	非 DEA 有效
宣恩县	1.000	0	0	0	0	0	DEA 有效
咸丰县	0.225	0	0	0	0	0.716	非 DEA 有效
来凤县	0.301	0	0	0	21 038.07	0	非 DEA 有效
鹤峰县	0.523	0	0.047	0	30 176.35	0	非 DEA 有效

首先,从总体来看,湖北省 77 个区县外出务工农民技能培训 DEA 有效的仅 5 个,即江夏区、江陵县、麻城市、建始县、宣恩县。DEA 有效的区县个数仅占样本总数的 6.4%。因此,总体上来看,湖北省各区县外出务工农民技能培训效率状况需要进一步改善,提升空间较大。其次,从湖北省 77 个区县外出务工农民技能培训投入状况来看,S_1^+ 的值在湖北省 77 个区县均为 0,说明政府和社会其他力量整体上对各区县外出务工农民技能培训投入恰当,对改善各区县外出务工农民技能发挥了积极作用。S_2^+ 的值不为 0 的区县有 35 个,占总体的 44.9%,说明 44.9% 的区县中,政府对外出务工农民技能培训投入存在冗余。最后,从湖北省 77 个区县外出务工农民技能培训产出状况来看,湖北省 77 个区县中 S_3^- 的值为 0 的区县有 63 个,占总数的 80.8%,说明外出务工农民技能培训投入对湖北省大部分区县的持有职业技术资格证书人数的增加产生了积极影响。S_4^- 的值不为 0 的区县有 34 个,占总数的 43.6%,说明湖北省 43.6% 的区县的外出务工农民技能培训投入在增加劳务经济总收入方面存在不足。S_5^- 的值在大多数地区不为 0 的区县有 37 个,占总数的 47.4%,反映湖北省 47.4% 的区县对于外出务工农民技能培训投入方面存在一定提高,应进一步增加供给。

第四节　不同圈层各区县外出务工农民技能培训效率的综合分析

本节运用 SPSS 软件来进行差异分析和相关分析,是指对不同圈层各区县外出务工农民技能培训效率进行的差异分析和相关分析,通过对不同圈层各区县外出务工农民技能培训效率的差异分析和相关分析可以为不同经济联系的区县提供具有针对性的外出务工农民培训建议,以提高不同圈层各区县外出务工农民技能培训效率。

一、不同圈层各区县外出务工农民技能培训效率的差异分析

由于 2010 年竞争腹地、边缘腹地均只有一个,分别为十堰市、恩施州,为保证差异分析结果的准确性,本节从紧密腹地和次紧密腹地各抽取 8 个典型县区,与十堰市、恩施州所管辖的县市组成分析样本,确保各组数据的均匀性。在竞争腹地区域中选取大冶市、阳新县、大悟县、云梦县、广水市、红安县、英山县、武穴市为样本,在次紧密腹地区域选取松滋市、公安县、兴山县、秭归县、南漳县、谷城县、沙洋县、京山县为样本。将 2010 年不同圈层各区县外出务工农民技能培训效率作为观测变量,将不同圈层各区县经济联系类别(紧密腹地、次紧密腹地、竞争腹地、边缘腹

地)作为控制变量,进行方差分析,得出表7.6。

表7.6　2010年不同圈层各区县外出务工农民技能培训效率的方差分析统计量

项目	平方和	自由度	均方差	F值	Sig.值
组间	0.195	3	0.065	1.318	0.289
组内	1.331	27	0.049		
总计	1.526	30			

从以上不同圈层各区县外出务工农民技能培训效率的差异分析可看到,经济联系隶属度与各区县外出务工农民技能培训效率进行差异分析后得到的Sig.值为0.289,Sig.值大于0.05,表明经济联系隶属度与各区县外出务工农民技能培训效率之间并没有显著差异。

二、不同圈层各区县经济联系量与外出务工农民技能培训效率相关分析

将2010年不同圈层各区县外出务工农民技能培训效率作为组一,将不同圈层各区县经济联系类别(紧密腹地、次紧密腹地、竞争腹地、边缘腹地)作为组二,进行相关分析,得出表7.7。

表7.7　2010年不同圈层各区县外出务工农民技能培训效率的相关分析统计量

皮尔逊相关系数	-0.062
Sig.值	0.605

从以上不同圈层各区县外出务工农民技能培训效率的相关分析可看到,经济联系隶属度与各区县外出务工农民技能培训效率进行相关分析后得到的皮尔逊相关系数为-0.062,Sig.值为0.605,Sig.值大于0.05,表明经济联系隶属度与各区县外出务工农民技能培训效率之间呈负相关关系,但相关性不显著。

首先,在市州层级,从总体来看,湖北省16个市州外出务工农民技能培训DEA有效地区仅有仙桃市、天门市2个市,湖北省各市州外出务工农民技能培训效率状况需要进一步改善;政府和社会其他力量整体上对各市州外出务工农民技能培训的投入没有冗余,对改善各市州外出务工农民技能发挥了积极作用;湖北省各市州外出务工农民技能培训投入对持有职业技术资格证书人数的增加产生了积极影响;湖北省各市州外出务工农民技能培训投入对劳务经济总收入和持续工作6个月以上人数的提升仍然存在一定空间,也提示湖北省各市州外出务工农民技能培训投入存在供给不足的情况。

其次,在区县层级,从总体来看,湖北省 77 个区县中外出务工农民技能培训 DEA 有效的仅 5 个,DEA 有效的区县个数仅占总数的 6.4%。因此,总体来看,湖北省各区县外出务工农民技能培训效率状况需要进一步改善,提升空间较大。政府和社会其他力量整体上对各区县外出务工农民技能培训投入没有冗余,对改善各区县外出务工农民技能也发挥了积极作用;政府对外出务工农民技能培训投入存在冗余;外出务工农民技能培训投入对湖北省大部分区县的持有职业技术资格证书人数的增加产生了积极影响;湖北省 43.6% 的区县的外出务工农民技能培训投入在增加劳务经济总收入方面存在不足。湖北省 47.4% 的区县的外出务工农民技能培训投入对于持续工作 6 个月以上人数方面仍然存在一定提升空间,应进一步增加供给。

通过对经济联系隶属度与各区县外出务工农民技能培训效率进行差异分析后发现,经济联系隶属度与各区县外出务工农民技能培训效率之间并没有显著差异。通过对不同圈层各区县外出务工农民技能培训效率的相关分析发现,经济联系隶属度与各区县外出务工农民技能培训效率之间并没有显著相关性。结合前面的差异分析和相关分析结果,反映出经济联系紧密度对各区县外出务工农民技能培训的供需产生一定影响的同时,并没有对各区县外出务工农民技能培训的效率产生实质影响,在提高外出务工农民技能培训的效率方面,还需从管理和制度层面提供支撑。

第八章

个案调查分析:以来凤等三个县为例

本章采用实证分析的方法,选择恩施州来凤县和巴东县、宜昌市长阳土家族自治县(以下简称长阳县)这三个县为个案,对湖北省来凤等地富余农村劳动力转移就业与技能培训状况进行个案调查分析,试图挖掘出湖北省外出务工农民技能培训所面临的共性问题,梳理出制约相关湖北省外出务工农民技能培训的一般及特殊因素,总结各地促进改革发展的举措和成果,探寻对湖北省外出务工农民技能培训供需均衡发展的有益启示。

第一节　来凤县转移就业培训的个案调查分析

一、来凤县基本情况

来凤县位于湖北省、湖南省、重庆市交界处,境内有海拔 3000 米以上小面积山地,全境地形存在海拔 1700～2100 米、1300～1500 米、1000～1200 米、800～900 米、500～700 米五级面积不等的平面,并存在一至二级河谷阶地。碳酸盐岩类(石灰岩、白云岩)面积占总面积 50％以上,土壤不利于耕种。气候多雨潮湿,泥石流和冰雹等气候灾害多发。这样的地理环境造成该地区具有"进山难,出山更难"的现实困难。由这样的困难带来的"信息闭塞,自我封闭"阻碍了经济、社会的对外互动交流,造成与东中部发达地区在经济和文化意识上越来越大的差距,这样的状况在实施"村村通"工程后得到缓解,但仍然不足以改变这种既有现状。

来凤县 2008 年、2009 年、2010 年外出劳动力总量分别为 7.93 万人、7.86 万人、8.58 万人,2009 年外出劳动力总量增长速度为－0.88％,2010 年外出劳动力总量增长速度为 9.16％。其中,来凤县 2010 年初中以下转移就业农民数为 4.95

万人,占转移就业农民人数总量的 57.7%,2010 年以省外作为外出劳动力就业地点的人数为 7.18 万人,占转移就业农民人数总量的 83.7%,2010 年持续 6 个月以上劳动力数量为 6.6 万人,占转移就业农民人数总量的 77.2%。2010 年参加过职业技能培训人数总量、参加过政府举办的技能培训人数、持有职业技术资格证书人数分别为 2.84 万人、0.36 万人、0.3 万人,分别占转移就业农民人数总量的 33%、4%、3%。

二、来凤县近年来的积极探索及存在的问题

(一)来凤县近年来的探索及经验

1. 明确了目标,夯实了基础

来凤县将劳动力转移需要夯实的基层基础工作分为三大类、九个小项。第一大类是就业再就业方面,含有六个小项:一是"六类人员",二是零就业家庭和零转移农户,三是新增就业人员,四是农业劳动力转移就业人员,五是农业劳动力资源,六是有培训意愿人员。劳动力转移一系列基层基础工作均以社区或村为单位,开展调查,建好台账,录入计算机,做到全面准确,及时无误。第二大类是社会保险方面,含有两个小项:一是建立参保单位和个人数据库,二是建立离退休人员社会化管理数据库。第三大类是劳动关系方面,主要内容是建立用人单位的用工数据库,以社区为单位,对各用人单位的用工(含机关事业组织的临时性岗位用工、个体工商户及技术工人)情况进行调查摸底和核实,登记造册,录入计算机。

2. 加强组织建设,建立了来凤县公共就业服务体系

各级公共就业服务机构全面向城乡劳动者开放,对城乡登记求职的务工人员实行免费的信息咨询、职业指导和职业介绍。一是就业组织网络化。近年来,该县建起了就业服务大厅、社会保险服务大厅、人力资源市场,对服务对象实现了"一站式"服务。同时,加大乡镇劳动保障服务中心建设,为各个乡镇劳动保障服务中心和社区配备了计算机、打印机和传真机,开通了网络,所有数据实行网上传输。坚持按照国家标准,建设功能齐全、覆盖来凤县的人力资源市场,配备专业管理人员,在乡镇和社区设立劳务工作服务中心(工作站),在村组聘请就业工作联络员,建立县、乡、村三级服务网络。二是劳务输出基地化。近年来来凤县开始着力于县外劳务输出基地和劳务工作站的建设。2007 年 7 月 13 日,来凤县驻广东东莞市劳务工作联络站挂牌。这是该县首次在省外设立劳务工作派出机构。来凤县常年外出务工人员近 10 万人,在东莞市就有 1 万人以上。该县主管领导与劳动保障部门多次到沿海一带实地考察调研,决定先在东莞市设立劳务工作联络站,并计划在外出

务工较集中的地方逐步建立劳务工作站,为外出务工人员分忧解难。近两年来,根据本地外出务工人员分布情况,又先后分别在东莞、广州、义乌、武汉、福建等地建立了多个劳务基地或劳务工作站。与东莞高效电子、亿达电子、友和电子、步步高电子等多家企业签订了劳务对接协议,促进了来凤县的外出务工人员稳定就业。

3. 劳动力转移就业信息化建设取得了初步成效

目前来凤县人力资源市场与全国二十多个省市建立劳务交流信息网络,每月定期收集各地用工信息。各乡镇和社区劳务工作点每月按时提供劳务信息,由该县人力资源市场发往全国各地,实现了资源共享。该县劳动就业局某位干部介绍说:

为了在第一时间了解各项劳动工作动态,近年来我们尝试把现代网络技术中的 QQ 交流平台运用到劳动保障工作中,创新建立劳动 QQ 群,让用工单位与劳动者的意愿第一时间诉于劳动部门,架起了劳动者与用工单位沟通的连心桥。为了扩大劳动 QQ 群的影响力,更好地服务劳动者,在开展"春风行动"等活动时都把 QQ 群资料与相关政策资料一起发放,并邀请了一些开展就业信息、市场信息服务的单位和个人加入到 QQ 群中,让他们直接交流,互惠互利。同时还依托 QQ 平台大力宣传劳动保障政策,在劳动保障网站健全了"政策法规""劳务信息""办事指南""政务公开"等内容,搭建起了经办机构、用工单位、务工人员平等对话交流的服务平台。目前,每天都有务工人员通过劳动 QQ 群与干部交流,有询问参加社会保险政策的、有找就业岗位的、有咨询养老保险关系转移手续的……干部养成了每天登录 QQ,查看留言的习惯,并对每条信息做记录,使用人单位与劳动者反映的情况在最短的时间以最快捷的方式得到处理。福建青年陈某在长沙打工时通过摄影 QQ 群里的招工信息来到来凤县某影楼打工,因老板拒付工资而没有返程的路费,他在劳动 QQ 群里将基本情况做了介绍,县劳动监察大队迅速出动为他讨回了被拖欠的 1600 多元工资,维护了他的权利。来凤县不少商家为招不到合适的工作人员犯愁,为此,我们专门在劳动 QQ 群里大量发布商家的招工信息和求职信息,为下岗失业者寻求并解决就业岗位 300 多个,从而流传开了这样的顺口溜:"找工作不用愁,劳动 QQ 跑前头,寻人才不用跑,QQ 群里找得到!"2008 年以来,来凤县利用 QQ 群发布用工信息 3000 多条,为 1000 多名外出务工人员解决了疑难问题,在线交流达 3100 多人次,受理在线工作建议 22 个,并全部予以改进。

4. 合理引导,挖掘特色产业潜力,助推返乡农民就地创业致富

2008 年世界金融危机爆发后,来凤县也面临着返乡农民亟需转移就业的压

力。来凤县加强挖掘特色农业等产业经济潜力，积极引导返乡民在家乡兴花园、壮果园、种菜园，并以骨干企业为龙头，以"公司＋协会＋基地＋农户"的模式，带动了全县3万多名农民在家门口就业，开发出的"宗味"牌大头菜、"凤头"牌生姜等一批湖北省名牌产品，远销广州、北京、上海等70多个大中城市。引导返乡农民兴花园、壮果园、种菜园，创办"三园"经济扮靓了新农村，带动了3万多农民在家门口就业，拓宽了致富路。调查中，笔者走访了翔凤镇河坪村的农户——冉绍军，只见盆景环绕着青砖瓦房，紫薇筑起一道彩色屏障，黄杨、杜鹃等花卉苗木装扮院落四周，生态美景如画，景色宜人。这是冉绍军利用在外学习的花木盆景栽培技术，回到家乡从事花木盆景栽培所带来的成果。据介绍，目前冉绍军家年出售花卉苗木10万株以上，每亩①耕地年均纯收入近6000元，种花卉、树苑，年纯收入达10万元以上。在他的带动下，河坪村村民瞄准城市绿化工程大市场，把花卉盆景作为当家产业来培植，成了远近闻名的花木盆景专业村，种植专业户达200多户，盆景达60多万盆，市场供不应求，产品畅销湖南、广东、重庆、浙江等10多个省（直辖市），户均年收入逾万元。返乡农民黄汉军2008年回乡租赁了40多亩土地发展生态果园，主要种植青提、美人提、红提等。造园抽槽时，用石灰消毒杀菌，底肥全部施用枯饼、杂草、鸡粪等；培管一律使用磷、钾、硼等有机肥；挂果期则使用沼液等有机肥，种植培管的各道环节，没有喷洒一滴农药，40多亩的提子园是一块地地道道的生态果园。利用原生态方法种出来的提子，上市早、品质好、卖得俏，价格要比外地运来的提子高出一倍，据了解，每年国庆前夕，他的提子就销售一空，亩均纯收入达6000元以上。在这些果园种植能手的带动下，该县3000多农户创办杨梅、枇杷等生态果园31 000多亩，特色水果成为农民增收的一个新的增长点。三胡乡官坟村返乡农民姚文与17户农户成立了小龙虾养殖专业合作社，大力发展小龙虾养殖。大河镇的田呈跃带动60多户农民从事大鲵养殖。而马家园村的刘大安则与小河坪、关口等村农民一起，将连片的"烂泥田"改造成精养鱼池，鱼塘边种草种菜，猪舍旁建沼气池，蔬菜和牧草喂猪养鱼，猪粪肥鱼壮藕，塘泥再还田，昔日低产田变成了亩均年收入超过2000元的水产养殖地，鱼塘四周是成片连块的菜园地，新鲜蔬菜上市销售，废弃菜叶用来养鱼，综合循环利用，在菜园和鱼塘之间种出了一条循环产业增收链，一年下来，家庭收入超过3万元。也由此实现了一年四季有特色水产品、批量的新鲜蔬菜上市。

（二）职业教育与农村人力资源开发存在的问题

第一，职业教育基础薄弱。改革开放以来，来凤县先后开办农业中学、职业中

---

①1亩≈666.7平方米。

学、中等职业技术学校。就来凤县的中等职业教育而言,基础设施建设及师资力量历史积累相当少,主体大多是改革开放之后才发展起来的。中等职业教育具有"实践性"的特点,所要求的教学设施和教学方式相比普通高中教育投资成本要高得多。而目前来凤县的职业中学是由普高改建,实践所需设施配备不足,再加上教学多以"学校为中心",教师们虽处于职教第一线,但对生产中的实际问题了解较少,在教学中理论与实践的结合不佳。这种情况导致中等职业教育在该县的办学条件相对于基础教育来说比较差,学习效果和办学效益均不好。这些在基础上已经造成的薄弱环节,影响到学校的招生和就业,造成职业教育在后劲(即可持续发展)上的不足,使得来凤县县域经济范围内的中等职业教育投资主体的投资主动性产生了负面影响,其发展受到了一定程度上的阻碍,间接制约了地区经济发展的水平。

第二,需求和供给不匹配导致资源的浪费。调查表明,来凤县中等职业教育的发展和经济发展的需求很不协调。首先,在专业结构设置上,职业学校的专业设置缺乏市场导向性,缺乏地方特色和有职业教育个性的专业,使得学生不能学以致用,造成"就业难"的局面。来凤县中等职业学校的专业设置以电子技术、计算机专业为主,专业招生规模也最大,但来凤县对于这些专业技能型人才有效需求不大,这与本地区产业结构单一、发展动力不足有较大关联。统计数据表明,来凤县2003年产业结构比为37.9:30.7:31.4,2007年产业结构比为40.1:23.0:36.9,第一产业的比重一度上升,经过2008年和2010年两年调整,第一产业比重有所回落,2011年产业结构比为26.4:28.2:45.4,第一产业比重2011年降至26.4%,但由于人们的投资意愿不强,中等职业教育还存在"招生难"的困境。"招生难,就业也难",这种"两难"境地造成了社会对中等职业教育的集体偏见,使得教育资源(教育供给方的资源)和人力资源(教育需求方的资源)存在双重浪费。在经费投入上,表现为投资主体单一、与基础教育相比其投资比例较低的现象。地方政府与学校缺乏农业发展的互动机制,政府把发展的导向更多地倾向于一些"立竿见影"的政绩项目中去,对于县域经济发展有重要而又"滞后"作用的职业教育专业多不关心或关心较少。再者,由于本地"农业产业化"水平比较低,"产学结合"的模式短期内不可能实现。

第二节 长阳县转移就业培训的个案调查分析

长阳县位于鄂西南武陵山区、清江中下游,面积3430平方千米,辖11个乡镇、154个行政村,2010年总人口40万人,其中土家族约占51%,城镇人口8.9万人,城镇化率 21％。长阳县有 9 个老区乡镇、133 个老区村、34 万老区人民。长阳县既是国家扶贫开发重点县，也是湖北省唯一集"老、少、山、穷、库"于一体的少数民族自治县。长阳县由于自然环境、基础条件、政策差异、资金技术人才、发展机遇等诸多方面的原因，经济社会发展还一直处于低位运行水平，与全国和周边地区的差距较大，面临着一些亟待解决的突出矛盾和问题，制约了经济社会发展，老区人民生产生活水平仍然很低。长阳县面临的问题主要表现在扶贫攻坚任务还十分艰巨、公共财政困难、村集体经济薄弱、基础设施建设严重滞后、因灾因病因学返贫率高等方面。

　　湖北省农业广播电视学校长阳县分校（以下简称长阳农广校）是长阳县转移就业培训的重要基地，2004 年被县阳光工程办公室纳入农村劳动力转移培训阳光工程基地，7 年来共培训 10 000 多人。

一、长阳农广校的主要做法

1. 不断完善和创新教学机制

　　2007 年，长阳农广校就开始研究就地培训、就近转移的教学模式，由于整个气候还没有形成，只能小打小闹，变相进行；2008 年，正式在柑橘、茶叶生产上开展农产品加工培训，事实上是以生产为主的加工培训；2009 年，县委、县政府提出把长阳打造成中国魔芋之乡后，长阳农广校与一致魔芋公司联合对十大魔芋基地人员进行了为期 7～15 天的培训，从而开创了阳光工程的新局面；2010 年，随着全国农民培训阳光工程的开展，长阳农广校正式提出"全年承包，综合指导，分期培训，提高质效"为长阳农广校新的教学机制，并与长阳实施农技推示范县项目、退耕还林口粮田建设项目、测土配方施肥项目、农业病虫害综合防治项目有机结合，长阳县培训 1100 人，取得了阶段性的效果。第一，全年承包。事实上，就一种作物来说，指的是生产、加工和营销这一过程。就柑橘而言，整个周期不只一年，因为往往是从冬季开始冬管，尤其是冬季剪枝，到春季管理，夏季病虫综防，秋冬季采摘，超过了 13 个月，长阳农广校也把它按一年计算，而大多数种植业，如玉米、高山蔬菜、茶叶等没有一年，仅有一季，也称为一年。县农广校选择 10 个村，在与村委全谈妥相关事项后，签订全年承包的合同书，达到由县农广校组织教材、老师免费开展培训，由乡镇农技服务中心全年跟踪指导，由村委会确定培训时间，组织农民开展理论和实践学习。第二，综合指导。综合指导有两层意思：一是长阳农广校进村入户后，全面抓好村里工作，主要是配合党和政府的中心工作进行社会主义新农村建设，围绕主导培训作物，抓好其他作物的培训，如 2010 年长阳农广校在抓好芦溪、向日岭、龙池、刘家坳等村的柑橘培训的同时,也对粮油作物、生猪养殖、水上养殖进行了系列化的培训;二是长阳农广校不仅进行无公害栽培技术的培训,还对测土施肥技术、农作物病虫害综合防治技术、农产品的安全储藏和加工营销技术进行培训,这样,让农民掌握系统知识,增加专业技能,更好地应用于农业生产,为产业化的壮大服务。第三,分期培训。一是按照不同的农时季节进行培训。例如,2010年长阳农广校进行了马铃薯高产高效新技术培训,在播种前,长阳农广校对马铃薯的催芽技术进行了培训,并把在实践中摸索出来的五关作为重中之重,即选种关、切块关、消毒关、播种关、管理关;同时,又抓好育苗移栽技术、破土出苗技术、大田管理技术、安全收获和储藏技术。二是根据农民要求,采取多种形式开展培训,这些形式是白天指导,晚上培训;农忙指导,农闲培训;晴天指导,雨天培训;这种培训既不误农时,又抓住关键时期、关键季节、关键问题进行培训,让农民容易掌握,能够应用。第四,提高质效。培训的目的是让农民掌握生产和销售知识,根据调查,通过这样的培训,大多数农民能够掌握知识要点,并很好地应用于农业生产。例如,岩松坪村经过 2007 年、2008 年两年培训后,农民的科学种田水平大大增强,2009 年户平均收入 5 万元,连续三年长阳的柑橘节在这里召开,已有 56 个农户学会自己生产、自己销售,既增加了农民收入,也锻炼了农民的产业化生产销售水平。2010 年通过淡水养殖的培训,生产出的鱼不仅在国内畅销,而且远销外国,农民收入显著增加,养殖积极性大大增强。

2. 不断完善和创新教学理念

长阳县 2010 年农民培训阳光工程按照实施大联合、开展大培训、促进大发展的原则,在培训工作中抓得好、抓得早、抓得落实。第一,实施大联合。以县农广校为例,在进行特色农民培训中,首先做到了各部门大联合,县农业局集合了土肥、植保、栽培、农产品质量检疫等单位,从而丰富了培训内容,让培训有针对性;其次是实施了县、乡镇、村的大联合,科技示范户的辐射带动,县里有农广校,乡镇有农技服务中心,村有村委会和村支部;再次是与县部门联合,财政部门检查指导,宣传部门宣传报道,县移动公司开展农信直通车;最后是省市专家支持,柑橘、淡水养殖、动物防疫员和畜禽繁殖员的培训分别聘请了华中农业大学、长江大学、正大集团等专家教授讲课,从而丰富了教学内容。第二,开展大培训。长阳农广校按照"全年承包、综合指导、分期培训、重抓产销、提高质效"的理念,在种植上重点开展了高产高效标准化栽培技术培训,测土配方施肥技术培训,农业病虫综合防治技术培训,农产品的采摘、包装、加工及营销技术培训,并结合培训推广引用了测土施肥触摸屏、太阳能杀虫灯,在开展理论教学的同时,进行了大量的田间教学,让农民既增加了理论知识，又增加了实际本领。淡水养殖技术培训也把培训重点置入网厢，通过科技示范户日志、养殖日志让渔民在生产过程中掌握各个环节的技术，促进整体水平的提高。第三，促进大发展。首先是提高农民素质，这是至关重要的，而提高农民素质需要循序渐进，因此，长阳农广校采取多种渠道，提高农民认识，因为认识提高了，才有动力，才有活力，才能提高主动性和创造力；其次是把理论知识与实践相结合，毛泽东说过"读书是学习，使用也是学习，而且是更重要的学习"，因此长阳农广校把知识用于实践，通过实践促进农技推广作为重中之重；再次是促进农业产业化的发展，因此，长阳农广校把农民培训阳光工程与其他农业项目有机结合，这样就有更多精力、财力、人力用于农业产业化发展；最后是促进社会效益和生态效益的发展，这就保证了农业健康和可持续的发展。

3. 不断完善和创新教学方法

一是针对问题，解决问题。随着产业的发展，长阳县农业产业化规模已经形成，然而作为现代化农业技术条件不够成熟，尤其是无公害栽培技术、测土配方施肥技术、农业病虫综合防治技术、农产品的采摘处理和包装营销技术。县农广校经过调查研究，制订了详细的中长期的培训方案，按照粮油、果树、高山蔬菜、茶叶、养殖、药材、魔芋等作物，形成专家组，编写《农民宝典》为形式的教材13套，然后根据产业村分年度开展培训。为了达到培训效果，又不影响农时季节，县农广校采取了"全年承包、综合指导、分期培训、重抓产销、提高质效"的办法，2010年共抓培训15期，培训1200人，其中柑橘300人、蔬菜300人、养殖600人。二是发现问题，解决问题。县农广校不以培训而单纯培训，而是经常到农村，调查农民在生产实际中还缺什么，还需要什么，就补什么。例如，2010年开展柑橘高产高效新技术培训，该校发现老百姓有提前采摘的现象，而且采果方法、浸果技术没有掌握，学校立即聘请专家补了这一课，不仅在阳光工程基地进行，而且在柑橘主产区进行。同时，发现柑橘残次果较多，也请示县农业局在基地上用塑料袋将这些果子装上，腐烂后作肥料放在田中。在淡水养殖培训中，发现有鱼生病现象，县水利部门专门请了华中农业大学专家授课并现场解决这一问题。三是提出问题，解决问题。每一次讲课，专家们都留下自己的名字、电话号码，以便学员们提问，常常是一个问题专家们亲自下田进行指导。例如，县农广校接到龙舟坪镇刘家坳村农民的求助电话，反映大面积橘树病情严重，产量大幅减少，且不断枯萎死亡。2010年11月9日，一大早，长阳县农业局正高级农艺师覃伟带着数名技术骨干驱车来到发生病情最严重的龙舟坪镇刘家坳村1组，深入田间了解情况，为橘农排忧解难。在该村一组杨循柱的柑橘田里，专家们仔细查看病情，详细了解种植情况，确诊为由管理松懈而引起的树脂病,同时诱发多种病虫害,并告诉当地的橘农们不要惊慌,只要及时补救,完全可以挽回损失。之后,专家们给他们认真讲解了发病的原因及预防措施,为使农民防患于未然,当场开出了防治处方:第一,刮出病斑,用药剂涂抹;第二,加强冬管,做好树干涂白等工作;第三,加强肥水管理,采用测土配方施肥技术复壮树势。随后,专家们现场示范,亲自用刀刮出病斑,涂上治疗药剂,边做边详细讲解每一步操作要点和注意事项,力争起到治标又治本的功效。

4. 不断完善和创新教学模式

随着农民培训阳光工程的转型,长阳紧密结合实际,一方面进行了农村劳动力资源结构的调查,另一方面编写了适合农民教学的《农民宝典》,同时聘任了3名正高级农艺师、14名高级农艺师、56名农艺师为兼职教师,在实践中大力推行了实践—理论—实践的教学新模式。一是确定培训的主导产业。按照地域分布,长阳县以磨市、大无花果、都镇湾、鸭子口等乡镇清江河域主要培训淡水养殖技术,尤其是2010年以来发展起来的特种养殖技术,如低山河谷丘陵地区的柑橘高产高效新技术,尤其是精品果园的新技术,海拔1000米以上的高山地区和城郊地区的蔬菜高产高效新技术,以及茶叶、魔芋、药材、烟叶专业村,玉米、马铃薯高产创建地区,生猪、山羊集中区域;二是培训一定要有针对性。首先要调查研究。第一,要掌握农民不同层次对于科学技术的学习能力;第二,要掌握该村主导产业的发展优势、存在的问题,进而准确地提出解决办法。其次培训要做到厚积薄发,深入浅出,不得用深奥的理论吓唬农民,不得用难懂的专业术语故弄玄虚,尽量用农民的语言,加以科学的道理,让农民听得懂、看得见、做得到。最后,要求一次讲课针对1~2个实际问题,循序渐进地使农民掌握技术要领。三是要编写适合农民的教材。这种教材不是学历生的教材,当然也不是农技人员知识更新的教材,而是农民教材,既要科学,又要适用,让大多数农民能够自学。例如,县农业局编写的《农民宝典》一共16册,农民看后大加赞扬,农民用后感觉适用。在农民掌握一定书本知识后,农技人员到村、到户、到田指导就更加受欢迎,也更加轻松。而农民通过这样的学习后也更加爱学习、能学习、会学习。四是要做到理论与实际相结合。不掌握理论,农民知其然,不知其所以然,不掌握实践,农民学后枯燥无味,容易成为过水丘,这样的学习与不学习一个样。县农业局高级农艺师覃伟在柑橘田间培训中掌握了这样的方法。先在田间采点,用对比的方法让农民一目了然,然后在教室里进行理论学习,并开展考试考核,再把农民带到田间进行实际操作,两次实践、一次理论让农民牢固了技术要领,农民学得轻松、掌握得牢固。田间办学特色突出。

5. 不断完善和创新教学领域

为了全面落实省农业厅制定的《湖北省农民培训阳光工程实施规范》,长阳农广校广泛开展"全年承包,综合指导,分期培训,重抓产销,提高质效"的同时,把理论教学当作关键,把田间教学当作重点。在田间教学中,有效进行了针对问题、解决问题,发现问题、解决问题。在柑橘大食蝇防治中,重点开展了如何配制农药,抓住关键时刻防治和大食蝇处理。配药在现场进行,让每一个农户、每一个农民都能够掌握。防治关键抓住5～7月三个月的关键时刻,进行三次防治,就能万无一失。病果处理方法很多,既可深埋,也可进沼气池,还可用塑料封口,更可集中粉碎喂养生猪和鱼。在技术处理的基础上,要切记统一农民思想认识,组织千家万户开展群防群治、联防联治工作,并且持之以恒开展工作。土壤测土施肥是一件新生事物,仅靠理论教学农民半信半疑,授课老师通过三个办法来解决:一是把试验示范落实到农民家中,让农民看得见、摸得着、信得过,因此,县土肥站做到了免费测土、免费提供试验肥料、免费提供技术资料;二是把测土配方施肥触摸屏送到乡镇,每次讲课时向农民进行展示,让农民体会测土施肥的重要性、必要性、科学性;三是在田中讲课,简单易行,农民好记、好听、好做,能够很好应用。柑橘采摘和剪枝更是把理论教学和田间教学有机结合。正高职高级农艺师覃伟在授课时往往要经过一个星期的备课,先在田间寻找教学的内容,这样理论教学就有了针对性,然后在田中和农民进行采摘和剪枝的示范点,理论教学结束又在田中进行比较授课,进行示范采摘和剪枝,让农民现学现用、活学活用、学了就用。为了达到最好的培训效果,覃教授还深入到户,深入到田,挨家挨户进行指导,虽然耽误了专家的休息时间,却联络了与农民的感情,提高了农民科学种田的水平。

二、长阳县农村职业技能培训存在的主要问题

1. 以农为"笼"的思想束缚较为严重

虽然长阳农广校利用自身优势,积极开展多种形式的培训,得到了广大农民的响应,收到了良好效果,但培训的内容多以农业生产实践为主,开设的专业有种植、养殖、经济与管理、农业工程等专业,长期以来,比较单一的一元化农业中等教育,难以适应在市场经济下广大学员对多层次、多方位、多元化的教育需求,这种囿于传授种植、养殖技能的农村职业技能培训,使得外出务工农民难以摆脱以农为"笼"的束缚,同时也在一定程度上造成了招生人数不足,农村职业技能培训的转移就业功能未能充分发挥,招生工作困难的局面。

2. 农村职业技能培训经费不足

开展农村技能培训需要充足的经费做支撑,目前农村技能培训的运营经费仍依赖农民参加培训缴纳的学费,而长阳农广校地处贫困山区,交通状况差,自然经

济恶劣,广大农村学员经济十分困难,无力交纳学费,因而存在交不起学费或拖欠学费的情况。学费的拖欠,使农广校的经费捉襟见肘,给农广校的运作带来一定的困难。从这几年的发展情况看,虽然办学形式较灵活,但是在自身发展过程中显得力不从心,自身办学经济较匮乏,仅靠财政拨的少许工资和有限的办公经费支撑,教师福利没法解决,办学条件得不到改善,这些直接影响到学校的发展和教师队伍的稳定。

3. 师资力量不足

农村劳动力转移培训需要建立一支"双师型"的师资队伍,教师不仅要有扎实的理论基础,还要有丰富的实践经验,长阳农广校创办当初之所以具有强大生命力,除了领导重视外,重要的一点是师资能够保证,需要时到相关部门衔接一下就行。随着改革开放的进一步深入,各部门只顾自身利益,长阳农广校很多专业请不到教师,专业开设受到极大限制,而农广校自身的教师知识更新又不可能这么快,这大大制约了农业技术推广教育的发展。

第三节　巴东县转移就业培训的个案调查分析

巴东县隶属于湖北省恩施州,位于川鄂交界的巫峡与西陵峡之间,境内三山(大巴山、巫山、武陵山)盘踞,两江(长江、清江)分割,总面积 3219 平方千米,辖 12 个乡镇,总人口 48.6 万人,其中少数民族人口占总人口的 43%,是个老、少、边、穷、库的山区县,是国家重点扶持的贫困县之一,属享受国家西部大开发政策的地区。湖北省农业广播电视学校巴东县分校(以下简称巴东农广校)是巴东县转移就业培训的重要基地,致力打造阳光培训"基地品牌"[①],该校的转移就业培训是巴东县转移就业培训的一个缩影,总结该校转移就业培训的经验和做法能大体了解巴东县转移就业培训的现状,因此,本节主要对巴东农广校在转移就业培训方面的经验和做法进行总结。

一、巴东农广校基本情况

巴东农广校成立于 1987 年,自建校以来,艰苦创业,奋发创新,学校办得有规模、有质量,得到了各级领导和社会的一致好评和充分肯定。短短数年时间,该校

---

① 《狠抓教育质量,创建品牌职校——巴东县农广校》,http://www.hbngx.gov.cn/Art.aspx? classid=7&artid=384。

由一所"三无"空壳校建成了全国知名品牌农广校,分别在恩施、咸丰、龙山等地设立了分校,在社会上有了一定的影响力,为提高农民素质和促进县域经济发展做出了重要贡献。恩施州委 2006 年下发 1 号文件,明确指出"……大力推广巴东农广校经验,大力发展职业教育……";2007 年,省委办公厅下发专题简报(〔2007〕50号),以"巴东县农广校为什么受农民欢迎"为题,高度肯定学校的工作,并向全国推广巴东农广校经验;2009 年被国务院三建委表彰为"三峡工程移民培训工作先进集体",被湖北省人民政府扶贫办表彰为"全省十佳雨露培训基地";2010 年 10 月,中央农广校曾一春校长专程来校检查指导工作,盛赞巴东农广校是全国农广校的一面旗帜,享誉全国县级农广校第一校;2011 年被湖北省表彰为"全省'十一五'雨露计划工作先进单位"。经过多年的打拼,前几年就打造出来了"巴东电子技工""湖北省导游"两个湖北省的十大劳务品牌,正在创建"数控技工"和"计算机应用"新的劳务品牌,培养出来的学员在市场中供不应求,其培养目标正在进行"蓝领—蓝领中的白领—白领"的转变。巴东总校现有校园占地面积 3.4 万多平方米,建筑面积 2.5 万平方米,有 80 多间教室和电子、数控、计算机、SMT(Surface Mount Technology)、机加工操作实训室,教学专用设备 1200 多套。现有专职教师 58 人,本科学历的教师占 85%,"双师型"的教师占 60%。年培训能力在 7000 人以上,是湖北省第一批育才兴农示范学校,是巴东县农民科技教育培训中心、县实用技术培训基地、县干部教育培训基地、县三峡库区移民培训基地等,承担了巴东县 60% 以上的农民培训任务。

二、巴东农广校职业技能培训的主要做法

在知识经济时代,各级各类中等专业技术学校应运而生,在激烈竞争的环境里,学校如何巩固和发展?巴东农广校的体会是两个字——"质量"。"质量是生命,信誉见人品,严师出高徒,品牌显效应"这 16 个字是巴东农广校的办学信条。为了不断提升学校办学水平,保质保量全面完成各项工作任务,学校出台了四大措施,稳步创新发展。

1. 创新科技扶贫方式,追求技能培训实效

(1)深入基层调查研究。为充分考虑参训人员的意愿,组建多个专班,深入培训项目实施村调研、交流座谈,了解农民培训的意愿,宣讲国家惠农政策,农村发展的新政策、新法规,宣传培训工作,让每个参训人员自愿选择培训专业、时间和形式,体现了"以人为本"的培训理念,也从思想上保证了培训的顺利开展,为实施培训工作打下坚实的基础。为满足全县所有乡镇农民的发展需求,进村入户的培训

意愿摸底调查保证达到100％的覆盖率。

（2）在合理设置专业的基础上精心编制教材。确定开设培训专业时，注意倾听农民的培训意愿，并结合乡镇、村的实际情况，按照简单、经济、实用、见效快、能致富、有长效的要求进行设置。例如，特色种植、农机使用与维修、农村经济管理、特色养殖、村级动物防疫员、村级后备干部、农产品粗加工、电脑农业、农产品储藏、农村电工、沼气工等。在此基础上，组织有经验的教师，聘请专家，根据发展需求、专业设置要求，结合当地土壤、气候、环境、温湿度、人员结构等环境条件编印切合实际、通俗易懂的乡土教材，印发到每个培训学员手中。

（3）创新培训方式。组织相关专家和教师深入到村、组、农户家中及田间地头，对农民进行手把手的培训、指导、答疑解惑，以便把技术和信息送到农民的手中，送到他们的心坎上。采取教室课堂与田间实践操作相结合的方式全方位开展分类培训，如每年都在全县范围内分期分批开展"村级动物防疫员暨养殖大户""农村党员干部暨后备村干部"等培训。为提高培训实效，严格按照各培训岗位的规范标准，在培训过程中坚持做到"八有"，即有培训场所、教学设备、培训花名册、教案、教材、上课记载、考勤记录、考试考核，并坚持让发改委、财政和农业部门领导到培训现场进行监督、检查。

（4）把握重点以确保培训效果。首先，努力培养县内企业技术骨干并实现就近转移。为此，学校主动出击，与县内一些企业建立长期合作关系，为企业招收、培训员工，并在这些企业中建立培训实习基地，采取中、短期培训方式分期分批为企业输送专业技术人才，通过广泛开展校企联合培训，为企业大量输送办公室文员、基层管理人员、骨干技术人员、宾馆酒店服务员等。其次，紧扣当地特色，培养农村科技致富带头人。通过摸底调查，先在村中发展一批有条件、有基础、有特色的农户，进行对口重点帮扶，让他们率先发展起来，再让其将学到的知识和信息传授给其他农民，既降低了成本，又提高了培训效果。最后，大力开展第二、第三产业技能培训。根据受训意愿，积极组织开展创业培训和技能培训，主要培训专业是家电组装与维修、电工、缝纫工、电焊工、汽车维修工、建筑工等，让这部分农民能够在有利条件下自主创业，使他们有固定的工作岗位，有固定的生活场所，有稳定的工资收入。

2. 强化师资队伍力量

（1）不断优化教师队伍。为不断打造一支能创精品名牌的教师队伍，巴东农广校全面推行"校长负责制、全员聘用制、岗位责任制、结构工资制、优胜劣汰制"的五制管理。首先，把握教师招聘关，面向社会公平、公正、公开招聘专业教师队伍，优先选拔技能水平高、教学能力强、师德师风好、服务水平优的教师。其次，开展教师培训。请专家、教授上示范课，实际搞操作演示，并要求教师分专业人人过关。最后，严格教师队伍的管理。定期在教学活动中开展教师教学大比武活动，将成绩列入教师年终的考核评比中来。

（2）做到感情留人和待遇留人。学校关心青年教师成长，努力提高教师的待遇，营造和谐、稳定的办学环境。首先，努力为教师提供外出学习和提升能力的机会，不断提升师资水平。其次，为留住人才，稳定骨干教师队伍，积极向上级部门争取每年解决几名骨干教师编制问题。再次，普调基础工资，提高管理干部、班主任的岗位津贴，增加优秀骨干教师和特殊技术人才的工资和津贴，并落实劳动保障，足额缴纳教师的各种保险费用，切实提高教职工福利待遇。最后，积极发扬学校师爱生、生爱师、同学之间互帮互爱的优良传统，让学校始终充满和谐感、温暖感。

（3）通过完善考评提高教师整体素质。教师师德、教学评价体系和学生素质评价体系是加强教师队伍建设，努力提高师资队伍整体素质的关键，在评价过程中将评价成绩与工资、福利、津贴直接挂钩，使全体人员都有紧迫感、责任感，形成教师认真教、学生努力学的良好教学氛围。为在学校形成"比、学、赶、超、争、创"的良好局面，不断稳定优秀教师队伍，每年开展"五个一"活动，即一次竞职演讲、一次考核评议、一次杰出人才评选、一次骨干教师评选、一次承诺兑现。

3. 以实施教改为契机狠抓教学质量

（1）以教学质量为中心开展各项管理工作。为不断增强学习的主动性与自觉性，巴东农广校结合各个专业的实际，把技能教学融入到各项活动中来，理论联系实践，找出学习的差距与不足。教师订好一个教学计划，准备好每课的教案，上好每一节课，批改好每本作业，指导好每一次操作，并且由教务主任审批每课教案。学校领导、班主任、教师间可随时进教室听课，经常开展教师评课与学生评课活动。通过"五个好""一支笔""三深入""三听两评"管理制度，使整个教学活动既严肃认真，又生动活泼，其教学与管理的创造性和积极性不断提升。

（2）以提高学生技能为教学质量的关键。为突出应用型人才的培养，要按照学员特点和要求，进行教学内容的改革，编印切合实际的校本教材，改革教学方法，突出动手能力的训练与培养，认真抓实各个教学环节。此外，广泛征求学生、家长的意见，在教学学科改革上以适用性、现实性为主，侧重学生动手能力的培养。在课时设计上，专业课要占总课时60％以上，专业课课时设计上，学生动手操作要占60％以上，而专业课的考试、考核以实际操作为主，理论考试为辅。

（3）以提升全面素质为教学质量的重点。一是为了使学员能尽快适应社会需求,扩展实训内容,成为具备综合职业能力的复合型人才,适当开设公共关系学、礼貌礼仪、法律常识等课程,不断完善自我,提升综合素质。二是强化质量意识,建立科学质量评估体系,建立及时的教学信息反馈制度,健全教学保障措施,做好教育科研工作,不断彰显学校办学特色。三是在对学员的管理上做到"四严""四不送",即严格学员的操行评分、理论考试、操作技能考核、身心素质训练,使每个学员达到全优标准。对每一项不合格的学员不向企业输送。四是改革考试考核制度,学生以技能测试为主、理论考试为辅,把学生技能测试成绩作为教师考核的重要内容,鼓励教师大胆创新,在教学方法上寻求新的突破。五是严格执行教学计划,规范教学行为,按规定开齐开足所有课程,并加强检查、指导与管理。

4. 实施联合办学满足学员需求

(1) 联合办学促就业。首先,采取走出去、请进来的模式,积极寻求新的合作办学伙伴,大力开展订单培训、定向培养,实施"校企联合""工读结合"模式。深入到大型企业中,对企业从工作性质、工作环境、经营规模、管理现状、福利待遇、权益保障等进行详细的考察,与世界500强大型集团企业,如光宝、伟创力、富士康、住友等十多家成功联合办学,学校成为企业的人才定点培养基地,企业成为学校的就业安置基地,充分保证了学生就业率为100%。其次,加大宣传力度,进村入户,搞好招生、家访工作。再次,大力改善办学条件,扩大办学规模。积极争取外部支持,多方谋求项目资金,建设教学楼、运动场、住宿公寓楼,增设教学设施、操作实训设备。最后,以市场为导向,按照需求开设更多、更好的专业满足市场。

(2) 打造品牌搭建对口就业桥梁。首先,在前几年已打造出来的全省十大劳务品牌的基础上,着手培养"数控技工"等新的劳务品牌,争取在3~5年内打造出一个新的劳务品牌,将培养目标覆盖至"蓝领、白领"阶层。其次,学校与企业开展优势互补,资源共享活动,先后与韩国、日本、中国台湾等地大型集团公司联合建设人才培养、储备基地,加强交流与合作,签订长期合作协议,以吸引外资办学,弥补培训经费不足,凡巴东农广校合格的毕业生都能优先免试进入这些企业就业。再次,按照培养"复合型、竞争意识、创新精神、一专多能"的培训机制,培养"阳光、负责、优秀、志远"的高素质、高技能学生,随时都能够接受企业的检验。最后,保证培养出来的学生100%对口安置就业,让学生学有所用、学成能用,不但能迅速适应工作,还能很快就成为公司的技术骨干人才。

(3) 树立并践行服务理念。广开就业渠道,健全服务网络,把学员培训好、安置好是巴东农广校的承诺。为了保证学生就业稳定率、保证学生的就业满意度、保证学生的合法权益,学校在学员集中就业的城市专门设置了办事处,派专人做毕业生的安置、协调、跟踪维权和就业服务工作,学生毕业就业后,巴东农广校还免费为他们提供一年时间的服务工作,充分保证了学生的就业稳定率达95%以上。

三、存在的困难和问题

巴东农广校等农村职业教育虽然取得了一定成绩,但总体上看,还不能满足社会经济发展的需要,与国务院、省政府《关于加快职业教育发展的决定》的要求差距很大,同先进县市相比也有很大差距,突出表现在以下四个方面。

(1)职业教育发展失衡。近几年来,党中央、国务院对职业教育非常重视,从财力、人力、物力上给予大力支持。2008年国务院决定在全国支持投入建1000个县级职业教育中心和1000所职业教育示范学校。对就读全日制中等职业学校的学生实施国家助学金制度,每人每年1500元,连续享受两年。同时,教育、劳动、农业、扶贫、统战、移民、共青团、妇联等多个部门实施农村劳动力转移培训计划和项目资金扶持。国家还将普教生和职教生的比例调整为1:1,巴东县2010年现有高中在校生8250人,职校在校生4532人,普高生是职校生的1.83倍,按照国家要求比例严重失调。对照上级的政策和要求,面对巴东县的实际情况,职教发展相对普教发展而言,存在明显差距。究其原因:一方面,重普教轻职教。近些年,巴东县对普教工作非常重视,也取得了辉煌的成绩,连续八年夺得全州第一,受到了社会各界的称赞。与普教相比,对职业教育的系统研究,还没有引起相关部门的足够重视,发展职教的措施不具体,呈现出"一条腿短,一条腿长"的不协调现象。另一方面,"望子成龙"的传统观念根深蒂固,一些人对职教认识不清,一味追求读高中、考大学争名牌,这样就把绝大部分学生逼上了考大学的"独木桥",结果面对的是就业难的境况,有的只好又重新读职业学校,寻求就业出路。

(2)职业教育资源有待进一步整合。在巴东县职业教育发展的历程中,虽有过一次县成人中专、县教师进修学校与职业高中三校合一的简单整合,但收效甚微。现在尽管职业教育已经有所发展,但教育培训机构分散,资金来源多样,标准高低不一,培训实力参差不齐,培训的内容和工种上趋于单一。在行业归口上不明确,存在着各办各的学、各划各的船、各吹各的调的现象。甚至还存在互不联系、互不沟通、互相嫉妒、互争生源等不良竞争的问题。这种缺乏统筹规划、统一规范、共同协作的办学理念,严重制约着职业教育培训的科学协调发展。

(3)职业教育硬件设备不适应培训需要。职教培训机构大部分办学条件简陋,学校规模小,不能满足招生教学的需求,教学设备、设施差,不符合教学要求。

有的培训点就是租几间房子，摆几台计算机，临时请几个教师，招几十个学生，培训几个月就算了事。没有将国家的投入发挥出应有的效益。在教学过程中缺乏专业教师、正规教材、规范教室、技能标准和实践操作，存在实习、实训设施不配套、专业特色不明显、教学质量不高、就业优势不强等突出矛盾。加大投入、改善条件迫在眉睫。

（4）职业教育缺乏市场导向，接轨不畅。职业教育与市场、产业发展之间接轨不畅，良性互动的有效机制尚未真正形成。就业市场对技能型人才的需求并没有转到有效的职业教育之中。职业教育的办学机制、人才培训模式、运行机制与市场机制的衔接不够紧密，职业教育适应市场、服务经济的能力比较薄弱，仍然存在着入学容易、就业难的问题。

第四节　相关实证调查的启示

通过对湖北省来凤等地外出务工农民技能培训状况进行个案调查分析，不难发现，这些地方的农村职业教育虽然取得了一定的成绩，但仍然存在一些制约农村职业教育发展的共性问题。

一是办学理念亟待转变。尽管国家提出或实施了"西部大开发""建设社会主义新农村""科教兴国""城乡统筹"等战略部署，为外出务工农民技能培训带来了前所未有的发展机遇，许多职业学校并没有及时转变办学理念、树立育人思想、整合已有资源、提高育人质量。教育模式较为陈旧，封闭式教育体系影响深重，虽然作为农村群众提高职业技术技能及综合素质的基地，但农村职业学校的开放性和多功能性并没有充分发挥出来。对劳动者职业技能的培养局限于职业学校，农技推广中心、培训学校等机构或组织也在一定程度上阻碍了外出务工农民技能培训力量的壮大，培养的人才以初、中级农业职业技术人才为主，高级职业技术人才较为缺乏。在经费投入、师资培养、法律保障和招生就业等方面缺乏政府支持，外出务工农民遇到困难时往往力不从心，外出务工农民技能培训的发展环境有待进一步改善。

二是办学方向存在误区。许多外出务工农民培训学校在办学方向上仍然存在专业重复、课程重复，缺乏自身办学特色的误区，对外出务工农民技能培训而言，要在竞争激烈、市场要求较高的现实背景下，实现突围，彰显其重要价值，提高其在教育体系乃至社会体系中的地位，就必须办出特色、办出水平，必须创新办学模式，如积极推进校企合作，将理论与实践结合起来，让学生在书本和课堂中学到的理论知识，并在实践中接受检验，不但能促使学生深化认识、勤于思考，更能锻炼和培养其实际操作能力，真正达到"教学合一"的目标。现有的培训机构专业及课程设置不合理，较少关注社会需求变化、产业结构调整及劳动力市场供求变化。已有教育资源的利用率低下。

三是教学学制需转化。目前固定的教学时间成为外出务工农民参加培训的一大障碍，而从事农业生产的劳动者没有固定的作息时间，因此传统的教学学制会在一定程度上束缚其接受职业教育与培训，特别是对于在家务农或家庭经济困难的农村学生而言，学习职业知识与技能成为难题。

四是终身职业教育框架还未形成。缺乏终身职业教育框架，外出务工农民对不断变化的劳动力市场缺乏应变能力，更无法通过提高职位逐步改变自身的社会地位。随着高新科技在产业中的逐渐推广、劳动过程中的自动化、信息化程度的不断提高，劳动者不能掌握现代科学知识与相关技能将难以成为社会劳动的主角。

五是办学经费短缺。办学经费缺乏是目前职业技能培训供给最大的制约因素。各级农广校同相关部门的协调配合不够，使得政府部门、群众团体、新闻媒体对农村劳动力转移的支持力度不足，劳动力转移培训经费获取的渠道仍然相当狭窄。政府对农村劳动力转移培训稳定的投入渠道也还未建立，农村劳动力转移培训缺乏经费保障。

六是"双师型"师资力量不足。"双师型"师资队伍力量短缺是目前外出务工农民培训质量不高的关键因素。一方面，对"双师型"教师引进力度不够，"双师型"教师占教师总数量偏低，已有的"双师型"教师由于对待遇不满意也往往产生离开的念头；另一方面，对在职教师的实践培训较为缺乏，在职教师难以实现向"双师型"教师的转换。

第九章

政 策 建 议

　　围绕城市圈建设开展外出务工农民技能培训以促进农村剩余劳动力的素质提升和转移能力的提高,以城市圈建设为载体,精心规划和设计针对城市圈经济发展的农村剩余劳动力教育培训和转移思路。结合湖北省武汉城市圈建设与各地外出务工农民培训的实际状况,笔者认为,重点在于以区域经济发展改革配套政策代替传统单独的各市州及各区县发展政策,促进区域经济的发展;设计区域经济针对性的农村剩余劳动力教育培训和转移思路。

第一节　武汉城市圈产业调整与
集聚助推劳动力转移培训

　　要有效地解决湖北省的外出务工农民的就业问题,除了促进经济发展,保持一定的经济增长速度外,还必须从结构入手,加大产业结构调整的力度,大力发展第三产业,保证第二产业有效增长,大力发展具有国际比较优势的劳动密集型产业,提高第一产业的劳动生产率,从而提高经济增长的就业弹性。

一、优化产业结构以促进农村剩余劳动力的转移

　　(一)推动第二产业优化升级

　　密集型部门和行业由于劳动力成本相对低廉,利用劳动力成本优势的中国劳动密集型企业在国际上具有相当的比较优势。所以,大力发展具有比较优势的劳动密集型产业是我国不断融入全球化经济,积极扩大国际市场,解决大批劳动力就业的一条非常重要的途径。1980～2010年的转型期内,我国第二产业的发展自觉或不自觉地走了一条资本密集型发展道路,这条道路恰恰是与我国的资源禀赋相

背离的。正是这个原因导致了我国过去几十年里尽管第二产业高速发展,以至发展成为世界制造业大国,甚至被称为世界工厂,经济贡献度几乎相当于第一和第三两大产业的总和,然而,其就业比重仅占 1/4,产值贡献度与就业贡献度发生了严重的背离。唯其如此,要充分发挥第二产业的就业吸纳作用,就必须下大力气调整第二产业的内部结构和技术路线,调整的方向就是大力发展劳动密集型部门和行业,奉行中间适用的技术路线。发展劳动密集型产业,奉行中间适用技术路线,并不是要忽视先进技术在生产中的作用。要保证产品在国际市场上具有持续竞争优势,使企业能不断地吸纳劳动力,也必须开展适宜技术的创新与引进,使湖北省的劳动密集型产业能够实现以技术进步为基础的内生增长。尤其是在实现大中型企业结构调整和产业的升级换代过程中,必须注重各种先进技术,包括高精尖技术的应用。但与此同时,也应当充分考虑劳动力的使用。尤其是对于港大的中小企业而言,在以提高产品的竞争力为目标的同时,没必要刻意追求高技术、高资本含量的产品,也没必要刻意实施技术密集型战略。实际上,高技术与劳动密集型生产方式并不一定是矛盾的,国际上技术的创新使许多新的劳动密集型产业不断被创造出来。

对于湖北省而言,由于农村剩余劳动力规模大、结构复杂、转移任务重和转移效果不足的特征,需要考虑推动传统产业优化升级以促进农村剩余劳动力的转移。整体而言,湖北省吸纳农村剩余劳动力的主力军是劳动密集型产业,因为这些传统产业技术水平较低,对劳动力的要求不高,这在促进农村剩余劳动力转移的第一阶段具有优势,而且传统产业所需要的劳动技能对于农村剩余劳动力而言并非高不可攀,可以通过简单的培训、学习和模仿获得。相关调查分析也表明,不论是沿海发达地区,还是内陆欠发达地区,农村劳动力主要向传统劳动密集型产业转移,这种转移包括两个阶段:一是通过地缘、亲缘形成农村劳动力的关系型流动;二是当农村劳动力获得相关劳动技能后其就业具有较强的产业针对性和区域指向性。从政策设计角度而言,政府应该在农村剩余劳动力转移压力较大的地区有意识地进行规划、引导,发展能够发挥地方比较优势的传统产业以吸引农村劳动力的转移。湖北省一方面受地域限制传统产业技术水平落后,另一方面又急切改变现状而大量引进高新技术产业,推动传统产业优化升级。具体有以下三条途径:第一,政府规制式。政府基于经济社会发展需要或环境保护需要,对于区域传统产业技术需要提升而产业自身没有技术提升能力或提升意愿的产业技术领域,通过政府行政干预或政策引导,促进区域传统产业的技术升级,最为典型的政府规制式技术升级如传统产业节能环保技术的应用升级,节能环保技术的引入会增加企业的成本,通过政府对行业标准的制定、财政补贴措施及消费市场的引导行为,可以有效促进传统产业企业节能环保技术的普及,推动传统产业的技术升级。第二,企业自发式。

针对战略性新兴产业中能有效提高传统产业产品质量、降低产品成本、提高传统产业企业核心竞争力的技术,如在新材料领域、高端制造业领域的新兴技术等,企业通过技术购买、项目合作等方式进行技术升级。第三,政府与企业联合式。单纯的政府规制式技术升级与企业自发式技术升级往往形成于比较特殊的产业技术领域,对于大多数的区域传统产业技术升级,适合采用的是政府与企业联合式的技术升级。区域传统产业在对战略性新兴产业技术的引入上力量单薄且风险较高,只有以政府作为强大后盾及主要推手,才有可能最大限度地促进区域战略性新兴产业的发展及区域传统产业的技术升级。

(二) 大力发展第三产业

第三产业门类广、层次多,资本有机构成总体上较低,既包括低素质的劳动密集型的产业,也包括容纳高素质人才的资本密集型和技术密集型产业。第三产业中的某些产业部门,特别是其中的个人和社会服务业是吸纳劳动力最多的领域。随着经济的发展和人均国民收入水平的提高,第一、第二产业部门的劳动力就业比重将不断下降,第三产业从业人员比重将不断上升。发展第三产业是提高就业增长弹性、避免出现"增长型失业"的有效途径。要加快发展第三产业,进一步发挥第三产业的就业吸纳潜力,必须做到以下几点。

1. 实施有效的产业政策,调整第三产业的内部结构

无论从增加值占 GDP 的比重,还是从劳动力就业比重看,湖北省商贸餐饮业、交通运输邮电业等传统产业发展相对饱和,而金融保险、信息产业、房地产、旅游、教育等新兴产业的发展严重滞后。因此,调整第三产业内部结构,应大力发展就业弹性较高的房地产、金融保险、信息咨询、科技开发、旅游、环保等新兴第三产业;大力发展就业容量较大,与经济发展及居民生活密切相关的仓储、商贸、教育、卫生医疗服务、社区服务等劳动密集型行业;大力发展邮电通信、交通运输、公用事业等对国民经济发展具有全局性、基础性影响的基础行业。目前,应抓住制造业迅猛发展的机会,大力发展为三大产业提供服务型生产资料或要素的生产服务业,诸如为制造业提供信息、技术、资金、人才等生产要素,为跨国公司提供产前、产中、产后服务的行业,增加生产服务业的就业容量。

2. 鼓励第三产业市场化和民间投资

与其他产业相比,我国的服务业,特别是新兴服务业的政府垄断程度还较高,这在相当程度上影响了自身的发展,使这些领域吸纳劳动力就业的能力未能充分发挥出来。对公共服务设施和公益性事业等过去由政府财政包揽的行业,应逐步推向市场,让市场机制在资源配置中发挥更大的作用,以市场机制促进服务企业的良性循环和发展。对第三产业的很多部门,政府应该逐步放开,鼓励民间资本对第

三产业的投资和在更广泛的领域参与第三产业的发展。

3. 实行财税及信贷扶持政策

第三产业的发展要坚持市场化导向,同时也需要政策的适当扶持。对一些原先由财政负担的事业型、福利性服务单位转向企业化、产业化和社会化,需要付出一定的改革成本。加快推进这一过程,需要制定优惠鼓励政策,在资金、税收、用地、信贷等多方面予以支持。特别是对愿意接受下岗职工的第三产业,以及社会急需而又发展滞后的第三产业,如民办教育、农业科技推广业等,应实行较低的税收,以利益驱动和经济杠杆来促进其发展。与此同时,各级政府应增加对第三产业的投资,作为加快第三产业发展的引导资金,主要用于国家鼓励的第三产业建设项目的贴息或补助,以更多地吸引银行信贷资金和社会投入,克服在发展中面临的资金短缺的"瓶颈"制约。

(三)进一步挖掘第一产业发展潜力

第一产业是国民经济的基础,是整个社会得以发展的基础。从表面上看,我国第一产业的发展似乎已经近乎饱和,在转型期内其产值占比发生了大幅度的下降,就业人数更是发生了负增长。但仔细观察,第一产业的发展及其对劳动力的吸纳仍然有很大的潜力可挖:第一,我国是一个拥有 13 亿人口的大国,社会对基本农产品的需求量特别巨大,如粮食、棉花、油料等;第二,湖北省是一个经济高速增长、城市化进程不断加深的省份,随着城乡居民收入水平的不断提高,社会对新型和高档农产品的需求会不断增加,如鲜花、水果、蔬菜,以及高档水产品、肉类产品等;第三,湖北省农村的生产生活基础设施建设尚未大规模展开,这方面更是存在着巨大的发展潜力。可见,第一产业的增长和发展仍有很大的空间,第一产业对劳动力的有效吸纳能力也还有挖掘的潜力。这里的关键是要通过价格保护机制,通过保护性财税政策,通过农业产业化政策的引导和鼓励规模经营来提高第一产业的比较收益率,提高第一产业的就业吸引力。

二、推进产业发展与布局一体化

首先,重视和推进产业集聚区的发展,因势利导,充分利用产业集聚的优势。对于三大经济区来说,促进地区经济的发展是其担负的责任。具体通过何种形式,如何选择适合自身的发展道路,是其要充分考虑的问题。三大经济区在制定促进地区经济发展的战略和政策之时应充分考虑到产业集聚的经济优势。为此,政府不仅要为地区产业集聚的发展提供良好的硬件条件,还需提供诸如良好的服务体系、公平的经营环境和完善的法律等软条件。

其次,以城市圈的支柱产业和重点行业为龙头,通过延伸产业链,形成十大优势产业链,即汽车、电子信息、钢铁、有色冶金、石油化工、盐化工、纺织服装、建材、造纸及包装、食品饮料产业链。利用产业链的纵向和横向延伸,不仅可做大、做强产业,而且有利于发展区域产业特色和推进产业布局一体化。

最后,建设一批具有特色的产业集群,产业集群作为一种高效的生产组织形式,不仅是城市圈工业经济实现集约增长的新模式,而且可充分发挥武汉市在高技术产业和先进制造业方面的科技、人才优势与龙头作用。通过组建以开发区为依托的产业集群,将武汉市的总部经济、研发、品牌与营销等方面的优势同周边地区具有资源与低成本优势的产业基地紧密结合在一起,实现产业布局一体化。为优化武汉城市圈产业布局的空间结构,进一步发挥武汉市作为城市圈产业的核心增长极功能,沿主要经济发展轴线,通过整合"1+8"城市资源,形成以武汉市为龙头和辐射极,以城市、经济技术开发区和工业园为节点的六条产业集聚带,包括高技术产业带,汽车产业带,冶金建材产业带,IT(Information Technology)设备、电器、电子元器件产业带,石油化工和盐化工为主的化工产业带,以及纺织服装产业带。各产业带围绕武汉市进行相互融合,并实行联动发展。

三、通过推动产业集聚和产业技术升级促就业

(一)通过产业集聚促就业

自美国的金融危机爆发以来,我国的经济发展呈现出放缓的迹象。在此情势下,本已严峻的就业形势更显突出。对于政府来说,如何在保持一定增长速度的前提下,解决好就业问题是其亟需完成的目标。就产业集聚而言,已有很多实证研究证实了产业集聚的发展对经济增长的促进作用。因此,政府在制订了产业政策时,不能仅仅考虑产业集聚对经济增长的作用,还需考虑其对地区就业的影响,即三大经济区在发展某个产业集聚区以推动地区经济增长之时,应将其可能解决的就业数纳入考虑范畴。在这个过程中,首先,应考虑地区已有的产业发展和劳动力市场状况,因地制宜地制定产业发展政策。其次,重视和利用产业集聚对劳动生产率的促进作用。虽然实证研究显示,三大经济区的第二、第三产业都存在积极的集聚效应,包括三大经济区在内的很多地方政府都重视发展产业集聚,但是存在发展产业集聚创新不足的问题。政府在推进产业集聚的发展时,忽视了产业集聚的发展需要相应的配套体系,如服务机构、科研机构和人才市场等。为更好地获得伴随产业集聚的知识溢出和分享,政府应着力推出支持政策建立区域产业集聚发展创新体系,通过营造适宜创新的软环境,促进区域内的企业、科研机构、政府服务机构之间建立合作关系,提升区域内产业的生产效率。

（二）通过产业技术升级促就业

（1）应用适度技术，兼顾效率与就业，走技术促进就业的道路。大力发展重化工和重加工工业，提高加工组装产业的加工高度，逐步向技术密集型产业为主的产业结构升级过渡，是产业结构的基本取向，也是湖北省走新型工业化道路的必由之路。在工业化和产业结构升级中，技术进步是必需的。但是怎样利用技术进步，采用什么样的技术，对就业的影响却是不同的。发展中国家的经济发展实践表明，一个国家开始工业化的时间越晚，借用技术的资本利用、劳动节约的程度就越高。我们从发达国家借用来的技术是他们在资本成本相对低于劳动成本的条件下开发出来的，不适合我们的资源享赋。所以，我们要按照劳动利用方向进行改良、开发和调整，选择适合湖北省的技术模式，以降低生产成本和资本份额。日本是重视节约资本、充分利用劳动的典范。在第二次世界大战前的工业化过程中，在日本工业就业总数中，由劳动替代资本的创新吸纳的劳动力所占比重为80％，而由资本积累吸纳的劳动力所占的比重仅为20％。湖北省在经济增长和产业结构调整中，要注重增加就业，在不同要素比例增长方式的选择上，要实行劳动密集、资本密集和技术密集相结合的方式。在技术应用方面，要选择正确的路径和适当的技术结构，避免不切实际地以技术或资本替代劳动，应用高新技术，既要充分考虑技术的先进性，又要充分发挥劳动力资源丰富的比较优势。即使技术有条件替代劳动，只要不影响或基本不影响生产效率，也不要急于替代或大量替代，要积极应用那些可以促进就业的适度技术，切实把就业增长作为一个重要增长目标。实现经济增长与就业增长的良性互动。

（2）发展能带动服务业就业的现代制造业，实现第二、第三产业同步发展。服务业，即第三产业，是吸纳就业最多的产业，发展服务业是解决就业的一个重要途径。但是单靠服务业发展难以解决严重的就业问题。因为服务业是为生产和生活服务的，为生产服务，必须以生产发展为依托。任何现代服务业的发展都是建立在现代制造业充分发展的基础之上的，现代制造业已经与现代服务业相融合，但是现代服务业绝不能超越现代制造业而独立发展。现代制造业是指以现代先进制造技术武装的制造业，包括轻工业和重工业中的中高技术制造。现代制造业企业以规模化、信息化、高技术化、精密化、智能化为主要特征，制造业产业链向前延伸，需要依托发达的研发、培训、广告、信息服务，向后延伸需要有敏捷的物流、销售、维修、保养等售后服务，生产过程中还离不开计算机网络系统对整个生产过程的管理和控制，所有这些运行过程都需要有发达的现代生产性服务业作支撑。但是，如果没有发达的现代制造业体系，现代生产性服务业将因为缺乏市场基础而成为无源之水。生活性服务也同样以现代制造业充分发展为前提,现代制造业以其高效率为产业工人提供高工资,随着居民收入水平的不断提高,对物质产品的需求基本得到满足以后,就开始转向服务的需求,收入水平提高,生活性服务业的需求才开始迅速提高,生活性服务业才会在市场的拉动下得以快速发展,服务业对就业的拉动效果才得以显现。所以,要扩大服务业就业,必须首先大力发展现代制造业,在现代制造业发展的基础上发展服务业。例如,汽车产业就是一个很好的例子,汽车产业的发展可以带动许多相关服务业的发展。只有实现第二、第三产业同步发展,才能真正发挥第三产业对就业的拉动作用。

第二节　构建与武汉城市圈建设相配套的职业培训体系

国外的经验表明,城市圈建设内支撑机构的发育程度决定了城市圈建设竞争力提升和就业促进的效果,而具有培育培训功能的行业协会、中介组织、技术培训机构的建立、健全起了关键作用。一般而言,具有教育意义的支撑机构发挥作用的基本条件是市场化机制,这要求企业为主导来进行。但观察世界各国城市圈建设内教育培训机构的发展经验来看,具有两个明显的特征:一是教育培训机构在建立初期多是政府起主导作用,如芬兰在城市圈建设中的教育培训机构的发展即是以政府为主导建立的,我国浙江嘉善木业集群也由政府组织建立了一些具有教育培训性质的中介组织;二是以政府主导建立的教育培训机构,特别是对处于发展初期的城市圈建设而言,其作用明显,而且提供了后期以社会资本为主导建立教育培训机构的基础。以政府为主导在城市圈内建设教育培训机构不是最终的目的,而是通过教育培训机构的作用促进集群所需人力资源提供支撑的发展,同时也为民间资本的进入、引入市场化机制奠定基础。湖北省正处在工业化过程中产业结构剧烈调整的时期,随着经济的快速发展和资本的高速积累,湖北省的产业结构将会有较大的提升,这就内在地要求劳动者要具备较高的文化素质与劳动技能。加大人力资本投资是提高抗结构性失业的能力最有效的途径。随着科技的迅速进步,产业结构变化在所难免,产业结构的变化必将导致旧产业人员的溢出,成为失业大军。这些失业者文化、技术、身体素质越高,重新就业的机会越多、越快。实践证明,劳动力素质低下是制约劳动力主动创业和适应市场就业能力的关键因素。因此,加大对人力资本的投资,提高劳动者的技术水平与自身素质,以适应劳动力市场的需求,是增强未来自主性和灵活性就业,减轻结构性失业的最终途径。

一、大力发展中、高等职业技术教育

从目前湖北省的经济发展状况看,湖北省还处在工业化中期,第二、第三产业的发展水平还不高,真正实现工业化,还有很长的路要走。在这一背景之下,重视初等和中等教育的普及,无疑显得非常重要。对于农村的劳动力来说,它一方面可以延长农村劳动力进入劳动力市场的时间,有效调节劳动力供给量;另一方面,农村的劳动力通过教育,会减少流动的盲目性,有利于劳动力的流动。中等职业教育是提高一般劳动者科学文化素质的关键,中等职业教育的发展会增加湖北省熟练劳动力的供给量,减少结构性失业,促进产业结构的升级和经济增长。大力发展高等教育和学历教育,培养大批高级创新人才,对于国民素质的总体提升及提高国家综合创新能力,以适应未来产业结构升级的需要,促进经济的长期增长当然是非常重要的,但过度的高等教育不符合发展中国家的国情,甚至可能出现"知识型"失业者群体。因此,现实的选择应该是在稳步推进高等教育发展的同时,更要重视中等教育、职业教育的发展和劳动力的在职培训,特别是技能培训。同时,高等教育发展规模的适度扩大,必须在高等教育逐渐转向大众化和市场化的过程中实现,这样,既有利于满足社会对高素质人才需求比重的提高,也有利于缓解政府教育基金不足,从而将更多的有限资金投向初等和中等教育,实现人口整体素质提高。

二、完善职业培训体系

通过职业培训,不断提高在职人员的业务素质和劳动技能,使劳动者迅速适应变化的市场需求,是减少结构性失业的有效途径。

(1) 针对不同就业群体,制订不同的计划,开展有效的职业培训。例如,美国劳工部门的培训项目主要有:①政府为 21 岁以上的低收入者免费提供技术、技能培训;②利用暑假为 14～21 岁的青年学生提供职业技能培训;③为退伍军人提供安置前培训;④为结构性失业者提供转岗培训。这些职业培训方式也开始在我国推行,我国政府规定,城镇初、高中毕业生在就业以前要进行 1～3 年的职业培训。这种方式除了降低新增劳动力的数量以外,更重要的是对其进行有用的职业培训,提高他们的素质与技能,提高就业的效率。

(2) 创建多样化的就业培训模式。联合社会上现有的教育资源,在加强规范和引导的基础上,组建多层次的教育培训基地,鼓励发展企业内的职业培训机构。

（3）将职业培训与失业保障制度、预防失业和促进再就业结合起来。将职业培训与失业保障制度结合，强制失业人员参加培训，建立完善失业人员的再培训机制和有效的失业保障金制度，将失业救济金的一部分专门用于职业培训。在这方面，发达国家的经验值得借鉴，它们通常将失业救济金的 60%～70% 用于失业人员再培训。例如，美国政府十分重视对失业者进行培训，以提高其素质，增加再就业的机会。20 世纪 60 年代以来，随着经济结构的重大变化，美国政府把人力培训计划放到更加重要的位置，从而使失业保险由对失业者的被动性救济向功能性救济发展。预防失业和促进再就业是失业保障制度的另一个重要功能，近年来，这一功能越来越受到世界各国的重视。失业保障制度除了通过严格限制领取失业保险金资格、逐渐降低失业保险金水平、规定享有失业保险待遇的最长期限等手段预防自愿失业外，还通过为失业者提供职业信息服务、强化职业技术培训、创造新的工作岗位等方式促进再就业。在现代经济条件下，劳动者就业遇到的一个障碍是不能适应技术进步和产业结构调整的要求。因此，劳动者承担的风险，不仅是失去工作的风险，而且表现在自身技能加速折旧的风险。于是，许多国家十分重视通过培训提高劳动者的素质，规定把参加职业培训作为失业者享受失业保险待遇的条件，只有参加培训的失业者才可以享受失业保险待遇。部分国家将失业保险基金投资于公共项目建设，失业者可以参加这些项目的劳动，并按劳动时间领取报酬。

第三节　构建以企业为载体的就业和人才开发体系

企业组织结构是影响就业水平和结构的一个重要因素，在不同的组织结构下，相同的经济运行规模所能提供的就业机会是不同的。一般地说，中小企业大多为劳动密集型企业，资本有机构成的平均水平低于大型企业，因此，同量的资本投入所能提供的就业机会往往大于大型企业。

一、大力发展中小企业

大部分劳动力在中小企业就业，是一个世界性的经验规律。从市场经济国家的普遍格局来看，中小企业在全部企业中的比重一般在 95% 以上；每千人拥有企业数量为 40～60 个，平均每个企业容纳的就业人数为 8～13 人，即中小企业中的绝大多数是 10 人左右的小企业；全国 65%～80% 的劳动力在中小企业就业。例如，日本的小企业雇用了全国工业总劳动力 70% 以上的劳动力，美国在大公司不断裁员的情况下,失业率并没有显著上升,这与美国中小企业发展旺盛有关(郑新立,2003)。解决湖北省大量下岗失业人员的再就业和新增劳动力的就业问题,尤其需要重视中小企业的积极作用。要进一步加快发展中小企业,优化企业组织结构,充分发挥中小企业的就业促进作用,必须在财税信贷及制度建设等方面采取一系列措施。

(1)通过税收优惠和财政补贴鼓励居民投资创办中小企业。对于新创办的中小企业,创办初期可实行部分或全部税收返还的政策。对于现有中小企业,可适当降低其税收负担。个人收入和存款用于投资创办小企业的,免征个人所得税、利息税等。工商、税务部门对营业额较小的小企业,提供便利,使其顺利开业并正常经营。对于下岗职工和失业人员兴办的小企业,在申请营业执照后,政府可考虑一次性提供一定额度的启动资金。

(2)建立中小企业融资支持机制。中央和地方政府均应建立中小企业风险投资基金和出口信贷基金;对具有一定的市场竞争力、具有较高技术含量、能够扩大出口的中小企业,国家从风险投资基金和出口信贷基金中拿出一部分进行贴息资助和资金支持。为低风险和高科技中小企业建立在资本市场融资的第二板市场,同时在严格监管的前提下,建立专为中小企业融资的地区性一级半资本市场。解决中小企业发展中的资金"瓶颈",使中小企业的发展走上"快车道"。

(3)创造有利于中小企业发展的制度环境。市场经济是法制经济,中小企业的健康发展离不开法律、法规的支持和规范。2002年出台的《中华人民共和国中小企业促进法》,为中小企业的发展提供了必要的制度保障,目前的关键是如何不折不扣地贯彻实施。同时,政府要坚持依法行政,简化审批和办事程序,尽快清理有关税费,使各项制度公开化、透明化,为中小企业发展创造一个良好的外部环境。在国内市场准入方面,应放宽对小企业进入传统的公共服务领域的限制,借以打破垄断、引入竞争、降低成本、提高质量、扩大市场、增加就业。

二、大力发展乡镇企业

发展乡镇企业是湖北省特定背景下调整企业组织结构,促进中小企业发展的重要内容和途径,也是湖北省充分利用农村各种资源和生产要素,全面发展农村经济、拓展农村内部就业空间的重要途径。改革开放初期,湖北省农业剩余劳动力的转移,主要是以发展乡镇企业为载体,采取"离土不离乡,进厂不进城"的农村内部就地、就近转移模式。乡镇企业的发展对于缓解农村剩余劳动力的就业压力做出了巨大贡献。但从20世纪80年代末以来,一方面由于乡镇企业的资本有机构成提高,另一方面由于乡镇企业所固有的布局分散性和社区封闭性,乡镇企业就业弹性在不断下降,从而降低了对农村剩余劳动力的吸纳能力,但农村劳动力总数的1/4仍在乡镇企业就业。在推进乡镇企业改革的过程中,要适应市场需求变化、产业结构升级和增长方式转变的要求,调整乡镇企业发展战略和发展模式,加快体制和机制创新,重点发展农产品加工业、服务业等劳动密集型企业,努力为农民创造更多的就业机会。

(1)采取优惠政策,鼓励乡镇企业发展服务地方性劳动密集型产业。乡镇企业由于大多地处乡村,资金、技术、信用、信息等方面与城市企业相比,处于相对劣势;但劳动力成本却远远低于城市企业,处于绝对优势地位。因此,乡镇企业应发挥自身优势,主要从事以当地市场为服务对象的劳动密集型产业。这样做既可以充分发挥自身的固有优势,避免与城市企业特别是大中型企业的竞争,还可以达到促进就业的目的。为此,必须充分发挥地方政府的作用,利用税收优惠、财政补贴、信息服务和技术与管理指导等手段,鼓励和扶持当地乡镇企业的发展。

(2)利用城镇化建设契机,促进乡镇企业快速发展。目前我国正处于城市化建设进程之中,国家出台了各种政策鼓励中小城镇发展。湖北省可以利用这个大好时机,将乡镇企业发展与城镇化建设结合起来,通过鼓励乡镇企业发展和适度集中,形成一批新型的小城镇,使之成为所在农村地区的"成长极"和"增长点",产生城镇的集聚效应和辐射力,从而带动一大批相关产业,尤其是第三产业的发展,使第三产业投资少、劳动密集的优势得到充分发挥,从而创造更多的就业机会,吸纳更多的农村剩余劳动力。

规范、引导以企业为主导的人才开发体系,以促进集群内劳动力的素质提升。以发挥市场机制为核心,促进农村剩余劳动力的合理、有序转移和素质提升,最终手段是建立以企业为主导的人才开发体系。创新是城市圈建设内企业的灵魂,而人才开发是企业创新的灵魂。以美国为例,为了扶持技术创新活动,美国的企业,特别是大企业都设有科学研究机构,其下属生产机构通常也设有科研单位。全美上万家企业有研究与发展实验室,其中100家大企业的研究工作量占整个工业界的绝大部分,雇用着约300万科技人员,占全国就业科技人员的60%~70%。每年投入的科研资金达1000多亿美元,占全国科研开支的70%,这种情况在硅谷高技术城市圈建设中的表现尤为突出。我国浙江省苍南县,已经形成了以社会资本为主体、企业为主导的中介服务机构、科技服务机构、教育培训机构组成的社会化服务体系。以企业为主导的人才开发体系,提供了促进农村劳动力二次转移的保证,有效扩大和深化了教育培训的效果。

第四节　改善城乡职业教育统筹发展的环境

以市场化机制的完善和良好运行为根本,促进非正式学习效应的发挥。产业间竞争和合作,以及地理附近性导致的知识溢出,使得非正式学习机制成为职业技能培训机制的良好渠道。但非正式学习机制的发挥需要良好的市场经济运行环境,在城市圈建设演化的过程中,往往会由于技术锁定、区域锁定和产业锁定而出现集群的衰退,这也导致非正式学习失去所需外部环境,从而得不到知识溢出和人力资本积累的效果。通过制定促进市场机制发挥的政策,有效防范城市圈建设内市场权力的不对称扩张,促进企业间良好的竞争与合作,以发挥非正式学习机制是重要的。具体在于:完善市场竞争体制,限制市场垄断;建立良好的价格体系,以价格信号合理配置集群内经济资源;加强对企业技术创新技术保护的监管,拆除市场壁垒;建立健全税收和融资体制,为中小企业的发展提供必要的金融支持;施行适当的计划指导和必要的行政管理,创造良好的社会环境等。

一、完善城乡职业教育统筹发展的“硬”环境

（1）优化城镇空间布局。充分发挥长江、汉江、京广铁路、京珠高速公路及沪蓉高速公路等重要交通干线在沟通武汉城市圈内外经济联系中的重要通道作用,形成“一核、一脊、两轴、两环、四组团、两带”的空间结构。其中,“一核”为武汉都市发展区;“一脊”为由东西向的长江、沪汉蓉高速公路和武九铁路等构成的“Y”字形复合发展脊梁;“两轴”为由京广铁路和京珠高速公路组成的复合城镇与产业发展主轴,以及由京九铁路和大广高速公路组成的城镇与产业发展副轴;“两环”为武汉市区绕城高速外环和环城市圈准高速外环;“四组团”为东部的黄鄂黄组团、西部的仙潜天组团、西北部的孝汉应组团及南部的咸赤嘉组团;“两带”为北部的大别山和南部的幕阜山生态带。

（2）完善城镇规模结构。为弥补武汉城市圈现有城镇体系等级规模结构中的断层,今后要优化整合超大城市,重点发展大城市和特大城市,提升中小城市,加快发展农村小城镇。规划到 2020 年,形成由 1 个超大城市（武汉市）、1 个特大城市、7 个大城市（黄冈市、孝感市、鄂州市、咸宁市、仙桃市、潜江市及天门市）、26 个中小城市和 70 个重点镇组成的城乡协调发展的规模结构体系。

（3）明确城镇的职能结构与产业分工。其中,武汉市是城市圈唯一的综合性城市,是长江中游地区最大的先进制造业基地、金融商贸中心、交通物流与通信中

心、科教文化中心,以及区域性的旅游目的地。黄石市是城市圈副中心城市、鄂东冶金—建材产业带的重要节点、鄂东地区的水陆运输枢纽和物流中心。仙桃市是城市圈西翼的副中心城市、轻型制造业中心。其他 6 市均为三级节点城市,其中孝感市、咸宁市分别为城市圈西北部和南部地区性中心城市,前者以机电、纺织、食品业为主要方向,后者为生态产业城市;黄冈市、潜江市、天门市以农副产品加工、机电及化工为主要方向。

(4) 统筹城乡协调发展。以中央提出的建设社会主义新农村的 20 字方针为指导,一方面,要扩大城镇就业容量,降低农民进城门槛,加快农村剩余劳动力向城镇转移的步伐;另一方面,要大力发展农业产业化经营,以此促进小城镇的发展,不断缩小城乡发展差距,走城乡融合发展和城乡一体化道路。

二、完善城乡职业教育统筹发展的"软"环境

(一) 实施促进统筹城乡职业教育发展的招生政策

在遏制地方保护主义方面,加强中职招生工作的宏观管理,为了保证招生工作的正常秩序,从政策的制定到工作程序的实施必须有严格的规定,按教育部的要求实现统筹协调、统一管理,保证生源的合理流转。杜绝随意招生、无序竞争。各地对省属或市(地)所属中职学校招生数可按生源地统计,并纳入各市(地)招生人数和招生任务统计,避免地方保护和招生封锁,确保优质学校能够跨地区招生(杨东铭,2011)。改变过去把招生任务由省分派到市,由市再分派到县,由县再分派到下面的各个学校,层层分派,而是要以省为单位统筹省域内现有教育资源,统筹省内每个专业的学生培养能力,以中职设置的专业为单位进行招生,再按各个学校的承载能力和以往职教的培养成果,分配学生名额。经济发达的东部省份可以向西部或落后的省份投放部分招生名额。在省域内,统一公布招生计划和招生信息,统一组织区域内初中毕业生报名和填报志愿,统一组织生源,统一安排招生录取工作。农民不再是一种身份,而成为一种职业,城市的学生也可以去农村职业学校学习,也可以是城乡职业教育联合培养,即前半段学习时间在农村职业学校学习理论,后半段时间去城市职业学校学习和实践。在专业设置方面,要统筹管理中职学历教育、成人技术培训,打破现有"条块分割、多头管理、政出多门"的管理格局,建立部门分工合作、齐抓共管的工作机制,在省域内,整合全省资源,整合重复建设的专业。创新专业设置,建立专业设置动态调整制。[1] 教育行政部门

---

① 《中等职业教育改革创新行动计划(2010—2012 年)》,2010 年。

应严格审批各职业学校的专业设置,根据各个专业的招生、培养、就业情况,及时调整专业设置。城市的职业学校和农村的职业学校可以优势互补、取长补短。例如,农村在农学相关专业优势比较明显,而城市则在机械、电子、商贸等专业有很大优势。在专业设置的过程中,不能盲目跟风、重复建设。澳大利亚学者理Richard 和 Tan(2007)在其《对未来需求预测》的报告中指出:"要预测到几年后对什么劳动技术的需求是非常困难的一件事情。"因此,职业教育的各个专业对人才发展和培养应该是宽技术范围的能力培养,而不仅仅局限于专业,尽量培养学生通过专业的学习,对专业相关领域有一定的自学能力。

(二)实施促进统筹城乡职业教育发展的人才培养政策

在培养目标方面,要改变过去那种农村职业教育就培养农民、城市职业教育就培养工人的培养模式。职业教育是服务地方的教育,应联系到当地的城镇化发展和新农村建设的需要,以省或地区为单位,依据当地的产业结构和国家的产业发展需要设置人才培养目标。创新教学环境,重点建设现代化"技能教室",创设功能复合齐全、校园文化和企业文化紧密结合的教学环境。随着社会的发展,

(三)实施促进统筹城乡职业教育发展的师资政策

教师流动必须改终身制为聘任制,使教师能够根据聘任单位的不同而进行流动。我国自 20 世纪 90 年代开始实行教师聘任制改革,这不仅使原有的"终身制"教师人事制度管理模式被打破,同时也为教师流动提供了制度空间(段会冬,2011)。要适应职业教育的特点,按照"总量控制、微观放权"的原则,科学设置学校内部机构和岗位,实行灵活的编制管理办法,推行固定岗位和流动岗位相结合、专职和兼职相结合,逐步优化教师队伍结构(周济,2005)。实施城乡教师"无校籍"流动机制,改变过去那种地级市和县的教师编制分级管理。可以以地级市教育局为单位,教师的编制统一在地级市教育局,统一招考教师,根据各个学校的师资多寡和专业配备,在地级市范围内统一调配。在编制的设置上,修改教师编制方法,使其标准多元化、弹性化,只定编不定人。不断完善社会保障机制,解除教师流动的后顾之忧。加快社会保障制度改革,全面实行医疗保险社会化,变退休制度为退休养老制度。实现安置就业与社会保障、社会福利的分离,尽快建立起覆盖全社会的多层次的社会保障体系,降低教师流动的风险,促进城乡教师流动(楼世洲和李士安,2007)。实行教育部门的房改,尤其是在一些经济发展落后的地区,建立和完善住房公积金制度,使教师住房完全社会化,将流动教师的损失降到最低,以促进教师合理流动。进一步加强教师公寓建设,确保城乡教师能安居乐业。各地教育部门积极为调转工作的教师安排好其子女的就学问题,优先安排在教师工作学区内

的中小学就读。

（四）实施保障统筹城乡职业教育发展的投入政策

为了克服"省直管县"的财政投入体制造成的市（地）与市（县）财政相对独立，在职业教育投入上，可以做如下尝试。在 2010 年 3 月，国家印发了《中等职业学校专业目录（2010 年修订）》，规范了中等职业教育的专业设置。省政府对城乡职业教育的投入可以以专业为单位的方式进行投入，再按各个职业学校专业的发展规模和发展程度划分投入。各个学校的专业要做好资金账目的管理，定期向直属教育行政部门汇报资金的使用状况，教育行政部门要定期对学校资金的使用状况和专业发展情况做评估，评估结果将作为评价学校领导的一部分，也将成为下次拨款多少的参考因素。建立适应社会主义市场经济体制的新型职业教育管理体制，在新的职业教育行政管理体制中，由原来的中央、省、市、县、乡五级管理，变为以省、市、县三级管理为主，以省、市为重点，突出了管理层次的减少和管理重心的下移。新的体制中职业教育的宏观决策权由高度集中在中央改为中央和省共同拥有，国家教育部门的主要职能将主要体现在职业教育大政方针的制定、法律法规的制定及宏观战略规划上。在新的管理体制中，管理重心下移，给予省、市等地方更多的管理权限。省级教育部门可在国家宏观指导下，根据地区经济社会发展的特点及对职业教育的需求，统筹规划城乡职业教育资金投入。各地应根据区域发展特点，制定有利于职业教育发展的省级地方政策。

第五节　建立和完善就业、创业体系

建立灵活的就业体系，促进劳动力在城市圈建设内的有序流动，以扩张城市圈建设教育培训的外部效应。外部效应是城市圈建设的重要性质，也是城市圈建设竞争力的来源。城市圈建设内部的知识溢出通过人与人的交流，以及人的职业变动将知识和劳动技能在更广泛的层面上传播，并产生产出效应，从而扩张教育培训的外部性，而这需要具有灵活的就业体系以促进劳动力在城市圈建设内部顺畅流动，包括产业间流动和企业间流动。建立灵活的劳动就业体系虽然可以通过建立市场机制来解决，但仍然需要更加针对性的政策，包括统一和开放的劳动市场体系促进政策、完善的社会保障制度和失业保险制度、规范企业用人制度、竞争性人才市场体系的构建、灵活的工资制度和农民工身份认同制度等。

一、深化就业制度改革，建立市场导向的就业机制

从国际经验看，市场经济国家除通过建立失业保障和开展失业救济等被动的劳动政策解决长期失业外，还通过主动的劳动政策，即通过修复劳动力市场，解决长期失业问题。因为，产生失业的一个根本原因是劳动力市场的调节功能出现问题，修复劳动力市场的调节功能，就是让调节劳动力市场供求的价格机制充分发挥其调节作用。

（1）深化就业制度改革，推进劳动就业市场化。在市场经济国家，完善的劳动力市场是解决就业问题的基本机制和手段，其他措施基本上是对这一机制和手段的补充、修复与完善。目前，湖北省劳动力市场尚处于初级发展阶段，功能不齐全，吞吐能力弱，这与湖北省双重转变条件下失业人员的再就业需求及城乡劳动力流动很不适应。因此，必须大力发展多层次、多形式的劳动力市场。在条件成熟的地区，应打破不同所有制之间、城乡之间及部门之间的分割状态，逐步建立起城乡统一的劳动力市场和公平竞争的就业制度，推进劳动就业市场化，更充分地发挥市场机制在劳动力资源配置中的基础性作用，建立起以劳动者自主就业为主导、以市场调节就业为基础、以政府促进就业为动力的就业机制。

（2）减少对要素市场的政府控制，让市场化企业自主决定要素价格。劳动力需求的快速增加对工资的上升有积极影响，但是工资水平的大幅度增长可能提高微观企业的生产成本，加之我国还存在一定水平的工资管制（如各地的工资指导线和非工资性报酬的审批等）和较低的实际利率，可能会加速企业用资本替代劳动的速度，减少资本对劳动力的吸纳速度。因此，减少对工资和资本等要素市场的政府控制范围，让市场化企业自主决定要素价格水平，使工资收入的增长与劳动生产率的增长速度相协调，不仅可以避免因为工资成本增长过快而削弱企业的竞争能力和盈利水平，提高劳动对资本的边际替代率，而且有利于促进劳动力就业市场机制的正常发挥，发挥工资对劳动力市场自发调节，以实现劳动力市场均衡。当然，减少政府对要素市场的控制，并不是排斥政府在建立要素价格市场化中的作用。政府在促进要素价格市场化的形成及建立机制健全、运行规范、服务周到、监督有力的劳动力市场方面起着重要作用。例如，政府通过公共投资建立劳动力市场信息网络，促进劳动力供求信息的交流，帮助劳动者通过劳动力市场实现就业和再就业，以及进行劳动力市场科学化、规范化和现代化建设，探索建立劳动力市场价格形成机制，发挥市场机制在劳动力资源配置、工资形成和劳动力流动中的基础性调节作用等方面应发挥积极的作用。

二、制定和实施就业促进政策

促进就业离不开政策的支持,要切实解决劳动力供求总量矛盾和劳动力结构性矛盾突出的问题,就要充分发挥国家宏观经济社会政策在促进就业工作中的重要作用。一是国家实行有利于促进就业的产业政策、经贸政策、投资政策、财政和税收政策、信贷政策等。具体包括:县级以上人民政府应当把扩大就业作为重要因素考虑,统筹协调产业政策与就业政策;国家鼓励各类企业在法律、法规规定的范围内,通过兴办产业或者拓展经营,增加就业;鼓励发展劳动密集型产业、服务业、非公有制经济、中小企业,多渠道、多方式增加就业岗位;国家发展国内外贸易和国际经济合作,拓宽劳动者就业渠道;县级以上人民政府在安排政府投资和确定重大建设项目时,应当发挥投资和建设项目带动就业的作用;县级以上人民政府应当根据就业状况和就业工作目标,在财政预算中安排适当的资金用于促进就业工作;国家实行有利于促进就业的税收政策,鼓励企业增加就业岗位,鼓励劳动者自主创业,扶持失业人员再就业;实行有利于促进就业的信贷政策,鼓励金融机构改进金融服务,支持增加就业,对自主创业人员在一定期限内给予小额信贷等扶持;县级以上地方人民政府根据本地区实际情况,在维护国家财政税收、信贷政策统一的前提下,可以制定有利于促进就业的具体政策措施。二是国家实行统筹城乡和区域的就业政策,逐步建立城乡劳动者平等就业的制度,促进和引导农村劳动者有序转移就业,鼓励区域协作。三是各级人民政府应当统筹做好城镇新增劳动者就业、农村富余劳动者转移就业、失业人员再就业工作;应当根据妇女、残疾人、高等学校和中等职业学校毕业生、退役军人等不同就业群体的特点,鼓励社会各方面开展创业培训、就业服务等活动,提高其就业能力和创业能力。

三、营建创业机制,增强职业培训的社会效应

促进农村剩余劳动力回流以促进职业技能培训的社会效应。基于城市圈建设的教育培训对于农村劳动力的社会效应在于多个方面,包括前期转移的农村劳动力素质提高的示范效应和带动效应。大量文献论证了外出务工人员致力回流创业带动的农村剩余劳动力转移问题,其中的核心在于以何种机制促进外出流动劳动力的素质提高和回流创业。湖北省农村劳动力结构区域差异较大,农村劳动力主要流动地往往是经济发展水平较低、城市圈建设发育较不完善的区域,引导在沿海和省内发达地区已经通过教育培训成长为人力资本的劳动力向经济落后回流创业,以创业带动当地劳动力的就地转移具有非常重要的社会意义。政府需要进行

多方引导,营建创业促进机制,制定相关优惠政策,并给予必要的管理干预,具体包括:加快基础设施投资建设、优化投资创业环境、对回乡创业的高素质农村劳动力提供创业启动资金支持、制订产业发展规划合理引导城市圈建设、推进城市圈发展的相关支撑机构建设等。

面对源源不断的新增劳动力,特别是越来越多的大学毕业生,应该充分发挥他们的创业积极性,大力支持和鼓励自主创业,为他们提供营业场地、小额信贷及减免税收等方面的优惠措施。考虑到湖北省2010年劳动力的特点,商业和社会服务业因为其具有发展的层次性和差异性,点多面广,因而不仅可以吸收高素质的人才,也可以吸收低素质的劳动力就业,可为劳动力就业提供一个非常广泛的领域。对于素质低的劳动力,可以寻找到就业门槛比较低的社会服务和个人服务的工作,充分发展家庭和社区经济。在发达国家,商业和社会服务业从业人员在第三产业中所占比重超过了一半。例如,在美国经济中80%的就业机会是由零售业、金融业和运输业提供的。其中,零售业提供了12%的就业机会,是第三产业中人数最多的行业。因此,大力支持和鼓励自主创业,发展家庭和社区经济及与之相联系的多种就业形式,也是我国2010年一段时期内发展中小企业,促进就业增加的重要途径。

参 考 文 献

白南生,2002.农村劳动力的外出与回流研究[M].北京:中国财政经济出版社.

蔡昉,2000.加快城市化培养新的消费群体[J].领导决策信息,(43):17.

蔡昉,都阳,王美艳,2003.劳动力流动的政治经济学[M].上海:上海人民出版社.

曹科学,高彩色,安程,2012.新时期新型城市化与现代工业化协调发展的策略探究——融入推拉理论的托达罗修正模型[J].中国城市经济,(1):11-12.

陈蔚镇,郑炜,2005.城市空间形态演化中的一种效应分析——以上海为例[J].规划研究,(3):15-21.

陈新忠,2009.国外高等教育分流与社会分层流动研究的特点及启示[J].清华大学教育研究,(4):8.

崔晓旭,2011.中国农村剩余劳动力解决方案探究——基于托达罗模型和推拉理论[J].现代经济信息,(6):236-237.

邓大松,石静,2009.进城农民收入影响因素分析——基于资本视角的 Crosstabs 分析[J].学习与实践,(3):133-138.

董立彬,2008.劳动力区域流动倾向及对我国经济发展的影响[J].特区经济,(11):269-270.

杜小敏,陈建宝,2010.人口迁移与流动对我国各地区经济影响的实证分析[J].人口研究,(3):77-88.

段会冬,2011.城乡教师流动热冷思考[J].教育科学论坛,(8):36-38.

顾明远,梁忠义,2001.剖析世界教育发展变化刻绘世界教育雄伟画卷——为《世界教育大系》问世而作[J].2001.4.30:11-16.

辜胜阻,2002.美国西部开发中的人口迁移与城镇化及其借鉴[J].中国人口科学,(1):27-33.

郭琳,刘永合,2011.流动劳动力的人力资本与就业身份选择——基于东部和中西部地区在京就业者的比较[J].南京人口管理干部学院学报,(1):11-16.

何静,2012.劳动力流动与农村人力资本投资的相关关系实证研究——以湖北省为例[J].生产力研究,(4):51-53.

何一峰,付海京,2007.影响我国人口迁移因素的实证分析[J].浙江社会科学,(2):47-51.

胡荣才,刘晓岚,李伟,2011.劳动力流动、工业化进程对区域经济影响研究——基于面板数据模型的视角[J].人口与经济,(2):45-51.

季勤,赵子铱,2010.贵州农村劳动力流动对经济增长的贡献研究[J].贵州农业科学,(5):219-223.

纪韶,孙延旭,张磊,2008.京津冀都市圈内农民工流动趋势分析[J].经济与管理研究,(1):45-49.

贾彧,孔繁成,2011.农村人力资本流出与我国城乡经济增长差距[J].经济问题,(10):26-28.

康元华,2011.产业结构演变与职业教育的互动关系[J].经济研究导刊,(33):204-206.

克鲁格曼 B,1991. Journal of Politics and Economies[J]. 收益递增与经济地理,(6):32-33.

赖先进,许正中,2010. 试论职业教育在产业动态升级中的作用与机理[J]. 教育与职业,(8):5-7.

李恒,2007. 结构性增长、结构贸易与中国农村剩余劳动力转移[J]. 华中科技大学学报(社科版),(2):117-123.

李煜,2006. 制度变迁与教育不平等的产生机制——中国城市子女的教育获得(1966—2003)[J]. 中国社会科学,(4):97,109.

李芝倩,2010. 中国农村劳动力流动与经济增长效应的实证检验[J]. 统计与决策,(7):78-81.

列宁,1984. 列宁选集(第 3 卷)[M]. 北京:人民出版社,531.

刘冰,2010. 我国人口与劳动力流动及其对区域经济增长影响的研究[J]. 科学与管理,(3):43-47.

刘方媛,2010. 基于推—拉力理论的农民工"候鸟式"流动就业研究[J]. 广东农业科学,(5):284-286.

刘合群,2004. 职业教育学[M]. 广州:广东高等教育出版社.

刘家顺,杨洁,孙玉娟,2006. 产业经济学[M]. 北京:中国社会科学出版社.

刘精明,2005. 国家、社会阶层与教育[M]. 北京:中国人民大学出版社.

刘宇辉,郭希盛,徐国斌,2009 武汉城市圈武鄂黄城市发展带资源空间配置研究[J]. 城市规划学刊,(7):17-21.

楼世洲,李士安,2007. 构建城乡中小学教师定期流动机制的政策研究[J]. 教育发展研究,(19):1-4.

陆慧,李东,2008. 基于层次分析法的劳动力流动的影响因素研究——以江苏省苏北地区劳动力流动为例[J]. 企业经济,(1):93-96.

罗伯逊 I,1991. 社会学(下册)[M]. 黄育馥 译. 北京:商务印书馆.

罗红梅,2010. 劳动力的区域流动对贵州经济的影响[J]. 经营管理者,(14):64.

吕国光,高贵忠,2011. 社会分层与教育机会分配研究[J]. 北华大学学报(社会科学版),(5):164.

马海阳,王月华,2009. 唐山市职业教育与区域经济发展研究[J]. 河北能源职业技术学院学报,(1):18-20.

马蒙蒙,张浩,2009. 职业教育在区域经济发展过程中的功能[J]. 江苏技术师范学院学报(职教通讯),(9):16-19.

孟广平,2015. 关于"职业技术教育"若干问题的研讨[J]. 经济管理者,(13):28-30.

米靖,2012. 职业教育与劳动力市场的关系[J]. 教育与职业,(8):162-164.

聂茂,厉雷,李华军,2008. 伤村[M]. 北京:人民日报出版社.

潘士远,史晋川,2002. 内生增长理论:一个文献综述[J]. 经济学(季刊),(3):753-789.

彭文慧,2007. 外出务工、智力回流与欠发达地区经济发展研究[J]. 河南大学学报(社科版),(3):58-59.

钱民辉,1999. 职业教育与社会发展研究[M]. 哈尔滨:黑龙江教育出版社.

乔雅君,2010. 农村居民收入消费关系的协整分析[A],(12):1004-2768.

阮艺华,2003.职业教育与区域经济协调发展的战略和模式[J].职教通讯,(9):17-19.

任新民,熊贵彬,2003.云南省经济结构调整与农村劳动力转移[J].学术探索,(10):62-65.

施冬健,张黎,2006.城市的集聚与扩散效应[J].商业研究,(5):142-144.

舒尔茨 T W,1990.人力资本投资[M].蒋斌,等译.北京:商务印书馆.

孙铁山,李国平,卢明华,2009.京津冀都市圈人口集聚与扩散及其影响因素——基于区域密度函数的实证研究[J].地理学报,(8):956-966.

唐智彬,2010.我国职业教育的发展与农村劳动力流动:背景、问题及对策[J].中国职业技术教育,(6):66-70.

滕建华,2004.农村人力资本投资与农村劳动力流动的相关民生分析[J].农业经济术,(4):30-34.

藤日克鲁格曼·维纳布尔斯,1999.空间经济学——城市、区域与国际贸易[M].波士顿:麻省理工学院.

王利娟,2008.教育有助于谁向上流动[J].哈尔滨学院学报,(3):32-36.

王士君,高群,王丹,2001.城市相互作用关系的一种新模式——近域城市整合研究[J].地理科学,(6):558-563.

王小军,2009.金融危机背景下的农村职业教育发展策略探讨[J].职教论坛.(13):47-49.

王艳,董翔薇,2008.教育机会和文化资本获得的阶层相关性研究[J].齐齐哈尔大学学报(哲社版),(9):69-71.

王艳粉,2008.教育在社会分层与社会流动中的作用[J].承德民族师专学报,(4):94-95.

徐家林,陈鸣鸣,2006.毛泽东职业教育思想论[M].北京:社会科学文献出版社.

徐育才,2006.农村劳动力转移:从"推拉模型"到"三力模型"的设想[J].学术研究,(5):22-26.

杨东铭,2011.论我国职业教育的通道衔接与体系完善[J].广东技术师范学院学报(职业教育),(1):6-8.

杨延昭,2009.国际金融危机对湖北省企业发展与劳动就业的影响及对策研究[J].湖北省社会主义学院学报,(5):58-61.

姚洪心,王喜意,2009.劳动力流动、教育水平、扶贫政策与农村收入差距——一个基于 multinomiallogit 模型的微观实证研究[J].管理世界,(9):80-90.

易苗,周申,2011.经济开放对国内劳动力流动影响的新经济地理学解析[J].现代财经(天津财经大学学报),(3):6-14.

袁旭,康元华,2006.产业结构与职业教育互动关系的研究(一)——互动模型及其实践意义[J].高教论坛,(4):189-192.

袁玥,2000.试论区域经济与职业教育的内在关系[J].职教通讯,(6):10-12.

张家祥,钱景舫,2001.职业技术教育学[M].上海:华东师范大学出版社.

赵耀辉,1997.中国农村劳动力流动及教育在其中的作用——以四川为基础的研究[J].经济研究,(2):37-42.

郑新立,2003.深化劳动就业体制改革,《中共中央关于完善社会主义市场经济体制若干问题的决定》辅导读本[M].北京:中共中央党校出版社.

周济,2005.深化改革,开拓创新,推动公办中等职业教育快速健康发展——周济部长在全国县级职业教育中心改革与发展座谈会上的讲话[J].中国职业技术教育,(9):5-8.

周晓红,夏兰,2006.职业教育与区域经济的现状及协调发展对策[J].重庆职业技术学院学报,(1):104-105.

朱凤霞,2006."反推拉"理论与西部民族地区本土化就业[J].四川行政学院学报,(1):75-78.

Carnoy M,2000.教育经济学百科全书[M].闵维方,等译.北京:高等教育出版社.

Barro R J,Sala-i-Martin X X,1991. Convergence across states and regions [J]. Brookings Papers on Economic Activity,(1):107-182.

Blau P M,Duncan O D,1967. the american occupational structure[M]. New York:the free press:215-302.

Butts R F,1995. A Cultural History of Western[M]. McGraw-Hill Book York,Toronto London.

Faini R, 1996. Increasing returns, migrations and convergence [J]. Journal of Development Economics,49(1):121-136.

Forslid R,1999. Agglomeration with human and physical capital:an analytically solvable case [Z]. CEPR Discussion Paper 2102/1999.

Krugman P,1991. Increasing returns and economic geography[J]. Journal of Political Economy, 99(3):1-12.

Lewis W A,1954. Economic development with supply of labour [J]. Annual Review of Sociology Labour,1954:139-191.

Rakowski J,1969. Is labor mobility a substitution for trade? [J]. Eco-nomic Journal,79(313): 174-178.

Ravenstein E G,1885—1889. The lows of migration[J]. Jannal of the royal statistical socipty: 167-235.

Razin A,Yuen C W,1997. Income convergence within an economic union:the role of factor mobility and coordination[J]. Journal of Public Economics,66(2):305-466.

Reichlin P,Rustichini A,1998. Diverging patterns with endogenous labor migration [J]. Journal of Economic Dynamics and Control,22(5):203-728.

Richardson S, Tan Yan,2007. Forecasting Future Demands:What We Can and Cannot Know [M]. Adelaide:NCVER. 9.

Solow R M,1956. A contribution to the theory of economic growth[J]. Quarterly Journal of Economics,70:65-94.

Todaro M P,1969. A model of labor migration and urban unemployment in less developed countries[J]. American Economic Review,59(1):138-148.

附　　录

附表1　2010年各市州转移就业农民职业技能培训的总体状况分析　　单位:万人

地区	2010年参加过职业技能培训人数	2010年参加过政府举办的技能培训人数	持有职业技术资格证书人数
武汉市	25.27	10.30	7.90
黄石市	6.04	2.11	2.33
十堰市	22.10	12.88	9.40
荆州市	19.43	9.03	9.10
宜昌市	18.97	8.08	8.17
襄樊市	20.82	7.80	11.23
鄂州市	4.88	1.76	1.53
荆门市	13.23	5.32	4.91
孝感市	36.52	13.74	14.56
随州市	12.91	4.22	5.74
黄冈市	42.26	16.74	22.11
咸宁市	10.88	4.58	4.53
恩施州	21.10	6.16	6.62
仙桃市	6.29	1.01	2.41
天门市	4.04	1.12	2.56
潜江市	2.83	0.63	0.45

附表 2　2010 年各市州阳光工程努力程度

地区	A_1	A_2	A_3	A_4	A_5	A_6	A_7	A_8	A_9	A_{10}
武汉市	0.92	0.94	0.61	1.12	0.16	0.66	0.71	0.78	0.97	1.00
黄石市	0.71	0.75	0.45	0.90	0.15	0.63	0.66	0.68	1.00	1.00
十堰市	0.72	0.80	0.59	1.00	0.08	0.64	0.64	0.72	0.98	1.00
宜昌市	0.67	0.84	0.72	0.97	0.06	0.67	0.72	0.76	0.94	0.98
襄樊市	0.56	0.63	0.52	0.92	0.08	0.56	0.59	0.69	0.98	1.00
鄂州市	0.98	0.98	0.98	0.98	0.00	0.50	0.50	0.66	0.73	0.73
荆门市	0.91	0.95	1.00	1.00	0.28	0.85	0.85	0.90	1.00	1.00
孝感市	0.56	0.65	0.98	0.96	0.05	0.50	0.56	0.60	0.94	0.98
荆州市	0.74	0.79	1.00	1.02	0.07	0.73	0.81	0.85	0.99	1.00
黄冈市	0.61	0.67	1.00	0.93	0.05	0.60	0.62	0.67	0.93	0.99
咸宁市	0.75	0.85	1.06	0.99	0.16	0.71	0.75	0.77	0.97	0.99
随州市	0.54	0.59	1.00	0.88	0.05	0.46	0.48	0.57	1.00	1.00
恩施州	0.66	0.83	1.02	0.99	0.11	0.61	0.61	0.68	0.94	0.99
仙桃市	0.03	0.08	0.69	0.94	0.34	0.55	0.60	0.66	1.00	1.00
潜江市	0.00	0.14	0.63	0.96	0.00	0.41	0.43	0.58	0.63	0.76
天门市	0.17	0.22	0.50	0.57	0.10	0.63	0.63	0.67	1.00	1.00

注：A_i 分别代表第 i 期阳光培训工程努力程度。

附表 3　2010 年各区县转移就业农民职业技能培训的供给总体状况分析　单位：万人

地区	2010 年参加过职业技能培训人数	2010 年参加过政府举办的技能培训人数	持有职业技术资格证书人数
武汉市辖区	2.37	0.87	1.34
蔡甸区	1.29	0.68	0.77
江夏区	1.71	1.23	2.36
黄陂区	16.14	5.14	0.86
新洲区	3.76	2.38	2.57
黄石市辖区	0.20	0.05	0.11
大冶市	2.29	0.71	1.23
阳新县	3.55	1.35	0.99
十堰市辖区	0.75	0.41	0.39

续表

地区	2010年参加过职业技能培训人数	2010年参加过政府举办的技能培训人数	持有职业技术资格证书人数
丹江口市	2.17	1.03	1.07
郧县	3.64	2.32	2.10
郧西县	5.89	4.14	3.06
竹山县	1.87	0.90	1.01
竹溪县	1.37	0.61	0.41
房县	6.41	3.47	1.36
荆州市辖区	1.46	0.56	0.76
江陵县	0.46	0.16	0.50
松滋市	6.03	2.59	2.39
公安县	3.65	1.40	1.22
石首市	2.06	1.06	1.30
监利县	4.60	2.69	2.08
洪湖市	1.17	0.57	0.85
宜昌市辖区	1.34	0.51	0.58
夷陵区	2.63	1.06	1.53
宜都市	2.71	1.32	1.16
枝江市	2.27	0.72	0.80
当阳市	2.29	1.22	0.93
远安县	1.83	0.49	0.42
兴山县	0.51	0.18	0.22
秭归县	1.56	0.97	0.64
长阳县	2.68	1.14	1.29
五峰县	1.15	0.47	0.60
襄樊市辖区	2.00	0.70	1.04
老河口市	2.36	0.54	1.06
襄阳区	4.31	1.06	2.07
枣阳市	5.07	2.70	3.12
宜城市	2.27	1.00	1.39

地区	2010年参加过职业技能培训人数	2010年参加过政府举办的技能培训人数	持有职业技术资格证书人数
南漳县	1.75	0.74	1.00
谷城县	1.69	0.53	0.83
保康县	1.37	0.53	0.72
荆门市辖区	2.64	0.93	1.24
沙洋县	1.80	1.03	0.70
钟祥市	4.69	2.46	1.98
京山县	4.10	0.90	0.99
孝感市辖区	5.33	1.20	1.60
孝昌县	6.01	2.86	1.99
大悟县	4.41	2.76	2.04
安陆市	3.63	1.44	1.40
云梦县	8.43	1.41	2.91
应城市	3.17	1.44	2.04
汉川市	5.54	2.63	2.58
曾都区	2.54	0.69	1.47
广水市	6.11	2.46	1.44
黄冈市辖区	1.42	0.33	0.95
团风县	1.93	0.97	0.85
红安县	10.96	3.59	1.91
麻城市	7.12	1.86	8.01
罗田县	3.14	1.34	2.31
英山县	4.26	2.20	1.95
浠水县	2.70	2.61	1.26
蕲春县	2.60	1.80	1.72
武穴市	3.21	1.32	2.06
黄梅县	4.76	0.70	1.09
咸安区	1.26	0.64	0.52
嘉鱼县	1.60	0.64	0.68

地区	2010年参加过 职业技能培训人数	2010年参加过政府 举办的技能培训人数	持有职业技术 资格证书人数
赤壁市	2.55	0.98	1.09
通城县	2.43	1.21	1.14
崇阳县	1.09	0.29	0.36
通山县	1.95	0.82	0.74
恩施州	2.74	1.07	1.21
利川市	4.10	1.46	2.00
建始县	1.11	0.05	0.08
巴东县	0.76	0.32	0.32
宣恩县	0.61	0.19	0.23
咸丰县	8.23	2.31	2.05
来凤县	2.84	0.36	0.30
鹤峰县	0.71	0.40	0.43

附表4 2010年各区县阳光工程努力程度

地区	A_1	A_2	A_3	A_4	A_5	A_6	A_7	A_8	A_9	A_{10}
东西湖区	0.72	0.72	0.72	0.86	0.14	0.32	0.57	0.57	0.90	0.10
汉南区	0.47	0.54	0.54	0.97	0.00	0.88	0.10	0.10	0.10	0.10
蔡甸区	0.95	0.11	0.11	0.11	0.55	0.82	0.82	0.86	0.10	0.10
江夏区	0.99	0.99	0.99	0.128	0.12	0.55	0.60	0.75	0.10	0.10
黄陂区	0.89	0.85	0.10	0.107	0.16	0.62	0.62	0.65	0.91	0.10
新洲区	0.132	0.134	0.134	0.134	0.8	0.10	0.10	—	0.10	0.10
阳新县	0.76	0.76	0.99	0.102	0.4	0.52	0.52	0.55	0.10	0.10
大冶市	0.10	0.10	0.10	0.10	0.31	0.77	0.77	0.77	0.10	0.10
茅箭区	0.10	0.10	0.10	0.10	0.17	0.10	0.10	0.10	0.10	0.10
张湾区	0.10	0.10	0.10	0.10	0.00	0.52	0.52	0.10	0.10	0.10
郧县	0.82	0.95	0.10	0.10	0.00	0.46	0.48	0.53	0.98	0.10
郧西县	0.10	0.10	0.10	0.10	0.47	0.84	0.84	0.89	0.94	0.10
竹山县	0.74	0.74	0.10	0.10	0.00	0.58	0.58	0.58	0.10	0.10
竹溪县	0.80	0.88	0.97	0.10	0.00	0.81	0.81	0.81	0.10	0.10

地区	A_1	A_2	A_3	A_4	A_5	A_6	A_7	A_8	A_9	A_{10}
房县	0.58	0.75	0.10	0.10	0.5	0.75	0.75	0.85	0.10	0.10
丹江口市	0.43	0.48	0.73	0.10	0.00	0.42	0.42	0.52	0.10	0.10
武当山特区	0.10	0.10	0.10	0.10	0.00	0.51	0.51	0.10	0.10	0.10
伍家岗区	0.31	0.91	0.91	0.10	0.00	0.89	0.10	0.10	0.10	0.10
点军区	0.10	0.10	0.10	0.10	0.00	0.79	0.10	0.10	0.10	0.10
猇亭区	0.10	0.10	0.10	0.10	0.00	0.88	0.10	0.10	0.10	0.10
夷陵区	0.58	0.70	0.84	0.10	0.00	0.38	0.51	0.51	0.64	0.83
远安县	0.45	0.45	0.10	0.10	0.20	0.10	0.10	0.10	0.10	0.10
兴山县	0.84	0.84	0.88	0.10	0.00	0.84	0.84	0.84	0.10	0.10
秭归县	0.10	0.10	0.10	0.10	0.31	0.93	0.93	0.93	0.10	0.10
长阳县	0.85	0.89	0.10	0.10	0.12	0.57	0.66	0.79	0.10	0.10
五峰县	0.66	0.96	0.10	0.10	0.00	0.82	0.82	0.98	0.10	0.10
宜都市	0.64	0.10	0.10	0.10	0.00	0.65	0.65	0.65	0.10	0.10
当阳市	0.91	0.91	0.91	0.10	0.13	0.61	0.66	0.66	0.10	0.10
枝江市	0.29	0.49	0.10	0.10	0.00	0.31	0.38	0.53	0.90	0.10
襄城区	0.10	0.10	0.10	0.10	0.00	0.44	0.44	0.10	0.10	0.10
樊城区	0.00	0.00	0.10	0.10	0.00	0.11	0.11	0.22	0.10	0.10
襄阳区	0.62	0.78	0.10	0.10	0.23	0.66	0.66	0.77	0.10	0.10
南漳县	0.37	0.41	0.41	0.99	0.00	0.17	0.17	0.17	0.80	0.10
谷城县	0.48	0.73	0.88	0.10	0.18	0.44	0.44	0.60	0.10	0.10
保康县	0.53	0.53	0.53	0.81	0.11	0.50	0.50	0.58	0.10	0.10
老河口市	0.40	0.45	0.45	0.45	0.00	0.96	0.10	0.10	0.10	0.10
枣阳市	0.85	0.85	0.101	0.101	0.00	0.75	0.76	0.85	0.10	0.10
宜城市	0.54	0.54	0.93	0.10	0.00	0.68	0.85	0.86	0.10	0.10
京山县	0.94	0.94	0.94	0.10	0.00	0.65	0.67	0.80	0.10	0.10
沙洋县	0.66	0.85	0.85	0.10	0.40	0.72	0.72	0.77	0.10	0.10
钟祥市	0.10	0.10	0.10	0.10	0.68	0.10	0.10	0.10	0.10	0.10
孝南区	0.41	0.53	0.56	0.68	0.00	0.35	0.35	0.54	0.10	0.10
孝昌县	0.10	0.10	0.10	0.10	0.50	0.62	0.68	0.68	0.10	0.10

地区	A_1	A_2	A_3	A_4	A_5	A_6	A_7	A_8	A_9	A_{10}
大悟县	0.51	0.63	0.10	0.10	0.00	0.68	0.81	0.81	0.81	0.10
云梦县	0.89	0.89	0.89	0.97	0.13	0.60	0.65	0.65	0.98	0.98
应城市	0.38	0.66	0.82	0.10	0.34	0.51	0.51	0.51	0.84	0.91
安陆市	0.63	0.63	0.10	0.10	0.60	0.50	0.53	0.66	0.10	0.10
汉川市	0.24	0.29	0.81	0.10	0.00	0.11	0.29	0.34	0.10	0.10
荆州区	0.44	0.71	0.10	0.10	0.31	0.10	0.10	0.10	0.10	0.10
公安县	0.96	0.96	0.10	0.10	0.40	0.75	0.79	0.85	0.10	0.10
监利县	0.56	0.56	0.107	0.107	0.00	0.74	0.10	0.93	0.10	0.10
江陵县	0.50	0.50	0.50	0.10	0.00	0.41	0.44	0.80	0.85	0.10
石首市	0.10	0.10	0.10	0.10	0.00	0.84	0.92	0.10	0.10	0.10
洪湖市	0.70	0.70	0.70	0.10	0.90	0.45	0.55	0.55	0.10	0.10
松滋市	0.10	0.10	0.10	0.10	0.29	0.10	0.10	0.10	0.10	0.10
黄州区	0.87	0.87	0.87	0.87	0.70	0.45	0.45	0.45	0.10	0.10
团风县	0.56	0.72	0.82	0.10	0.40	0.51	0.51	0.66	0.97	0.10
红安县	0.36	0.43	0.74	0.10	0.40	0.72	0.72	0.72	0.77	0.10
罗田县	0.64	0.84	0.94	0.94	0.30	0.77	0.77	0.77	0.10	0.10
英山县	0.95	0.10	0.10	0.10	0.20	0.41	0.49	0.68	0.10	0.10
浠水县	0.84	0.84	0.84	0.95	0.25	0.78	0.81	0.81	0.92	0.92
蕲春县	0.21	0.21	0.44	0.67	0.00	0.37	0.40	0.57	0.96	0.10
黄梅县	0.17	0.17	0.17	0.95	0.00	0.27	0.27	0.27	0.97	0.10
麻城市	0.73	0.73	0.73	0.99	—	0.69	0.69	0.69	0.89	0.10
武穴市	0.86	0.90	0.90	0.90	0.00	0.10	0.10	0.10	0.10	0.10
咸安区	0.33	0.49	0.10	0.10	0.29	0.86	0.86	0.86	0.10	0.10
嘉鱼县	0.68	0.82	0.82	0.10	0.00	0.61	0.68	0.75	0.10	0.10
通城县	0.80	0.80	0.86	0.91	0.00	0.58	0.58	0.58	0.10	0.10
崇阳县	0.67	0.10	0.10	0.10	0.70	0.58	0.77	0.84	0.10	0.10
通山县	0.10	0.10	0.10	0.10	0.62	0.10	0.10	0.10	0.10	0.10
赤壁市	0.99	0.99	0.99	0.99	0.40	0.68	0.68	0.68	0.93	0.10
曾都区	0.28	0.28	0.64	0.10	0.00	0.39	0.39	0.66	0.10	0.10

续表

地区	A_1	A_2	A_3	A_4	A_5	A_6	A_7	A_8	A_9	A_{10}
广水市	0.40	0.40	0.62	0.62	0.21	0.48	0.48	0.48	0.10	0.10
恩施州	0.61	0.73	0.80	0.94	0.00	0.39	0.39	—	0.93	0.10
利川市	0.20	0.73	0.97	0.10	0.00	0.53	0.53	—	0.87	0.91
建始县	0.52	0.52	0.70	0.92	0.17	0.44	0.44	0.44	0.83	0.10
巴东县	0.85	0.10	0.10	0.10	0.22	0.10	0.10	0.10	0.10	0.10
宣恩县	0.69	0.83	0.95	0.10	0.00	0.61	0.61	0.61	0.96	0.10
咸丰县	0.63	0.74	0.74	0.10	0.00	0.85	0.85	0.85	0.10	0.10
来凤县	0.10	0.10	0.10	0.10	0.57	0.10	0.10	0.10	0.10	0.10
鹤峰县	0.95	0.10	0.10	0.10	0.00	0.40	0.40	0.50	0.97	0.10

注：A_i分别代表第 i 期阳光培训工程努力程度。

附表 5　各市州农民外出务工人数分析

地区	2008 年外出劳动力总量/万人	2009 年外出劳动力总量/万人	2009 年增长速度/%	2010 年外出劳动力总量/万人	2010 年增长速度/%
武汉市	56.28	61.12	8.60	65.46	7.10
黄石市	39.36	41.16	4.57	42.44	3.11
十堰市	63.02	65.61	4.11	67.93	3.54
荆州市	101.00	99.49	−1.47	101.79	2.31
宜昌市	56.83	57.92	1.92	63.27	9.24
襄樊市	82.90	86.91	4.84	91.00	4.71
鄂州市	13.95	13.89	−0.43	14.24	2.52
荆门市	44.23	44.29	0.14	46.06	4.00
孝感市	111.01	115.69	4.22	118.97	2.84
黄冈市	141.99	142.86	−68.46	149.23	233.18
咸宁市	46.38	45.02	208.02	50.31	−64.78
随州市	47.99	44.79	−6.19	45.15	0.29
恩施州	74.47	73.59	−1.18	77.15	4.84
仙桃市	29.70	28.01	−5.69	29.41	5.00
天门市	31.79	31.96	0.53	32.48	1.63
潜江市	19.35	18.87	−2.48	13.65	−27.66

附表6　各市州外出务工农民的年龄状况分析　　　　单位:万人

地区	2009 年			2010 年		
	20 岁及以下	21 岁~49 岁	50 岁及以上	20 岁及以下	21 岁~49 岁	50 岁及以上
武汉市	10.03	44.01	7.08	14.44	43.15	7.87
黄石市	7.86	29.69	3.61	8.00	30.92	3.52
十堰市	10.51	46.59	8.51	10.01	47.63	10.29
荆州市	17.5	72.10	9.89	19.31	70.90	11.58
宜昌市	9.4	41.33	7.19	9.89	45.43	7.95
襄樊市	16.82	61.79	8.30	16.25	65.67	9.08
鄂州市	2.62	9.22	2.04	2.62	9.26	2.36
荆门市	7.81	31.79	4.69	7.24	34.38	4.44
孝感市	20.77	78.59	16.33	19.29	84.14	15.54
随州市	7.34	32.04	5.41	8.03	31.54	5.58
黄冈市	28.28	97.52	17.06	29.28	100.61	19.34
咸宁市	9.21	31.52	4.29	9.96	34.71	5.64
恩施州	13.02	52.29	8.28	13.77	54.09	9.29
仙桃市	4.87	19.46	3.68	4.69	21.23	3.49
天门市	4.88	22.54	4.54	5.01	22.97	4.5
潜江市	3.69	13.39	1.79	2.96	9.34	1.36

附表7　各市州外出务工农民的文化程度状况分析

地区	2008 年 小学及以下 /万人	2009 年 小学及以下 /万人	2010 年 小学及以下 /万人	2008 年 初中 /万人	2009 年 初中 /万人	2010 年 初中 /万人	2008 年 高中及以上 /万人	2009 年 高中及以上 /万人	2010 年 高中及以上 /万人	2010 年 初中以下占总量的比例
武汉市	6.68	6.72	6.73	32.43	41.02	41.45	17.17	13.38	17.28	0.74
黄石市	5.37	5.71	5.71	26.95	28.34	29.81	7.04	7.11	6.92	0.84
十堰市	11.96	12.09	12.58	39.82	40.06	41.28	11.24	13.46	14.07	0.79
荆州市	15.52	0.65	14.98	63.75	61.05	59.99	21.70	23.62	26.82	0.74
宜昌市	8.08	0.32	7.03	34.34	33.85	37.04	14.41	16.38	19.2	0.70
襄樊市	10.89	0.75	7.95	56.36	55.46	59.04	15.65	23.38	24.01	0.74
鄂州市	2.07	1.74	1.47	8.24	8.26	8.52	3.64	3.89	4.25	0.70
荆门市	3.65	3.64	3.63	27.94	27.10	26.72	12.64	13.55	15.71	0.66
孝感市	16.60	15.52	15.09	73.20	75.60	76.44	21.21	24.57	27.44	0.77
随州市	6.56	6.55	6.11	29.91	27.55	26.92	11.52	10.69	12.12	0.73
黄冈市	25.08	24.8	25.83	86.3	81.62	85.98	30.61	36.44	37.42	0.75

地区	2008 年小学及以下/万人	2009 年小学及以下/万人	2010 年小学及以下/万人	2008 年初中/万人	2009 年初中/万人	2010 年初中/万人	2008 年高中及以上/万人	2009 年高中及以上/万人	2010 年高中及以上/万人	2010 年初中以下占总量的比例
咸宁市	6.78	6.71	7.47	29.66	28.64	31.19	9.94	9.67	11.65	0.77
恩施州	15.46	14.15	12.9	46.19	45.19	48.08	12.82	14.25	16.17	0.79
仙桃市	4.21	3.64	3.37	17.97	17.43	18.47	7.52	6.95	7.57	0.74
天门市	4.45	4.09	3.81	20.57	20.56	20.36	6.77	7.31	8.31	0.74
潜江市	2.50	3.22	2.62	13.48	11.7	9.06	3.37	3.95	2.81	0.81

附表 8　各市州外出务工农民的工作地点分析

地区	A_1/万人	A_2/万人	A_3/万人	A_4/万人	A_5/万人	A_6/万人	A_7/万人	A_8/万人	A_9/万人	A_{10}
武汉市	18.07	21.23	16.98	11.8	34.41	14.91	13.66	35.84	15.34	0.24
黄石市	5.41	7.11	26.84	5.67	7.72	27.77	6.14	7.96	28.28	0.67
十堰市	1.01	0.46	0.39	8.51	15.63	41.47	9.77	17.62	40.44	0.60
荆州市	9.12	18.54	73.31	9.92	18.64	70.93	11.92	21.04	68.75	0.68
宜昌市	14.85	15.81	26.17	16.15	16.41	25.36	18.05	18.09	27.08	0.43
襄樊市	7.07	13.88	61.95	12.70	18.31	55.90	14.29	18.68	57.99	0.64
鄂州市	3.85	4.41	5.69	3.52	5.17	5.25	3.60	5.25	5.28	0.37
荆门市	6.42	10.67	27.14	6.45	11.04	26.8	6.32	11.89	27.73	0.60
孝感市	16.42	30.22	64.37	17.69	31.76	66.23	18.4	35.12	65.15	0.55
随州市	7.20	10.50	30.29	6.20	8.73	29.86	6.93	11.4	26.68	0.59
黄冈市	18.25	32.54	91.20	20.34	31.72	90.80	22.33	32.81	93.39	0.63
咸宁市	7.21	9.67	29.5	6.49	9.50	29.03	7.95	10.64	31.57	0.63
恩施州	7.41	12.65	54.41	8.10	14.91	50.58	8.00	15.38	53.75	0.70
仙桃市	4.21	7.85	17.64	4.82	8.60	14.58	3.96	9.13	16.31	0.55
天门市	1.86	5.18	24.75	1.9	5.99	24.07	2.66	6.73	23.08	0.71
潜江市	3.78	2.94	12.63	4.24	3.95	10.68	2.81	2.86	8.14	0.59

注：A_1 代表 2008 年县内乡外劳动力数量，A_2 代表 2008 年省内县外劳动力数量，A_3 代表 2008 年省外劳动力数量，A_4 代表 2009 年县内乡外劳动力数量，A_5 代表 2009 年省内县外劳动力数量，A_6 代表 2009 年省外劳动力数量，A_7 代表 2010 年县内乡外劳动力数量，A_8 代表 2010 年省内县外劳动力数量，A_9 代表 2010 年省年外劳动力数量，A_{10} 代表 2010 年省外劳动力数量占总量比重。

附表 9　各市州外出务工农民的持续工作时间分析

地区	A_1/万人	A_2/万人	A_3/万人	A_4/万人	A_5/万人	A_6/万人	A_7/万人	A_8/万人	A_9/万人	A_{10}
武汉市	5.08	9.02	42.18	5.15	10.05	45.92	6.55	13.71	45.2	0.31
黄石市	2.56	5.73	31.07	4.23	5.37	31.56	4.30	5.45	32.69	0.23
十堰市	0.08	0.21	1.57	4.60	11.62	49.39	5.45	13.53	48.95	0.28
荆州市	6.53	14.72	79.72	6.19	14.67	78.63	7.97	16.89	76.93	0.24
宜昌市	6.57	12.38	37.88	5.65	11.02	41.25	6.01	12.88	44.38	0.30
襄樊市	6.75	15.04	61.11	6.67	16.16	64.08	8.07	18.15	64.78	0.29
鄂州市	1.38	2.97	9.60	1.46	2.48	9.94	1.31	2.66	10.27	0.28
荆门市	3.06	6.16	35.01	3.24	7.57	33.48	3.70	7.95	34.41	0.25
孝感市	11.11	23.97	75.93	10.88	26.71	78.11	12.25	28.92	77.80	0.35
随州市	4.78	8.73	34.48	4.00	7.82	32.97	3.91	10.06	31.18	0.31
黄冈市	13.58	24.17	104.24	14.21	29.13	99.52	16.48	31.07	101.68	0.32
咸宁市	3.97	7.81	34.60	3.92	8.80	32.30	4.26	9.41	36.64	0.27
恩施州	4.56	11.02	58.89	4.86	11.82	56.91	5.24	12.58	59.33	0.23
仙桃市	1.60	3.40	24.7	1.40	3.63	22.99	1.48	4.50	23.43	0.20
天门市	1.37	3.58	26.84	1.27	2.93	27.76	1.64	5.60	25.24	0.22
潜江市	1.16	2.17	16.02	1.27	1.90	15.70	0.73	1.47	11.59	0.16

注：A_1 代表 2008 年持续 1～3 个月人数，A_2 代表持续 2008 年 3～6 个月人数，A_3 代表 2008 年持续 6 个月以上人数，A_4 代表 2009 年持续 1～3 个月人数，A_5 代表 2009 年持续 3～6 个月人数，A_6 代表 2009 年持续 6 个月以上人数，A_7 代表 2010 年持续 1～3 个月人数，A_8 代表 2010 年持续 3～6 个月人数，A_9 代表 2010 年持续 6 个月以上人数，A_{10} 代表 2010 年 6 个月以下劳动力数量占总量比。

附表 10　各市州外出务工农民的从事行业分析

地区	A_1/万人	A_2/万人	A_3/万人	A_4/万人	A_5/万人	A_6/万人	A_7/万人	A_8/万人	A_9/万人	A_{10}
武汉市	3.80	28.3	23.98	2.09	31.62	27.41	4.13	33.25	28.08	0.43
黄石市	2.33	26.08	10.95	1.47	28.56	11.13	1.54	29.80	11.10	0.26
十堰市	2.97	36.26	23.79	3.24	39.36	23.01	4.19	38.63	25.11	0.37
荆州市	5.37	53.57	42.03	4.71	54.27	40.51	6.02	52.99	42.78	0.42
宜昌市	3.66	28.10	25.07	2.94	28.37	26.61	4.91	32.62	25.74	0.41
襄樊市	4.11	51.77	27.02	3.71	51.70	1.40	7.21	48.91	34.88	0.38

地区	A_1/万人	A_2/万人	A_3/万人	A_4/万人	A_5/万人	A_6/万人	A_7/万人	A_8/万人	A_9/万人	A_{10}/%
鄂州市	0.51	7.82	5.62	0.43	8.01	5.45	0.63	8.20	5.41	0.38
荆门市	1.89	25.45	16.89	3.05	24.05	17.19	3.71	24.87	17.48	0.38
孝感市	4.36	67.54	39.11	5.03	68.47	42.18	5.81	71.14	42.02	0.35
随州市	2.35	26.57	19.07	2.50	24.23	18.06	4.09	21.23	19.83	0.44
黄冈市	7.29	82.27	52.43	8.68	81.13	53.05	8.55	82.34	58.34	0.39
咸宁市	3.69	24.91	17.78	3.64	24.69	16.69	3.63	27.42	19.26	0.38
恩施州	4.41	42.57	27.49	3.71	43.17	26.71	5.30	44.78	27.07	0.35
仙桃市	0.83	17.60	11.27	1.12	11.21	15.69	1.15	10.73	17.53	0.60
天门市	1.56	12.17	18.06	0.90	12.28	18.78	0.92	13.32	18.24	0.56
潜江市	0.93	12.51	5.91	0.85	11.65	6.37	0.72	7.98	5.10	0.37

注：A_1 代表 2008 年外出务工农民从事第一产业人数，A_2 代表 2008 年外出务工农民从事第二产业人数，A_3 代表 2008 年外出务工农民从事第三产业人数，A_4 代表 2009 年外出务工农民从事第一产业人数，A_5 代表 2009 年外出务工农民从事第二产业人数，A_6 代表 2009 年外出务工农民从事第三产业人数，A_7 代表 2010 年外出务工农民从事第一产业人数，A_8 代表 2010 年外出务工农民从事第二产业人数，A_9 代表 2010 年外出务工农民从事第三产业人数。

附表 11　2008 年各市州外出务工农民的社会保障状况

地区	A_1	A_2/万人	A_3/万人	A_4/万人	A_5/万人	A_6/万人
武汉市	0.31	24.89	31.67	3.22	7.15	17.02
黄石市	0.08	0.94	2.70	0.09	0.03	0.69
十堰市	0.20	2.13	21.52	1.86	0.35	4.75
荆州市	0.24	5.95	18.31	0.91	0.76	6.96
宜昌市	0.30	8.23	18.87	2.22	1.11	8.12
襄樊市	0.28	8.25	17.54	2.27	1.37	8.48
鄂州市	0.18	1.39	2.24	0.50	0.22	1.32
荆门市	0.40	4.73	14.14	2.13	0.90	6.74
孝感市	0.33	12.28	44.04	2.31	1.20	12.17
随州市	0.36	8.63	15.61	0.52	0.62	8.45
黄冈市	0.26	14.48	36.24	4.97	3.47	15.39
咸宁市	0.40	5.63	14.46	1.01	0.67	6.58

续表

地区	A_1	A_2/万人	A_3/万人	A_4/万人	A_5/万人	A_6/万人
恩施州	0.08	26.90	1.59	0.83	12.03	
仙桃市	0.25	8.20	7.94	0.05	0.08	2.31
天门市	0.08	1.46	4.42	0.16	0.10	1.02
潜江市	0.33	0.98	2.92	0.10		2.17

注:A_1 代表 2008 年与雇主签订劳动合同人数占外出从业人员比例,A_2 代表 2008 年参加养老保险人数,A_3 代表 2008 年参加医疗保险人数,A_4 代表 2008 年参与失业保险人数,A_5 代表 2008 年参加生育保险人数,A_6 代表 2008 年参加工伤保险人数。

附表 12　2009 年各市州外出务工农民的社会保障状况

地区	A_1	A_2/万人	A_3/万人	A_4/万人	A_5/万人	A_6/万人
武汉市	0.30	7.98	29.04	4.90	1.75	8.46
黄石市	0.10	1.09	3.03	0.11	0.03	0.61
十堰市	0.28	5.82	38.33	1.67	1.02	8.75
荆州市	0.28	10.28	38.15	1.46	0.97	8.58
宜昌市	0.34	9.53	16.34	2.20	1.90	9.62
襄樊市	0.31	12.25	23.73	2.16	1.69	12.14
鄂州市	0.20	1.36	2.75	0.66	0.33	1.75
荆门市	0.39	4.75	15.68	1.49	0.99	7.47
孝感市	0.42	20.33	58.67	4.72	0.83	11.68
随州市	0.33	7.21	14.90	0.34	0.39	6.90
黄冈市	0.28	17.90	43.09	5.66	3.65	18.11
咸宁市	0.38	5.92	21.50	2.00	0.91	7.55
恩施州	0.33	8.92	25.75	2.35	0.84	9.70
仙桃市	0.31	8.28	8.49	0.37	0.26	3.37
天门市	0.10	1.62	5.45	0.09	0.10	0.86
潜江市	0.35	1.13	5.49	0.03	0.02	2.23

注:A_1 代表 2009 年与雇主签订劳动合同人数占外出从业人员比例,A_2 代表 2009 年参加养老保险人数,A_3 代表 2009 年参加医疗保险人数,A_4 代表 2009 年参与失业保险人数,A_5 代表 2009 年参加生育保险人数,A_6 代表 2009 年参加工伤保险人数。

附表 13　2010 年各市州外出务工农民的社会保障状况

地区	A_1/%	A_2/万人	A_3/万人	A_4/万人	A_5/万人	A_6/万人
武汉市	0.26	9.60	30.37	5.36	2.71	8.64
黄石市	0.10	1.50	3.26	0.12	0.05	0.53
十堰市	0.28	7.25	31.40	1.56	0.67	8.19
荆州市	0.27	12.82	28.25	18.72	1.24	8.38
宜昌市	0.37	11.79	18.27	3.49	2.82	11.62
襄樊市	0.32	17.37	28.04	4.19	1.59	13.79
鄂州市	0.23	1.67	2.93	0.72	0.38	2.08
荆门市	0.39	7.06	18.63	1.72	0.85	7.56
孝感市	0.40	20.56	69.65	6.97	1.08	12.73
随州市	0.35	11.21	18.27	0.90	0.61	8.11
黄冈市	0.28	24.59	43.10	6.38	3.49	20.00
咸宁市	0.44	9.65	28.08	1.35	1.10	9.18
恩施州	0.33	9.26	30.50	1.57	1.47	10.49
仙桃市	0.35	5.84	15.48	0.21	0.13	6.08
天门市	0.13	2.17	4.61	0.20	0.10	1.31
潜江市	0.34	0.81	3.83	0.03	0.01	1.61

注:A_1 代表 2010 年与雇主签订劳动合同人数占外出从业人员比例,A_2 代表 2010 年参加养老保险人数,A_3 代表 2010 年参加医疗保险人数,A_4 代表 2010 年参与失业保险人数,A_5 代表 2010 年参加生育保险人数,A_6 代表 2010 年参加工伤保险人数。

附表 14　各区县农民外出务工人数分析

地区	2008 年外出劳动力总量/万人	2009 年外出劳动力总量/万人	2010 年外出劳动力总量/万人	2009 年增长速度/%	2010 年增长速度/%
武汉市辖区	6.4	4.77	6.09	−25.47	27.67
蔡甸区	5.61	5.39	5.55	−3.92	2.97
江夏区	9.22	10.08	9.58	9.33	−4.96
黄陂区	21.56	24.69	26.83	14.52	8.67
新洲区	13.49	16.19	17.41	20.01	7.54
黄石市辖区	0.88	0.96	1.13	9.09	17.71
大冶市	12.99	13.25	13.16	2.00	−0.68

续表

地区	2008 年外出劳动力总量/万人	2009 年外出劳动力总量/万人	2010 年外出劳动力总量/万人	2009 年增长速度/%	2010 年增长速度/%
阳新县	25.49	26.95	28.15	5.73	4.45
十堰市辖区	1.86	1.96	2.06	5.38	5.10
丹江口市	6.18	6.75	6.20	9.22	−8.15
郧县	13.20	13.54	14.38	2.58	6.20
郧西县	13.66	14.37	14.54	5.20	1.18
竹山县	10.18	10.06	11.01	−1.18	9.44
竹溪县	5.75	6.32	6.78	9.91	7.28
房县	12.19	12.61	12.96	3.45	2.78
荆州市辖区	8.80	8.81	8.86	0.11	0.57
江陵县	5.43	5.49	5.56	1.10	1.28
松滋市	18.62	17.82	18.61	−4.30	4.43
公安县	17.63	14.43	14.68	−18.15	1.73
石首市	10.21	10.66	11.39	4.41	6.85
监利县	28.80	27.82	29.08	−3.40	4.53
洪湖市	11.48	12.46	13.61	8.54	9.23
宜昌市辖区	3.18	3.16	4.14	−0.63	31.01
夷陵区	8.40	8.09	8.42	−3.69	4.08
宜都市	6.23	7.04	8.9	13.00	26.42
枝江市	4.84	5.61	5.65	15.91	0.71
当阳市	6.96	6.08	7.26	−12.64	19.41
远安县	4.00	4.57	4.71	14.25	3.06
兴山县	2.23	2.32	2.22	4.04	−4.31
秭归县	8.05	8.15	8.12	1.24	−0.37
长阳县	9.82	9.92	10.69	1.02	7.76
五峰县	3.12	2.98	3.16	−4.49	6.04
襄樊市辖区	12.2	11.03	12.22	−9.59	10.79
老河口市	7.36	7.84	7.89	6.52	0.64
枣阳区	12.75	17.81	18.37	39.69	3.14

地区	2008年外出劳动力总量/万人	2009年外出劳动力总量/万人	2010年外出劳动力总量/万人	2009年增长速度/%	2010年增长速度/%
枣阳市	15.80	15.92	16.34	0.76	2.64
宜城市	7.55	7.95	8.85	5.30	11.32
南漳县	8.68	9.73	10.50	12.10	7.91
谷城县	12.16	10.18	11.50	−16.28	12.97
保康县	6.40	6.45	5.33	0.78	−17.36
荆门市辖区	5.10	5.11	5.44	0.20	6.46
沙洋县	10.65	10.70	10.84	0.47	1.31
钟祥市	17.52	17.35	17.92	−0.97	3.29
京山县	10.96	11.13	11.86	1.55	6.56
孝感市辖区	17.37	16.85	16.84	−2.99	−0.06
孝昌县	17.83	18.84	17.69	5.66	−6.10
大悟县	12.86	14.55	15.96	13.14	9.69
安陆市	14.18	14.18	14.83	0.00	4.58
云梦县	16.41	17.02	17.65	3.72	3.70
应城市	13.86	14.77	19.67	6.57	33.18
汉川市	18.5	19.48	8.88	5.30	−54.41
增都区	26.51	8.22	16.63	−68.99	102.31
广水市	21.48	22.59	19.64	5.17	−13.06
黄冈市辖区	3.98	3.95	4.66	−0.75	17.97
团风县	7.49	7.94	8.28	6.01	4.28
红安县	13.13	11.42	12.87	−13.02	12.70
麻城市	22.22	23.07	23.89	3.83	3.55
罗田县	14.04	14.17	14.19	0.93	0.14
英山县	9.96	10.08	9.65	1.20	−4.27
浠水县	19.83	21.08	21.63	6.30	2.61
蕲春县	22.06	21.45	21.90	−2.77	2.10
武穴市	12.30	12.53	16.63	1.87	32.72
黄梅县	16.68	16.93	15.20	1.50	−10.22

续表

地区	2008 年外出 劳动力总量/万人	2009 年外出 劳动力总量/万人	2010 年外出 劳动力总量/万人	2009 年 增长速度/%	2010 年 增长速度/%
咸安区	6.84	6.17	6.86	−9.80	11.18
嘉鱼县	5.83	5.45	5.97	−6.52	9.54
赤壁市	7.62	7.25	9.49	−4.86	30.90
通城县	9.41	9.19	9.53	−2.34	3.70
崇阳县	7.65	8.32	9.57	8.76	15.02
通山县	9.03	8.64	8.89	−4.32	2.89
恩施州	11.19	10.3	10.79	−7.95	4.76
利川市	10.97	17.17	18.89	56.52	10.02
建始县	8.07	10.72	10.13	32.84	−5.50
巴东县	17.83	7.69	7.95	−56.87	3.38
宣恩县	6.72	6.90	7.13	−89.73	933.33
咸丰县	8.08	9.38	9.55	16.09	1.81
来凤县	7.93	7.86	8.58	−0.88	9.16
鹤峰县	3.68	3.78	4.13	2.72	9.26

附表 15　各区县外出务工农民的年龄状况分析　　　　单位:万人

地区	A_1	A_2	A_3	A_4	A_5	A_6
武汉市辖区	0.68	3.28	0.81	1.02	3.79	1.28
蔡甸区	1.16	3.52	0.71	1.09	3.76	0.70
江夏区	1.77	6.92	1.39	5.59	2.62	1.37
黄陂区	3.92	18.84	1.93	4.10	20.65	2.08
新洲区	2.50	11.45	2.24	2.64	12.33	2.44
黄石市辖区	0.99	0.79	0.08	0.15	0.84	0.14
大冶市	2.78	8.95	1.52	2.73	9.07	1.36
阳新县	4.99	19.95	2.01	5.12	21.01	2.02
十堰市辖区	0.30	1.47	0.19	0.26	1.50	0.30
丹江口市	1.08	4.94	0.73	0.96	4.49	0.75
郧县	2.41	9.42	1.71	2.20	10.26	1.92
郧西县	1.85	10.47	2.05	1.46	10.89	2.19

续表

地区	A_1	A_2	A_3	A_4	A_5	A_6
竹山县	1.47	7.11	1.48	1.77	7.30	1.94
竹溪县	1.11	4.47	0.74	1.18	4.28	1.32
房县	2.29	8.71	1.61	2.18	8.91	1.87
荆州市辖区	1.15	6.65	1.01	1.20	6.91	0.75
江陵县	1.45	3.74	0.30	1.22	4.05	0.29
松滋市	2.67	13.94	1.21	2.95	14.13	1.53
公安县	3.02	12.13	1.28	3.48	9.64	1.56
石首市	2.11	7.68	0.87	2.02	8.29	1.08
监利县	5.11	18.66	4.05	6.14	17.83	5.11
洪湖市	1.99	9.30	1.17	2.30	10.05	1.26
宜昌市辖区	0.47	2.36	0.33	0.53	3.23	0.38
夷陵区	1.47	5.51	1.11	1.55	5.50	1.37
宜都市	1.08	4.93	1.03	1.18	6.50	1.22
枝江市	0.86	4.35	0.40	0.83	4.38	0.44
当阳市	0.96	4.52	0.60	1.13	5.51	0.62
远安县	0.75	3.17	0.65	0.73	3.35	0.63
兴山县	0.47	1.64	0.21	0.44	1.54	0.24
秭归县	1.12	5.99	1.04	1.13	6.08	0.91
长阳县	1.66	6.78	1.48	1.76	7.27	1.66
五峰县	0.56	2.08	0.34	0.61	2.07	0.48
襄樊市辖区	2.13	7.84	1.06	1.98	8.82	1.42
老河口市	1.75	5.30	0.79	1.70	5.41	0.78
枣阳区	3.02	14.13	0.66	3.18	14.11	1.08
枣阳市	3.38	10.85	1.69	3.44	11.18	1.72
宜城市	1.68	5.53	0.74	1.67	6.54	0.64
南漳县	1.95	6.43	1.35	1.90	6.89	1.71
谷城县	1.84	6.78	1.56	1.65	8.32	1.53
保康县	1.07	4.93	0.45	0.73	4.40	0.20
荆门市辖区	0.79	3.59	0.73	0.94	3.87	0.63

地区	A_1	A_2	A_3	A_4	A_5	A_6
沙洋县	2.28	7.54	0.88	1.45	8.52	0.87
钟祥市	3.07	12.14	2.14	3.40	12.45	2.07
京山县	1.67	8.52	0.94	1.45	9.54	0.87
孝感市辖区	2.34	11.72	2.79	2.28	12.24	2.32
孝昌县	3.17	12.72	2.95	3.28	12.6	1.81
大悟县	3.17	9.75	1.63	2.98	11.23	6.75
安陆市	2.92	9.10	2.16	2.92	9.10	2.81
云梦县	2.64	12.12	2.26	2.64	12.75	2.26
应城市	2.80	10.13	1.84	2.57	11.45	2.31
汉川市	3.73	13.05	2.70	2.62	14.77	2.28
增都区	1.21	6.18	0.83	1.33	6.85	0.70
广水市	3.69	16.02	2.88	3.83	12.92	2.89
黄冈市辖区	0.68	3.19	0.08	0.71	3.07	0.88
团风县	1.04	5.84	1.06	1.16	5.78	1.34
红安县	4.12	7.15	0.15	4.83	7.95	0.09
麻城市	5.23	13.64	4.20	5.34	14.32	4.23
罗田县	2.57	9.78	1.82	2.54	9.84	1.81
英山县	1.66	7.26	1.16	1.64	6.85	1.16
浠水县	5.21	13.96	1.91	5.22	13.95	2.46
蕲春县	3.57	14.94	2.94	3.73	14.84	3.33
武穴市	1.87	9.00	1.66	1.81	12.87	1.95
黄梅县	2.27	12.59	2.07	2.28	10.86	2.06
咸安区	1.21	4.37	0.59	1.63	4.38	0.85
嘉鱼县	1.22	3.78	0.54	1.10	4.24	0.63
赤壁市	1.94	4.6	0.71	1.95	6.24	1.30
通城县	1.89	6.32	0.98	2.00	6.52	1.01
崇阳县	1.26	6.27	0.79	1.61	6.97	0.99
通山县	1.69	6.18	0.77	1.67	6.36	0.86
恩施州	1.82	7.53	0.95	1.87	7.87	1.05

地区	A_1	A_2	A_3	A_4	A_5	A_6
利川市	3.49	11.67	2.01	3.99	12.73	2.17
建始县	2.01	7.00	1.71	1.79	7.90	0.44
巴东县	1.37	5.56	0.76	1.39	5.58	0.98
宣恩县	1.01	5.03	0.65	1.10	5.12	0.91
咸丰县	1.56	6.82	1.00	1.50	7.12	0.93
来凤县	1.26	5.72	0.88	1.57	4.58	2.43
鹤峰县	0.50	2.96	0.32	0.56	3.19	0.38

注：A_1 代表 2009 年 20 岁及以下外出劳动力数量，A_2 代表 2009 年 21～49 岁外出劳动力数量，A_3 代表 2009 年 50 岁及以上外出劳动力数量，A_4 代表 2010 年 20 岁及以下外出劳动力数量，A_5 代表 2010 年 21～49 岁外出劳动力数量，A_6 代表 2010 年 50 岁及以上外出劳动力数量。

附表 16　各区县外出务工农民的文化程度状况分析　　　　单位：万人

地区	A_1	A_2	A_3	A_4	A_5	A_6	A_7	A_8	A_9
武汉市辖区	1.02	3.29	2.09	0.72	2.32	1.73	0.97	2.92	2.20
蔡甸区	0.80	3.57	1.24	0.86	2.90	1.63	0.64	2.97	1.94
江夏区	1.14	4.97	3.11	1.01	5.51	3.56	0.78	4.75	4.05
黄陂区	2.72	11.69	7.15	2.93	19.60	2.16	0.78	19.31	4.51
新洲区	1.00	8.91	3.58	1.20	10.69	4.30	1.33	11.50	4.58
黄石市辖区	0.08	0.58	0.22	0.10	0.59	0.27	0.14	0.68	0.31
大冶市	1.86	7.62	3.51	1.98	7.93	3.34	1.96	8.91	2.29
阳新县	3.43	18.75	3.31	3.63	19.82	3.50	3.61	20.22	4.32
十堰市辖区	0.30	1.12	0.44	0.32	1.23	0.41	0.32	1.22	0.52
丹江口市	0.71	4.44	1.03	0.70	4.52	1.53	0.64	4.03	1.53
郧县	1.39	9.83	1.98	2.26	8.76	2.52	2.44	9.16	2.78
郧西县	2.87	7.70	3.09	2.35	8.10	3.92	2.22	9.54	2.78
竹山县	2.16	6.25	1.77	1.32	6.23	1.62	2.62	6.36	2.03
竹溪县	1.43	3.42	0.90	2.93	3.82	1.18	1.35	3.61	1.82
房县	3.10	7.06	2.03	14.82	7.40	2.28	2.99	7.36	2.61
荆州市辖区	0.69	5.69	2.42	0.72	5.81	2.35	0.5	5.61	2.75
江陵县	0.55	3.52	1.36	2.07	3.41	1.36	0.79	3.49	1.28

地区	A_1	A_2	A_3	A_4	A_5	A_6	A_7	A_8	A_9
松滋市	2.45	11.82	4.35	2.20	11.31	4.44	1.93	11.48	5.20
公安县	1.99	12.5	3.14	1.76	10.55	3.68	2.30	8.13	4.25
石首市	1.33	6.24	2.64	4.89	6.33	2.57	1.78	6.64	2.97
监利县	6.53	16.44	5.83	2.53	16.07	6.86	5.14	16.23	7.71
洪湖市	1.98	7.54	1.96	7.69	7.57	2.36	2.54	8.41	2.66
宜昌市辖区	0.29	2.02	0.87	1.17	4.26	2.91	0.26	2.22	1.66
夷陵区	0.99	5.38	2.03	1.17	4.26	2.91	1.05	4.11	3.26
宜都市	1.03	3.82	1.38	0.27	4.22	1.65	0.89	5.63	2.38
枝江市	0.28	3.11	1.45	0.46	3.52	1.82	0.27	3.66	1.72
当阳市	0.63	4.37	1.96	0.47	4.11	1.51	0.46	4.67	2.13
远安县	0.49	2.66	0.85	0.23	2.90	1.20	0.46	2.98	1.27
兴山县	0.19	1.44	0.60	1.22	1.46	0.63	0.18	1.45	0.59
秭归县	1.32	4.59	2.14	1.99	4.78	2.15	0.90	4.81	2.41
长阳县	2.14	5.24	2.44	0.64	5.32	2.61	2.02	5.79	2.88
五峰县	0.72	1.71	0.69	8.07	1.68	0.66	0.54	1.72	0.90
襄樊市辖区	0.62	10.12	1.46	0.75	7.58	2.70	0.67	8.12	3.43
老河口市	0.72	5.14	1.50	0.84	5.12	1.88	0.76	5.32	1.81
枣阳区	1.15	9.25	2.35	1.60	10.65	5.56	1.63	12.23	4.51
枣阳市	1.24	10.51	4.05	1.09	10.20	4.63	0.90	10.50	4.94
宜城市	0.67	5.68	1.20	0.59	5.89	1.47	0.59	5.90	2.36
南漳县	1.14	5.57	1.97	0.97	5.91	2.85	1.31	6.58	2.61
谷城县	3.43	6.52	2.21	1.28	6.53	2.37	1.32	7.43	2.75
保康县	1.92	3.57	0.91	0.95	3.58	1.92	0.77	2.96	1.60
荆门市辖区	0.43	2.73	1.94	0.36	2.59	2.16	0.29	2.68	2.47
沙洋县	0.92	6.52	3.21	0.98	6.75	2.97	0.85	6.22	3.77
钟祥市	1.46	11.38	4.68	1.45	10.57	5.33	1.75	11.06	5.11
京山县	0.84	7.31	2.81	0.85	7.19	3.09	0.74	6.76	4.36
孝感市辖区	2.87	12.00	2.50	2.64	11.43	2.78	2.76	11.23	2.85
孝昌县	2.68	12.66	2.49	2.10	13.82	2.92	1.22	13.25	3.22

地区	A_1	A_2	A_3	A_4	A_5	A_6	A_7	A_8	A_9
大悟县	1.29	7.71	3.86	1.21	8.72	4.62	1.42	10.17	4.37
安陆市	2.29	8.92	2.97	1.85	9.41	2.92	1.85	8.07	4.91
云梦县	2.66	11.8	1.95	2.98	11.38	2.21	2.98	12.06	2.61
应城市	1.93	8.42	3.51	2.07	9.05	3.65	2.15	9.64	4.54
汉川市	2.88	11.69	3.93	2.67	11.34	5.47	2.71	12.02	4.94
增都区	2.46	16.55	7.5	0.64	5.08	2.50	0.62	4.91	3.35
广水市	4.10	13.36	4.02	4.29	13.62	4.68	3.58	11.51	4.55
黄冈市辖区	0.70	2.36	0.92	0.69	2.61	0.65	0.69	2.52	1.45
团风县	1.63	4.45	1.41	1.16	4.90	1.88	1.56	5.20	1.52
红安县	2.68	7.16	3.29	1.34	5.48	4.60	2.8	5.47	4.60
麻城市	3.27	14.44	4.51	5.13	13.34	4.60	5.03	14.08	4.78
罗田县	2.67	8.01	3.36	2.68	7.78	3.71	2.60	7.87	3.72
英山县	1.72	5.62	2.62	1.43	5.38	3.27	1.00	4.68	3.97
浠水县	2.94	11.99	4.90	3.13	12.75	5.20	3.07	12.83	5.73
蕲春县	4.28	13.13	4.65	4.12	11.88	5.45	4.04	12.68	5.18
武穴市	2.34	7.32	2.64	2.19	7.60	2.74	2.09	11.62	2.92
黄梅县	2.81	11.62	2.25	2.90	9.8	4.23	2.90	8.85	3.45
咸安区	1.18	4.28	1.38	0.97	3.96	1.24	1.15	4.15	1.56
嘉鱼县	0.67	4.00	1.16	0.61	3.71	1.13	0.70	3.96	1.31
赤壁市	0.65	3.98	2.99	0.94	4.35	1.96	1.00	5.64	2.85
通城县	1.47	6.16	1.78	1.32	5.98	1.89	1.37	6.07	2.09
崇阳县	1.14	4.88	1.63	1.23	4.77	2.32	1.52	5.41	2.64
通山县	1.67	6.36	1.00	1.64	5.87	1.13	1.73	5.96	1.20
恩施州	2.43	7.09	1.67	1.91	6.56	1.83	2.06	6.55	2.18
利川市	2.12	6.39	2.46	3.19	9.58	4.40	3.42	11.80	3.67
建始县	1.22	5.37	1.48	1.82	6.49	2.41	0.18	6.61	3.34
巴东县	3.50	10.86	3.47	1.23	5.02	1.44	1.38	4.93	1.64
宣恩县	1.88	4.03	0.81	1.81	4.11	0.77	1.80	4.35	0.98
咸丰县	1.28	5.46	1.34	1.34	6.42	1.62	1.31	6.51	1.73

续表

地区	A_1	A_2	A_3	A_4	A_5	A_6	A_7	A_8	A_9
来凤县	2.50	4.46	0.97	2.37	4.43	1.06	2.12	4.95	1.71
鹤峰县	0.53	2.53	0.62	0.48	2.58	0.72	0.63	2.58	0.92

注：A_1 代表 2008 年小学及以下外出劳动力数量，A_2 代表 2009 年小学及以下外出劳动力数量，A_3 代表 2010 年小学及以下外出劳动力数量，A_4 代表 2008 年初中外出劳动力数量，A_5 代表 2009 年初中外出劳动力数量，A_6 代表 2010 年初中外出劳动力数量，A_7 代表 2008 年高中外出劳动力数量，A_8 代表 2009 年高中外出劳动力数量，A_9 代表 2010 年高中外出劳动力数量。

附表 17　各区县外出务工农民的工作地点分析　　单位:万人

地区	A_1	A_2	A_3	A_4	A_5	A_6	A_7	A_8	A_9
武汉市辖区	18.07	21.23	16.22	0.72	2.32	1.73	3.59	1.77	0.73
蔡甸区	3.63	1.74	0.92	0.86	2.90	1.63	1.52	3.04	0.99
江夏区	1.58	2.88	1.15	1.01	5.51	3.56	3.48	2.49	3.61
黄陂区	2.73	3.12	3.37	2.93	19.60	2.16	1.70	21.78	3.35
新洲区	2.60	5.21	5.68	1.20	10.69	4.30	3.37	6.76	7.28
黄石市辖区	0.28	0.25	0.35	0.10	0.59	0.27	0.47	0.33	0.33
大冶市	3.16	3.27	6.52	1.98	7.93	3.34	3.18	3.68	6.30
阳新县	1.97	3.59	19.93	3.63	19.82	3.50	2.49	3.95	21.71
十堰市辖区	1.01	0.46	0.39	0.32	1.23	0.41	1.19	0.50	0.37
丹江口市	1.34	1.32	3.52	0.70	4.52	1.53	1.50	1.46	3.24
郧县	1.59	4.56	6.49	2.26	8.76	2.52	2.36	5.59	6.43
郧西县	1.20	2.77	9.69	2.35	8.10	3.92	1.39	3.50	9.65
竹山县	1.09	2.16	6.89	1.32	6.23	1.62	1.40	2.82	6.79
竹溪县	0.39	1.30	4.03	2.93	3.82	1.18	0.57	1.12	5.09
房县	1.07	2.68	8.44	14.82	7.40	2.28	1.36	2.63	8.97
荆州市辖区	1.23	1.78	5.79	0.72	5.81	2.35	1.83	2.02	5.01
江陵县	0.57	1.23	3.62	2.07	3.41	1.36	0.62	1.26	3.68
松滋市	2.03	3.14	13.44	2.20	11.31	4.44	2.40	3.02	13.19
公安县	1.20	2.07	14.33	1.76	10.55	3.68	1.64	3.06	9.98
石首市	1.12	1.70	7.37	4.89	6.33	2.57	1.91	1.97	7.51
监利县	2.17	6.00	20.57	2.53	16.07	6.86	2.27	6.57	20.24

地区	A_1	A_2	A_3	A_4	A_5	A_6	A_7	A_8	A_9
洪湖市	0.80	2.62	8.03	7.69	7.57	2.36	1.25	3.14	9.22
宜昌市辖区	1.56	1.02	0.60	0.92	1.60	1.24	2.07	1.39	0.68
夷陵区	2.15	3.01	3.12	1.17	4.26	2.91	3.07	2.51	2.84
宜都市	1.39	1.09	3.75	0.27	4.22	1.65	2.41	2.35	4.14
枝江市	1.17	1.27	2.40	0.46	3.52	1.82	1.32	1.40	2.93
当阳市	2.34	1.36	3.24	0.47	4.11	1.51	1.95	1.44	3.87
远安县	0.79	0.83	—	0.23	2.90	1.20	1.19	1.08	2.44
兴山县	0.34	0.34	0.66	1.22	1.46	0.63	0.53	0.66	1.03
秭归县	1.63	2.49	3.93	1.99	4.78	2.15	2.06	2.62	3.44
长阳县	2.86	3.03	3.93	0.64	5.32	2.61	2.92	3.60	4.17
五峰县	0.62	1.05	1.45	8.07	1.68	0.66	0.53	1.04	1.59
襄樊市辖区	1.20	1.60	9.34	0.75	7.58	2.70	4.74	2.74	4.74
老河口市	0.46	0.93	5.97	0.84	5.12	1.88	0.54	0.94	6.41
枣阳区	1.33	2.69	8.73	1.60	10.65	5.56	2.64	4.39	11.34
枣阳市	1.54	2.42	11.84	1.09	10.20	4.63	1.94	3.82	10.58
宜城市	0.61	1.26	5.68	0.59	5.89	1.47	1.86	1.51	5.48
南漳县	0.65	1.56	6.39	0.97	5.91	2.85	0.90	1.93	7.67
谷城县	0.70	2.66	8.8	1.28	6.53	2.37	1.08	2.24	8.18
保康县	0.58	0.76	5.06	0.95	3.58	1.92	0.59	1.11	3.63
荆门市辖区	1.62	1.24	2.24	0.36	2.59	2.16	1.28	1.34	2.82
沙洋县	1.42	3.61	5.62	0.98	6.75	2.97	1.24	3.75	5.85
钟祥市	2.30	3.56	11.62	1.45	10.57	5.33	2.49	4.35	11.08
京山县	1.08	2.26	7.61	0.85	7.19	3.09	1.31	2.45	8.10
孝感市辖区	2.47	3.96	10.94	2.64	11.43	2.78	2.45	5.34	9.05
孝昌县	2.26	4.72	10.76	2.10	13.82	2.92	2.35	4.83	10.51
大悟县	2.25	3.61	6.96	1.21	8.72	4.62	3.05	5.30	7.61
安陆市	2.09	3.91	8.15	1.85	9.41	2.92	2.21	3.60	9.02
云梦县	0.32	3.15	11.91	2.98	11.38	2.21	1.67	3.47	12.51
应城市	2.32	3.42	7.97	2.07	9.05	3.65	2.89	4.76	8.68

续表

地区	A_1	A_2	A_3	A_4	A_5	A_6	A_7	A_8	A_9
汉川市	3.71	7.45	7.32	2.67	11.34	5.47	3.78	7.82	8.07
增都区	3.83	6.44	16.21	0.64	5.08	2.50	1.50	1.93	5.45
广水市	3.37	4.06	13.98	4.29	13.62	4.68	3.31	5.90	10.43
黄冈市辖区	1.18	1.05	1.75	0.69	2.61	0.65	1.40	1.49	1.77
团风县	1.05	3.56	2.86	1.16	4.90	1.88	1.41	3.07	3.80
红安县	1.85	3.09	7.81	1.34	5.48	4.60	4.65	3.51	4.71
麻城市	2.60	4.83	14.78	5.13	13.34	4.60	2.95	5.32	15.62
罗田县	1.77	2.78	9.47	2.68	7.78	3.71	1.99	3.30	8.90
英山县	1.02	2.27	6.65	1.43	5.38	3.27	0.89	2.01	6.75
浠水县	1.53	4.36	13.77	3.13	12.75	5.20	2.80	3.70	15.13
蕲春县	2.22	4.48	15.32	4.12	11.88	5.45	2.34	4.38	15.18
武穴市	1.63	2.56	8.09	2.19	7.60	2.74	1.31	2.39	12.93
黄梅县	3.38	3.54	9.76	2.90	9.80	4.23	2.54	3.56	9.10
咸安区	1.13	1.27	4.41	0.97	3.96	1.24	1.15	1.09	4.62
嘉鱼县	0.96	1.54	3.29	0.61	3.71	1.13	1.12	1.39	3.46
赤壁市	1.36	1.91	4.32	0.94	4.35	1.96	1.56	1.96	5.97
通城县	1.35	1.58	6.48	1.32	5.98	1.89	1.36	1.74	6.43
崇阳县	1.27	2.05	4.33	1.23	4.77	2.32	1.62	2.97	4.98
通山县	1.14	1.32	6.56	1.64	5.87	1.13	1.14	1.49	6.26
恩施州	1.90	1.72	7.55	1.91	6.56	1.83	1.76	2.11	6.92
利川市	1.06	3.03	6.88	3.19	9.58	4.40	1.73	2.83	14.33
建始县	1.10	2.56	4.41	1.82	6.49	2.41	1.25	2.48	6.40
巴东县	1.38	2.52	13.93	1.23	5.02	1.44	1.11	2.38	4.46
宣恩县	0.40	0.60	5.72	1.81	4.11	0.77	0.47	0.75	5.91
咸丰县	0.57	0.99	6.52	1.34	6.42	1.62	0.55	3.13	5.87
来凤县	0.39	0.57	6.96	2.37	4.43	1.06	0.55	0.85	7.18
鹤峰县	0.61	0.66	2.41	0.48	2.58	0.72	0.58	0.85	2.70

注:A_1 代表 2008 年县内乡外劳动力数量,A_2 代表 2008 年省内县外劳动力数量,A_3 代表 2008 年省外劳动力数量,A_4 代表 2009 年县内乡外劳动力数量,A_5 代表 2009 年省内县外劳动力数量,A_6 代表 2009 省年外劳动力数量,A_7 代表 2010 年县内乡外劳动力数量,A_8 代表 2010 年省内县外劳动力数量,A_9 代表 2010 年省外劳动力数量。

附表 18　各区县外出务工农民的持续工作时间分析　　　　单位:万人

地区	A_1	A_2	A_3	A_4	A_5	A_6	A_7	A_8	A_9
武汉市辖区	0.58	9.02	4.51	0.33	0.71	3.73	0.63	1.04	4.42
蔡甸区	0.58	1.31	4.43	0.44	0.93	4.02	0.37	0.99	4.19
江夏区	0.38	0.80	16.75	1.06	2.19	6.83	1.98	4.81	2.79
黄陂区	1.19	2.02	6.01	2.18	3.75	18.76	2.35	4.33	20.15
新洲区	0.95	2.06	10.48	1.14	2.47	12.58	1.22	2.54	13.65
黄石市辖区	0.05	0.14	0.69	0.08	0.18	0.70	0.17	0.26	0.70
大冶市	1.06	2.41	9.52	1.45	2.76	9.04	1.53	2.77	8.86
阳新县	1.45	3.18	20.86	2.7	2.43	21.82	2.60	2.42	23.13
十堰市辖区	0.08	0.21	1.57	0.11	0.34	1.51	0.12	0.29	1.65
丹江口市	0.41	0.99	4.78	0.28	0.88	5.59	0.28	0.80	5.12
郧县	0.18	1.82	11.20	0.96	2.28	10.30	1.37	2.98	10.03
郧西县	0.91	3.01	9.74	0.88	2.36	11.13	1.04	3.80	9.70
竹山县	1.49	1.91	6.78	1.03	2.15	6.88	1.13	2.40	7.48
竹溪县	0.02	0.08	5.65	0.34	1.23	4.75	0.42	0.91	5.45
房县	1.14	2.73	8.32	1.00	2.38	9.23	1.09	2.35	9.52
荆州市辖区	0.51	1.89	6.40	0.45	1.76	6.60	0.58	1.65	6.63
江陵县	0.21	0.57	4.65	0.23	0.64	4.62	0.23	0.59	4.74
松滋市	1.28	2.70	14.64	1.26	2.39	14.17	1.31	2.67	14.63
公安县	0.65	1.81	15.17	0.74	1.98	13.71	1.17	2.48	11.03
石首市	1.11	1.61	7.49	1.98	1.60	7.08	1.45	1.96	7.98
监利县	2.43	5.02	21.35	1.18	4.95	21.69	2.52	6.10	20.46
洪湖市	0.34	1.12	10.02	0.35	1.35	10.76	0.71	1.44	11.46
宜昌市辖区	0.33	0.64	2.21	0.35	0.57	2.24	0.53	0.71	2.90
夷陵区	1.82	3.26	3.32	0.80	1.48	5.81	0.68	1.98	5.76
宜都市	0.24	0.92	5.07	0.61	1.46	4.97	0.67	1.83	6.40
枝江市	0.29	0.70	3.85	0.21	0.66	4.74	0.19	0.91	4.55
当阳市	0.98	1.44	4.54	0.77	1.37	3.94	1.00	1.57	4.69
远安县	0.14	0.44	3.42	0.28	0.69	3.60	0.42	0.72	3.57
兴山县	0.26	0.41	1.56	0.26	0.49	1.57	0.28	0.49	1.45

续表

地区	A_1	A_2	A_3	A_4	A_5	A_6	A_7	A_8	A_9
秭归县	0.83	1.65	5.57	0.82	1.43	5.90	0.74	1.57	5.81
长阳县	1.29	2.23	6.30	1.24	2.18	6.50	1.18	2.46	7.05
五峰县	0.39	0.69	2.04	0.31	0.69	1.98	0.32	0.64	2.20
襄樊市辖区	0.80	1.20	10.20	0.84	2.17	8.02	1.31	2.18	8.73
老河口市	0.52	1.28	5.56	0.57	1.33	5.94	0.52	1.37	6.00
枣阳区	0.77	2.48	9.50	1.48	2.84	13.49	1.04	2.69	14.64
枣阳市	1.21	2.73	11.86	0.90	3.54	11.48	1.27	3.52	11.55
宜城市	0.49	0.91	6.15	0.49	1.13	6.33	1.39	3.15	4.31
南漳县	0.58	1.39	6.71	0.66	1.76	7.31	0.67	1.88	7.95
谷城县	1.72	3.54	6.90	1.16	2.14	6.88	1.08	2.02	8.40
保康县	0.66	1.51	4.23	0.57	1.25	4.63	0.79	1.34	3.20
荆门市辖区	0.46	1.12	3.52	0.43	1.14	3.54	0.39	1.24	3.81
沙洋县	0.43	0.83	9.39	0.68	1.66	8.36	0.87	1.53	8.44
钟祥市	1.49	2.87	13.16	1.51	3.29	12.55	1.74	3.97	12.21
京山县	0.68	1.34	8.94	0.62	1.48	9.03	0.70	1.21	9.95
孝感市辖区	1.28	2.35	13.74	0.99	4.62	11.24	1.08	3.72	12.04
孝昌县	1.67	4.97	11.19	1.87	5.40	11.57	2.19	6.48	9.02
大悟县	1.80	2.06	9.00	1.69	2.93	9.94	1.96	4.67	9.33
安陆市	1.55	2.62	10.01	1.38	1.98	10.82	1.38	1.98	11.47
云梦县	1.27	5.47	9.67	1.36	5.29	10.37	1.36	5.29	11.00
应城市	1.19	2.57	10.10	1.33	2.65	10.79	1.96	3.22	11.15
汉川市	2.35	3.93	12.22	2.26	3.84	13.38	2.32	3.56	13.79
曾都区	1.78	4.46	20.27	0.48	1.05	6.69	0.57	1.13	7.18
广水市	3.00	4.27	14.21	2.55	3.79	16.25	2.25	5.39	12.00
黄冈市辖区	0.32	0.61	3.05	0.51	0.63	2.81	0.31	0.96	3.39
团风县	0.68	1.42	5.39	0.74	2.56	4.64	1.00	2.00	5.28
红安县	1.41	2.42	9.30	1.03	3.38	7.01	1.82	3.93	7.12
麻城市	2.90	3.79	15.53	3.23	4.16	15.68	3.42	5.02	15.45
罗田县	1.39	2.49	10.18	1.84	2.56	9.77	2.14	3.60	8.45

地区	A_1	A_2	A_3	A_4	A_5	A_6	A_7	A_8	A_9
英山县	0.87	1.56	7.53	1.02	1.91	7.15	0.85	1.93	6.87
浠水县	1.77	3.75	14.31	1.87	3.99	15.22	2.70	4.50	14.43
蕲春县	2.36	4.04	15.66	1.72	3.48	16.25	2.05	3.99	15.86
武穴市	0.95	1.89	9.46	1.23	2.18	9.12	1.17	2.35	13.11
黄梅县	0.92	2.20	13.56	1.00	4.15	11.78	1.00	2.62	11.58
咸安区	0.46	0.78	5.60	0.35	7.00	4.65	0.38	1.12	5.36
嘉鱼县	0.70	0.67	4.46	0.56	0.68	4.21	0.54	0.92	4.51
赤壁市	0.55	1.02	6.05	0.82	1.23	5.20	0.81	1.69	6.99
通城县	0.84	1.86	6.71	0.77	1.82	6.60	0.77	1.97	6.79
崇阳县	0.80	1.90	4.95	0.85	2.43	5.05	1.03	2.12	6.42
通山县	0.62	1.58	6.83	0.57	1.48	6.59	0.73	1.59	6.57
恩施州	0.60	1.61	8.98	0.73	1.52	8.05	0.74	1.86	8.19
利川县	1.10	2.21	14.52	1.08	2.29	13.8	1.48	2.67	14.74
建始县	0.71	2.43	7.83	0.77	2.05	7.90	0.67	1.82	7.64
巴东县	0.59	1.75	5.73	0.57	1.53	5.59	0.64	1.53	5.78
宣恩县	0.33	0.68	5.71	0.27	0.65	5.77	0.26	1.69	6.18
咸丰县	0.44	0.94	6.70	0.76	2.24	6.38	0.67	1.73	7.15
来凤县	0.21	0.76	6.96	0.27	0.84	6.75	0.46	1.52	6.60
鹤峰县	0.58	0.64	2.46	0.41	0.70	2.67	0.32	0.76	3.05

注：A_1 代表 2008 年持续 1～3 个月人数，A_2 代表持续 2008 年 3～6 个月人数，A_3 代表 2008 年持续 6 个月以上人数，A_4 代表 2009 年持续 1～3 个月人数，A_5 代表 2009 年持续 3～6 个月人数，A_6 代表 2009 年持续 6 个月以上人数，A_7 代表 2010 年持续 1～3 个月人数，A_8 代表 2010 年持续 3～6 个月人数，A_9 代表 2010 年持续 6 个月以上人数。

附表 20　各区县外出务工农民的从事行业分析　　　　　　单位：万人

地区	A_1	A_2	A_3	A_4	A_5	A_6	A_7	A_8	A_9
武汉市辖区	0.70	2.91	2.78	0.19	2.22	2.36	0.19	2.76	3.14
蔡甸区	0.17	2.92	2.52	0.21	2.69	2.49	0.14	2.77	2.64
江夏区	0.98	4.20	4.04	1.20	4.69	4.19	3.27	4.15	2.16
黄陂区	1.67	9.58	10.31	0.12	11.38	13.19	0.12	12.14	14.57

地区	A_1	A_2	A_3	A_4	A_5	A_6	A_7	A_8	A_9
新洲区	0.28	8.89	4.32	0.37	10.64	5.18	0.41	11.43	5.57
黄石市辖区	0.03	0.46	0.37	0.08	0.50	0.38	0.14	0.56	0.43
大冶市	1.39	6.77	4.63	0.77	7.39	5.09	0.77	7.39	5.00
阳新县	0.69	18.85	5.95	0.62	20.67	5.66	0.63	21.85	5.67
十堰市辖区	0.07	1.18	0.61	0.04	1.12	0.80	0.16	1.14	0.76
丹江口市	0.14	4.13	1.91	0.13	4.68	1.94	0.12	4.20	1.88
郧县	0.56	6.65	5.99	1.07	7.28	5.19	0.02	9.28	5.08
郧西县	0.73	8.81	4.12	0.77	9.68	3.92	0.99	8.07	5.48
竹山县	0.45	5.43	4.30	0.54	5.25	4.27	2.44	4.00	4.57
竹溪县	0.25	2.78	2.71	0.09	3.62	2.61	0.12	3.85	2.81
房县	0.77	7.27	4.15	0.60	7.73	4.28	0.34	8.09	4.53
荆州市辖区	0.56	5.01	3.23	1.08	4.31	3.42	0.50	4.87	3.49
江陵县	0.30	3.31	1.82	0.31	3.66	1.52	0.26	3.42	1.88
松滋市	0.75	9.95	7.92	0.76	9.78	7.27	0.71	10.38	7.52
公安县	0.25	11.46	5.92	0.39	10.12	5.92	0.61	9.04	5.03
石首市	0.60	6.07	3.54	0.70	6.67	3.29	0.75	7.32	3.32
监利县	1.71	10.67	16.42	1.17	11.95	14.7	0.68	9.86	16.54
洪湖市	1.20	7.10	3.18	0.30	7.77	4.39	0.51	8.10	5.00
宜昌市辖区	0.25	1.60	1.33	0.13	1.67	1.36	0.19	2.35	1.60
夷陵区	1.15	3.98	3.27	0.38	3.33	4.38	0.42	3.64	4.36
宜都市	0.00	3.58	2.65	0.00	3.55	3.49	0.00	4.75	4.15
枝江市	0.20	2.52	2.12	0.21	3.19	2.21	0.24	3.27	2.14
当阳市	0.27	3.30	3.39	0.20	3.24	2.64	1.01	3.74	2.51
远安县	0.23	2.20	1.57	0.34	2.60	1.63	0.40	2.41	1.90
兴山县	0.13	1.07	1.03	0.60	0.97	1.29	0.00	1.05	1.17
秭归县	0.42	3.85	3.78	0.31	3.99	3.85	0.31	5.13	2.68
长阳县	0.83	4.54	4.45	1.14	4.42	4.36	2.17	4.81	3.71
五峰县	0.18	1.46	1.48	0.17	1.41	1.40	0.17	1.47	1.52
襄樊市辖区	0.57	8.10	-3.53	0.48	6.28	31.5	0.50	6.07	5.65

地区	A_1	A_2	A_3	A_4	A_5	A_6	A_7	A_8	A_9
老河口市	0.25	5.03	2.08	0.23	5.57	4.27	0.19	5.64	2.06
襄阳区	0.77	7.05	4.93	0.71	9.38	2.04	4.01	7.02	7.34
枣阳市	0.26	10.81	4.73	0.29	11.09	7.72	0.26	11.12	4.96
宜城市	0.58	4.29	2.68	0.51	3.74	4.54	0.51	3.74	4.60
南漳县	1.07	4.39	3.22	0.65	4.98	3.70	0.78	4.56	5.16
谷城县	0.46	7.29	4.41	0.58	5.90	4.10	0.66	7.83	3.01
保康县	0.15	4.81	1.44	0.26	4.76	1.43	0.30	2.93	2.10
荆门市辖区	0.26	2.33	2.51	0.22	2.99	1.90	0.22	3.27	1.95
沙洋县	0.47	6.10	4.08	0.46	5.54	4.70	0.99	5.46	4.39
钟祥市	0.82	10.66	6.04	1.97	9.17	6.21	1.96	9.26	6.7
京山县	0.34	6.63	4.26	0.40	6.35	4.38	0.54	6.88	4.44
孝感市辖区	0.38	11.58	5.41	0.31	10.68	5.86	0.55	11.58	4.71
孝昌县	1.19	10.16	6.48	0.80	10.72	7.32	1.82	8.27	7.60
大悟县	0.10	9.80	2.96	0.77	8.35	5.42	1.04	9.05	5.87
安陆市	0.51	9.24	4.43	0.55	10.97	2.66	0.55	11.61	2.67
云梦县	0.43	10.89	5.09	0.54	10.78	5.70	0.54	11.26	5.85
应城市	0.61	7.75	5.50	0.76	8.22	5.78	0.87	9.26	6.20
汉川市	1.14	8.12	9.24	1.30	8.75	9.43	0.44	10.11	9.12
曾都区	1.56	12.88	12.07	0.86	3.33	4.03	0.89	4.01	3.98
广水市	0.78	13.69	7.00	0.62	14.24	7.73	2.06	9.26	8.32
黄冈市辖区	0.33	2.47	1.18	0.38	2.65	0.92	0.37	2.78	1.50
团风县	0.57	4.88	2.04	0.88	4.18	2.88	0.68	4.98	2.62
红安县	0.25	7.94	4.94	0.30	5.57	5.55	0.67	6.33	5.87
麻城市	0.97	15.29	5.96	1.21	14.85	7.01	1.23	15.31	7.35
罗田县	0.87	8.10	5.07	1.98	8.12	5.07	1.08	8.41	4.70
英山县	0.37	6.22	3.37	0.71	6.30	3.07	0.65	6.32	2.68
浠水县	0.92	10.43	8.48	0.98	11.09	9.01	1.46	10.30	9.87
蕲春县	1.91	11.59	8.56	1.26	10.42	9.77	0.73	9.27	11.90
武穴市	0.56	6.93	4.81	0.33	8.17	4.01	0.33	10.09	6.21

续表

地区	A_1	A_2	A_3	A_4	A_5	A_6	A_7	A_8	A_9
黄梅县	0.53	8.22	7.93	1.60	9.60	5.73	1.29	8.34	5.57
咸安区	0.24	4.4	2.2	0.66	3.66	1.85	0.54	3.81	2.51
嘉鱼县	0.30	3.46	2.07	0.28	3.36	1.81	0.39	3.50	2.08
赤壁市	0.77	4.15	2.70	1.23	3.43	2.59	1.08	4.53	3.88
通城县	0.52	5.07	3.82	0.51	5.37	3.31	0.40	5.63	3.50
崇阳县	0.81	2.97	3.87	0.71	3.09	4.52	0.99	3.94	4.64
通山县	1.05	4.86	3.12	0.25	5.78	2.61	0.23	6.01	2.65
恩施州	0.43	5.87	4.89	0.42	8.81	4.07	0.36	6.27	4.16
利川县	1.48	10.9	5.45	0.26	3.33	4.10	0.15	3.56	4.24
建始县	0.32	6.27	4.38	1.22	10.63	5.32	1.96	11.21	5.72
巴东县	0.27	3.73	4.07	0.55	5.78	4.39	0.34	6.02	3.77
宣恩县	0.51	4.40	1.81	0.35	4.44	1.90	0.00	4.96	2.17
咸丰县	0.38	5.73	1.97	0.48	7.15	1.75	1.96	6.05	1.54
来凤县	0.86	3.91	3.16	0.28	4.47	3.11	0.51	4.74	3.33
鹤峰县	0.16	1.76	1.76	0.15	1.56	2.07	0.02	1.97	2.14

注：A_1 代表 2008 年外出务工农民从事第一产业人数，A_2 代表 2008 年外出务工农民从事第二产业人数，A_3 代表 2008 年外出务工农民从事第三产业人数，A_4 代表 2009 年外出务工农民从事第一产业人数，A_5 代表 2009 年外出务工农民从事第二产业人数，A_6 代表 2009 年外出务工农民从事第三产业人数，A_7 代表 2010 年外出务工农民从事第一产业人数，A_8 代表 2010 年外出务工农民从事第二产业人数，A_9 代表 2010 年外出务工农民从事第三产业人数。

附表 21　2008 年各市州外出务工农民的社会保障分析

地区	与雇主签订劳动合同人数占外出从业人员比例	参加养老保险人数/万人	参加医疗保险人数/万人	参与失业保险人数/万人	参加生育保险人数/万人	参加工伤保险人数/万人
武汉市	0.31	24.89	31.67	3.22	7.15	17.02
黄石市	0.08	0.94	2.70	0.09	0.03	0.69
十堰市	0.20	2.13	21.52	1.86	0.35	4.75
荆州市	0.24	5.95	18.31	0.91	0.76	6.96
宜昌市	0.30	8.23	18.87	2.22	1.11	8.12
襄樊市	0.28	8.25	17.54	2.27	1.37	8.48
鄂州市	0.18	1.39	2.24	0.50	0.22	1.32

地区	与雇主签订劳动合同人数占外出从业人员比例	参加养老保险人数/万人	参加医疗保险人数/万人	参与失业保险人数/万人	参加生育保险人数/万人	参加工伤保险人数/万人
荆门市	0.40	4.73	14.14	2.13	0.90	6.74
孝感市	0.33	12.28	44.04	2.31	1.20	12.17
随州市	0.36	8.63	15.61	0.52	0.62	8.45
黄冈市	0.26	14.48	36.24	4.97	3.47	15.39
咸宁市	0.40	5.63	14.46	1.01	0.67	6.58
恩施州	0.08	26.90	1.59	0.83	12.03	0.00
仙桃市	0.25	8.20	7.94	0.05	0.08	2.31
天门市	0.08	1.46	4.42	0.16	0.10	1.02
潜江市	0.33	0.98	2.92	0.10	0.00	2.17

附表 22　2009 年各市州外出务工农民的社会保障分析

地区	与雇主签订劳动合同人数占外出从业人员比重	参加养老保险人数/万人	参加医疗保险人数/万人	参与失业保险人数/万人	参加生育保险人数/万人	参加工伤保险人数/万人
武汉市	0.30	7.98	29.04	4.90	1.75	8.46
黄石市	0.10	1.09	3.03	0.11	0.03	0.61
十堰市	0.28	5.82	38.33	1.67	1.02	8.75
荆州市	0.28	10.28	38.15	1.46	0.97	8.58
宜昌市	0.34	9.53	16.34	2.20	1.90	9.62
襄樊市	0.31	12.25	23.73	2.16	1.69	12.14
鄂州市	0.20	1.36	2.75	0.66	0.33	1.75
荆门市	0.39	4.75	15.68	1.49	0.99	7.47
孝感市	0.42	20.33	58.67	4.72	0.83	11.68
随州市	0.33	7.21	14.90	0.34	0.39	6.90
黄冈市	0.28	17.90	43.09	5.66	3.65	18.11
咸宁市	0.38	5.92	21.50	2.00	0.91	7.55
恩施州	0.33	8.92	25.75	2.35	0.84	9.70
仙桃市	0.31	8.28	8.49	0.37	0.26	3.37
天门市	0.10	1.62	5.45	0.09	0.10	0.86
潜江市	0.35	1.13	5.49	0.03	0.02	2.23

附表 23　2010 年各市州外出务工农民的社会保障分析

地区	与雇主签订劳动合同人数占外出从业人员比例	参加养老保险人数/万人	参加医疗保险人数/万人	参与失业保险人数/万人	参加生育保险人数/万人	参加工伤保险人数/万人
武汉市	0.26	9.60	30.37	5.36	2.71	8.64
黄石市	0.10	1.50	3.26	0.12	0.05	0.53
十堰市	0.28	7.25	31.40	1.56	0.67	8.19
荆州市	0.27	12.82	28.25	18.72	1.24	8.38
宜昌市	0.37	11.79	18.27	3.49	2.82	11.62
襄樊市	0.32	17.37	28.04	4.19	1.59	13.79
鄂州市	0.23	1.67	2.93	0.72	0.38	2.08
荆门市	0.39	7.06	18.63	1.72	0.85	7.56
孝感市	0.40	20.56	69.65	6.97	1.08	12.73
随州市	0.35	11.21	18.27	0.90	0.61	8.11
黄冈市	0.28	24.59	43.10	6.38	3.49	20.00
咸宁市	0.44	9.65	28.08	1.35	1.10	9.18
恩施州	0.33	9.26	30.50	1.57	1.47	10.49
仙桃市	0.35	5.84	15.48	0.21	0.13	6.08
天门市	0.13	2.17	4.61	0.20	0.10	1.31
潜江市	0.34	0.81	3.83	0.03	0.01	1.61

附表 24　2008 年各区县外出务工农民的社会保障分析

地区	与雇主签订劳动合同人数占外出从业人员比例	参加养老保险人数/万人	参加医疗保险人数/万人	参与失业保险人数/万人	参加生育保险人数/万人	参加工伤保险人数/万人
武汉市辖区	0.43	1.85	2.24	0.66	0.57	1.42
蔡甸区	0.34	0.87	4.15	0.80	0.57	0.88
江夏区	0.33	0.67	2.78	0.36	0.10	1.24
黄陂区	0.16	19.88	19.26	0.99	5.64	8.54
新洲区	0.46	1.62	3.24	0.41	0.27	4.94
黄石市辖区	0.20	0.08	0.10	0.04	0.01	0.09
大冶市	0.17	0.54	2.43	0.02	0.02	0.60
阳新县	0.02	0.32	0.17	0.03	0.00	0.00
丹江口市	0.28	0.65	1.54	0.10	0.09	0.81

地区	与雇主签订劳动合同人数占外出从业人员比例	参加养老保险人数/万人	参加医疗保险人数/万人	参与失业保险人数/万人	参加生育保险人数/万人	参加工伤保险人数/万人
郧县	0.19	0.07	3.99	0.00	0.05	0.63
郧西县	0.16	0.23	9.20	1.41	0.06	1.11
竹山县	0.20	0.38	3.64	0.22	0.09	0.87
竹溪县	0.33	0.06	0.09	0.00	0.00	0.08
房县	0.18	0.55	2.82	0.04	0.01	1.05
荆州市辖区	0.27	0.63	1.89	0.03	0.01	0.33
江陵县	0.39	0.51	1.37	0.13	0.06	0.55
松滋市	0.41	2.03	2.58	0.01	0.09	2.95
公安县	0.19	0.40	2.96	0.08	0.11	0.45
石首市	0.29	0.61	1.95	0.54	0.23	1.49
监利县	0.12	0.99	6.44	0.11	0.23	0.96
洪湖市	0.18	0.78	1.12	0.01	0.03	0.23
宜昌市辖区	0.32	1.06	1.10	0.46	0.35	0.50
夷陵区	0.34	2.86	7.84	0.97	0.06	2.11
宜都市	0.26	0.78	1.24	0.17	0.21	0.98
枝江市	0.37	0.47	1.36	0.11	0.13	0.75
当阳市	0.29	0.60	2.13	0.09	0.11	0.65
远安县	0.22	0.20	0.83	0.05	0.05	0.30
兴山县	0.28	0.12	1.03	0.01	0.01	0.17
秭归县	0.28	0.65	1.26	0.05	0.05	0.64
长阳县	0.26	0.76	1.45	0.22	0.09	1.33
五峰县	0.39	0.73	0.63	0.09	0.05	0.69
襄樊市辖区	0.12	0.53	1.39	0.08	0.08	0.43
老河口市	0.27	1.59	2.22	0.01	0.04	1.56
枣阳区	0.34	1.32	2.56	0.18	0.24	0.96
枣阳市	0.44	3.28	8.01	1.76	0.74	3.92
宜城市	0.28	0.89	1.69	0.15	0.21	0.78
南漳县	0.20	0.45	1.29	0.03	0.05	0.56

续表

地区	与雇主签订劳动合同人数占外出从业人员比例	参加养老保险人数/万人	参加医疗保险人数/万人	参与失业保险人数/万人	参加生育保险人数/万人	参加工伤保险人数/万人
谷城县	0.24					
保康县	0.3	0.19	0.38	0.06	0.01	0.27
鄂州市	0.18	1.39	2.24	0.50	0.22	1.32
荆门市辖区	0.64	1.12	1.18	0.50	0.35	2.58
沙洋县	0.26	1.01	2.57	0.40	0.13	0.81
钟祥市	0.36	1.91	5.61	1.09	0.35	1.84
京山县	0.49	0.69	4.78	0.14	0.07	1.51
孝感市辖区	0.33	2.12	1.94	0.30	0.15	1.15
孝昌县	0.37	1.28	11.94	0.36	0.10	1.86
大悟县	0.43	1.02	10.66	0.21	0.05	1.78
安陆市	0.27	1.45	7.04	0.21	0.18	0.84
云梦县	0.28	2.09	0.95	0.18	0.01	0.90
应城市	0.40	2.52	8.58	0.51	0.20	1.59
汉川市	0.28	1.80	2.93	0.54	0.51	4.05
增都区	0.36	4.60	7.73	0.39	0.56	3.61
广水市	0.36	4.03	7.88	0.13	0.06	4.84
黄冈市辖区	0.29	0.33	0.53	0.66	0.06	0.32
团风县	0.45	0.98	2.78	0.11	0.01	0.20
红安县	0.45	2.71	7.97	0.50	0.63	2.93
麻城市	0.22	1.64	3.97	0.32	0.17	2.22
罗田县	0.24	1.69	2.92	0.42	0.35	2.11
英山县	0.51	1.44	2.02	1.12	0.80	3.73
浠水县	0.20	1.90	1.10	1.00	0.19	0.19
蕲春县	0.19	1.83	2.23	0.69	1.11	1.24
武穴市	0.23	1.11	9.00	0.05	0.05	1.21
黄梅县	0.16	0.78	3.63	0.10	0.10	1.24
咸安区	0.34	1.12	1.70	0.04	0.11	0.76
嘉鱼县	0.48	0.40	1.92	0.01	0.07	0.62

地区	与雇主签订劳动合同人数占外出从业人员比例	参加养老保险人数/万人	参加医疗保险人数/万人	参与失业保险人数/万人	参加生育保险人数/万人	参加工伤保险人数/万人
赤壁市	0.48	1.26	1.93	0.36	0.22	1.36
通城县	0.46	2.08	2.87	0.52	0.02	1.67
崇阳县	0.28	0.18	5.51	0.01	0.22	0.84
通山县	0.38	0.59	0.53	0.07	0.03	1.33
恩施州	0.26	0.75	11.19	0.10	0.08	1.29
利川市	0.40	2.42	3.75	1.11	0.56	2.17
建始县	0.11	0.06	1.89	0.00	0.01	0.37
巴东县	0.38	1.25	5.81	0.22	0.12	1.68
宣恩县	0.16	0.30	0.26	0.01	0.00	4.64
咸丰县	0.13	0.47	1.17	0.11	0.05	0.69
来凤县	0.20	0.79	1.53	0.01	0.00	0.86
鹤峰县	0.26	0.11	1.30	0.03	0.01	0.33

附表 25　2009 年各区县外出务工农民的社会保障分析

地区	与雇主签订劳动合同人数占外出从业人员比例	参加养老保险人数/万人	参加医疗保险人数/万人	参与失业保险人数/万人	参加生育保险人数/万人	参加工伤保险人数/万人
武汉市辖区	0.47	1.71	1.96	0.56	0.52	0.77
蔡甸区	0.26	1.21	2.65	0.74	0.67	0.63
江夏区	0.39	0.51	3.25	0.14	0.13	0.73
黄陂区	0.13	2.61	17.28	2.97	0.10	0.39
新洲区	0.46	1.94	3.90	0.49	0.33	5.94
黄石市辖区	0.23	0.12	0.24	0.05	0.01	0.10
大冶市	0.23	0.12	2.60	0.02	0.02	0.51
阳新县	0.02	0.35	0.19	0.04	0.00	0.00
丹江口市	0.28	0.82	2.23	0.11	0.12	0.95
郧县	0.32	2.00	7.17	0.21	0.13	1.41
郧西县	0.28	0.59	12.19	0.35	0.09	0.71
竹山县	0.18	0.68	9.65	0.59	0.31	3.14
竹溪县	0.25	0.46	3.12	0.02	0.03	0.43

地区	与雇主签订劳动合同人数占外出从业人员比例	参加养老保险人数/万人	参加医疗保险人数/万人	参与失业保险人数/万人	参加生育保险人数/万人	参加工伤保险人数/万人
房县	0.31	0.81	3.17	0.10	0.10	1.68
荆州市辖区	0.30	0.78	2.08	0.02	0.00	0.46
江陵县	0.41	0.43	2.16	0.28	0.06	0.71
松滋市	0.47	3.22	1.54	0.01	0.08	3.03
公安县	0.40	0.71	6.83	0.13	0.26	0.58
石首市	0.29	0.91	3.17	0.55	0.26	1.69
监利县	0.12	3.36	20.59	0.44	0.26	1.35
洪湖市	0.23	0.87	1.78	0.03	0.05	0.76
宜昌市辖区	0.31	0.85	0.82	0.62	0.53	0.75
夷陵区	0.30	1.72	1.51	0.26	0.49	1.20
宜都市	0.39	2.39	3.12	0.41	0.23	1.96
枝江市	0.42	0.85	1.85	0.09	0.11	1.04
当阳市	0.44	0.56	2.10	0.15	0.20	0.74
远安县	0.28	0.46	0.92	0.07	0.07	0.37
兴山县	0.33	0.16	1.41	0.00	0.00	0.12
秭归县	0.27	0.90	1.73	0.22	0.12	1.05
长阳县	0.31	0.93	1.71	0.24	0.13	1.56
五峰县	0.39	0.71	1.17	0.14	0.02	0.83
襄樊市辖区	0.25	1.18	1.30	0.03	0.31	0.58
老河口市	0.34	1.83	2.47	0.07	0.03	1.70
枣阳区	0.30	2.56	4.83	0.01	0.25	1.46
枣阳市	0.50	3.77	8.43	1.89	0.68	5.69
宜城市	0.30	1.02	2.93	0.19	0.19	0.76
南漳县	0.23	0.97	1.97	0.06	0.11	0.70
谷城县	0.15	0.65	1.02	0.08	0.11	0.69
保康县	0.30	0.27	0.78	0.01	0.01	0.56
鄂州市	0.20	1.36	2.75	0.66	0.33	1.75
荆门市辖区	0.58	1.19	1.85	0.52	0.37	2.37

地区	与雇主签订劳动合同人数占外出从业人员比例	参加养老保险人数/万人	参加医疗保险人数/万人	参与失业保险人数/万人	参加生育保险人数/万人	参加工伤保险人数/万人
沙洋县	0.27	0.82	2.54	0.34	0.17	1.12
钟祥市	0.32	1.82	5.68	0.38	0.41	2.58
京山县	0.51	0.92	5.61	0.25	0.04	1.40
孝感市辖区	0.18	2.46	8.26	0.03	0.04	0.78
孝昌县	0.35	1.72	12.79	0.47	0.16	2.40
大悟县	0.70	3.04	4.61	2.42	0.17	2.52
安陆市	0.62	1.37	13.33	0.29	0.24	0.45
云梦县	0.27	2.13	1.24	0.18	0.03	0.90
应城市	0.63	7.04	11.20	1.06	0.06	1.79
汉川市	0.31	2.57	7.24	0.27	0.13	2.84
增都区	0.24	1.44	0.99	0.05	0.10	0.84
广水市	0.34	4.25	9.02	0.13	0.05	4.20
黄冈市辖区	0.31	1.19	0.69	0.07	0.05	0.49
团风县	0.29	0.92	3.53	0.11	0.06	0.88
红安县	0.49	2.79	8.10	0.33	0.69	3.40
麻城市	0.23	1.90	4.51	0.35	0.26	2.52
罗田县	0.23	1.58	3.12	0.48	0.41	2.18
英山县	0.52	2.09	2.91	1.32	0.84	3.83
浠水县	0.20	2.40	1.50	1.30	0.17	0.23
蕲春县	0.28	2.81	6.59	1.48	0.97	3.18
武穴市	0.35	1.08	9.10	0.05	0.08	1.08
黄梅县	0.15	1.05	2.86	0.17	0.12	0.32
咸安区	0.39	0.93	1.85	0.09	0.10	0.70
嘉鱼县	0.52	0.78	2.17	0.88	0.16	0.94
赤壁市	0.39	1.07	2.03	0.42	0.24	1.43
通城县	0.41	2.28	4.13	0.49	0.01	2.03
崇阳县	0.23	0.31	6.61	0.09	0.23	0.83
通山县	0.38	0.55	4.71	0.03	0.17	1.62

续表

地区	与雇主签订劳动合同人数占外出从业人员比例	参加养老保险人数/万人	参加医疗保险人数/万人	参与失业保险人数/万人	参加生育保险人数/万人	参加工伤保险人数/万人
恩施州	0.46	1.82	1.77	0.14	0.07	2.19
利川市	0.35	1.55	5.86	0.39	0.07	2.33
建始县	0.33	2.08	4.25	0.55	0.46	2.08
巴东县	0.17	0.19	1.27	0.00	0.00	0.32
宣恩县	2.33	0.83	0.35	0.02	0.02	0.39
咸丰县	0.34	1.05	7.72	1.18	0.10	1.16
来凤县	0.35	1.20	2.86	0.06	0.11	1.00
鹤峰县	0.27	0.20	1.67	0.01	0.01	0.23

附表 26 2010 年各区县外出务工农民的社会保障分析

地区	与雇主签订劳动合同人数占外出从业人员比例	参加养老保险人数/万人	参加医疗保险人数/万人	参与失业保险人数/万人	参加生育保险人数/万人	参加工伤保险人数/万人
武汉市辖区	0.51	2.06	3.49	0.73	0.63	0.88
蔡甸区	0.31	1.45	2.80	0.94	0.71	0.85
江夏区	0.09	1.54	0.29	0.18	0.97	0.20
黄陂区	0.12	2.62	19.82	2.99	0.04	0.41
新洲区	0.45	1.93	3.97	0.52	0.36	6.30
黄石市辖区	0.23	0.27	0.42	0.06	0.02	0.07
大冶市	0.24	0.75	2.62	0.03	0.03	0.46
阳新县	0.02	0.48	0.22	0.03	0.00	0.00
丹江口市	0.39	0.89	2.44	0.14	0.05	1.13
郧县	0.29	1.97	6.83	0.78	0.21	1.66
郧西县	0.27	0.62	9.67	0.14	0.10	0.68
竹山县	0.20	0.70	5.06	0.13	0.15	2.10
竹溪县	0.24	1.24	3.03	0.03	0.03	0.39
房县	0.28	1.39	3.55	0.19	0.09	1.91
荆州市辖区	0.33	0.89	1.73	0.10	0.03	0.79
江陵县	0.42	0.52	3.03	0.25	0.05	0.78
松滋市	0.48	3.40	1.91	0.03	0.08	3.30

地区	与雇主签订劳动合同人数占外出从业人员比例	参加养老保险人数/万人	参加医疗保险人数/万人	参与失业保险人数/万人	参加生育保险人数/万人	参加工伤保险人数/万人
公安县	0.28	0.70	5.10	0.08	0.50	0.64
石首市	0.25	1.77	2.66	1.47	0.33	1.50
监利县	0.18	3.02	12.06	3.18	0.23	1.26
洪湖市	0.06	2.52	1.76	13.61	0.02	0.11
宜昌市辖区	0.45	1.58	1.54	1.23	1.14	1.37
夷陵区	0.37	1.31	2.88	0.57	0.29	1.14
宜都市	0.31	3.06	2.93	0.42	0.26	2.13
枝江市	0.42	0.91	1.61	0.11	0.08	1.20
当阳市	0.41	0.63	2.07	0.16	0.21	0.78
远安县	0.33	0.55	0.15	0.09	0.07	0.53
兴山县	0.37	0.26	0.95	0.02	0.02	0.52
秭归县	0.33	1.56	2.65	0.49	0.56	1.21
长阳县	0.35	1.19	2.46	0.28	0.16	1.81
五峰县	0.47	0.74	1.03	0.12	0.03	0.93
襄樊市辖区	0.28	2.59	2.24	0.25	0.31	1.23
老河口市	0.35	1.86	2.63	0.07	0.03	1.72
枣阳区	0.38	3.06	2.92	0.98	0.09	1.91
枣阳市	0.42	3.79	9.15	2.11	0.67	5.12
宜城市	0.27	1.02	2.93	0.20	0.20	0.76
南漳县	0.25	2.57	4.17	0.15	0.15	0.81
谷城县	0.20	1.71	2.14	0.06	0.11	0.92
保康县	0.39	0.77	1.86	0.37	0.03	1.32
鄂州市	0.23	1.67	2.93	0.72	0.38	2.08
荆门市辖区	0.46	1.74	2.98	0.77	0.40	2.39
沙洋县	0.24	0.83	3.13	0.34	0.16	1.15
钟祥市	0.36	2.11	5.70	0.32	0.26	2.42
京山县	0.54	2.38	6.82	0.29	0.03	1.60
孝感市辖区	0.20	2.75	7.82	0.42	0.25	1.16

续表

地区	与雇主签订劳动合同人数占外出从业人员比例	参加养老保险人数/万人	参加医疗保险人数/万人	参与失业保险人数/万人	参加生育保险人数/万人	参加工伤保险人数/万人
孝昌县	0.32	2.6	14.53	0.91	0.17	2.55
大悟县	0.48	2.88	9.11	2.87	0.17	3.02
安陆市	0.59	1.37	13.33	0.29	0.24	0.45
云梦县	0.30	2.19	1.29	0.21	0.03	0.91
应城市	0.66	6.02	15.43	1.19	0.20	1.75
汉川市	0.34	2.75	8.14	1.08	0.02	2.89
增都区	0.31	4.43	3.87	0.15	0.30	1.18
广水市	0.23	5.04	9.73	0.57	0.06	5.09
黄冈市辖区	0.27	0.48	0.64	0.06	0.04	0.26
团风县	0.36	3.40	3.73	0.22	0.08	0.92
红安县	0.43	2.80	8.10	0.33	0.69	3.40
麻城市	0.24	2.25	4.61	0.49	0.37	2.61
罗田县	0.24	1.83	3.21	0.40	0.12	2.35
英山县	0.55	3.98	2.80	1.15	1.00	4.59
浠水县	0.21	3.67	1.69	1.70	0.16	0.74
蕲春县	0.27	3.01	7.15	1.51	0.83	3.58
武穴市	0.25	1.35	7.22	0.04	0.08	1.12
黄梅县	0.17	1.78	3.77	0.48	0.12	0.43
咸安区	0.39	1.04	2.12	0.16	0.18	1.34
嘉鱼县	0.51	0.74	3.16	0.21	0.09	1.84
赤壁市	0.79	4.15	5.85	0.39	0.25	2.41
通城县	0.40	2.05	4.91	0.50	0.02	2.16
崇阳县	0.22	0.56	7.98	0.07	0.50	0.83
通山县	0.36	1.11	4.06	0.02	0.06	0.60
恩施州	0.52	1.49	1.93	0.19	0.22	2.73
利川市	0.29	2.17	6.84	0.56	0.48	2.16
建始县	0.39	2.07	3.94	0.44	0.46	1.87
巴东县	0.15	0.17	0.69	0.04	0.00	0.23

地区	与雇主签订劳动合同人数占外出从业人员比例	参加养老保险人数/万人	参加医疗保险人数/万人	参与失业保险人数/万人	参加生育保险人数/万人	参加工伤保险人数/万人
宣恩县	0.24	0.30	0.48	0.05	0.04	0.43
咸丰县	0.34	1.16	8.65	0.23	0.12	1.19
来凤县	0.39	1.64	6.5	0.06	0.12	1.65
鹤峰县	0.26	0.26	1.47	0.00	0.03	0.23